컴퓨터과학이 여는 세계

컴퓨터과학이 여는 세계

초판 1쇄 발행 2015년 5월 26일 **9쇄 발행** 2024년 5월 23일 **지은이** 이광근 **펴낸이** 한기성 **펴낸곳** (주)도서출판인사이트 **편집** 이지연 **표지 디자인** 오필민 **본문 디자인** 김종민 **일러스트** 이승언 **제작·관리** 이유현 **용지** 월드페이퍼 **인쇄·제본** 천광인쇄사 **후가공** 이지앤비 **등록번호** 제2002-000049호 **등록일자** 2002년 2월 19일 **주소** 서울시 마포구 연남로5길 19-5 **전화** 02-322-5143 **팩스** 02-3143-5579 **이메일** insight@insightbook.co.kr **ISBN** 978-89-6626-143-7 책값은 뒤표지에 있습니다. 잘못 만들어진 책은 바꾸어 드립니다. 이 책의 정오표는 https://blog.insightbook.co.kr에서 확인하실 수 있습니다.

컴퓨터과학이 여는 세계

이광근 지음

세상을 바꾼 컴퓨터, 소프트웨어의 원천 아이디어 그리고 미래

인사이트

펴내면서

PREFACE

컴퓨터 이야기다. 근본이 무엇이고, 어떻게 탄생했고, 소프트웨어의 세계는 어떤 세계인지. 컴퓨터가 우리의 지능과 본능과 현실을 어떻게 확장시키는지. 그래서 우리가 지금 기대고 있는 디지털 세계를 어떻게 바라볼 수 있는지.

독자들은 궁금해 할 것이다. 이 책이 내게 어떤 새로운 도움이 될까? 이 책은 두 가지 성격으로 독자들과 만날 듯하다. 컴퓨터 세계의 근본이 궁금할 때 누구나 펼쳐 볼 수 있는 과학 교양서적으로, 혹은 컴퓨터 전문가의 기본을 준비시켜 주는 '예과' 입문서로서. 다음 네 가지 정도를 염두에 두고 썼기 때문이다.

- 밑거름

    컴퓨터 관련 기술은 대개 매스컴을 통해서 접하고, 우리들의 이해는 표면적인데 머물기 쉽다. 독자들이 컴퓨터과학기술의 핵심을 쉽게 익혀 긴 수명의 밑거름이 되기를 바라며 썼다.

• 안목

컴퓨터와 소프트웨어는 우리의 모든 일상을 움직이는 중요한 인 프라다. 독자들이 그 원천 아이디어를 이해해서 미래에 가능한 응 용을 창조하거나 예측할 수 있는 안목을 갖추는 데 도움이 되기를 바라며 썼다.

• 확장

컴퓨터과학은 모든 분야의 성과를 바탕으로 자라며 모든 분야(과 학, 인문학, 공학, 사회과학, 예술, 교육, 경영, 의학, 법학 등)를 살찌우는 보편 학문의 성격을 점점 띠고 있다. 다른 세계를 상상하는 모두와 이 책이 손잡을 수 있기를 바라며 썼다.

• 기회

지금까지의 정보화 문명은 시작일 뿐이다. 컴퓨터과학기술이 미 래에 만들어 갈 다양한 기회를 상기시키는 계기가 되기를 바라며 썼다.

특히 이 책에서는 컴퓨터과학에서 나온 원천적인 아이디어들에 집중했 다. 컴퓨터과학 고유의 핵심 아이디어들이 펼쳐진다.

부담이 없지는 않았다. 한숨에 컴퓨터과학이란 분야를 제대로 짚을 순 있는 건지. 멀어지면 숨소리를 놓치고 가까우면 형체를 잃는다는 그런 줄 타기였다. 균형추로 삼은 건 컴퓨터과학 고유의 원천 아이디어들이었다.

의외로 시중에서 그런 아이디어를 모아 소개하는 책은 찾기 어려웠다.

영어권도 마찬가지였다. 단편적이었다. 컴퓨터과학의 풍경 아래에 흐르는 원천 아이디어들. 이것들이 나온 이야기들. 그 연유와 의미. 그래서 그 진폭과 그 주파수로 생각이 진동한다면. 이 책이 독자들에게 그런 진동을 유도할 수 있다면 영광일 것이다.

그런 진동이 우리가 원하는 선진국형 원천지식을 만들어 낼 토양을 도탑게 다져줄 것이라고 본다. 컴퓨터과학에서 그런 지식이 지금까지 어떤 동기로 어떻게 나왔는지, 겁낼 필요 없는 모습을 소개한다.

그리고, 당연하지만 편안한 우리말로 컴퓨터과학을 쉽게 설명할 수 있을 거라 믿고 나섰다. 확인할 수 있어서 즐거웠는데, 독자들도 같은 생각일진 모르겠다.

사실 따스한 모국어로 깊이 있는 전공서적들이 모인 시리즈를 상상해 왔었다. 이 책이 그런 시리즈의 한 권이 될 수 있을까. 그래서 누구나 쉽게 들어설 수 있는 열린 울타리의 비옥한 토양, 그 한 귀퉁이를 이 책이 담당한다면 기쁠 것 같다.

전세계적으로 컴퓨터 소프트웨어 교육이 누구에게나 필수가 되고 있고 우리나라도 예외는 아니다. 이 교육의 목표는 시민들에게 우리를 둘러싼 디지털 세상을 바라보는 시각을 형성해주는 것이다. 마치 물리 교육이 우리를 둘러싼 자연을 바라보는 시각을 형성해 주듯이. 그런데 그 시각이란, 근본을 알아내려고 뒤로 물러날 때 더 넓은 부채꼴을 그리며 많은 것을 커버할 수 있을 것이다.

그런 넓은 시각을 형성해 줄 근본적인 내용을 가능한 한 쉽게 전달하는 콘텐츠. 이 책이 그런 한 수이길 바란다.

표기법

전문용어가 나타날 때 영어를 아래첨자 $_{subscript}$로 덧붙였다. 전문용어는 최대한 힘을 빼고 쉽고 직관적인 표현을 썼다. 지레 겁먹게 하는 불필요한 한문 단어는 피했다. 도저히 쉬운 말을 찾을 수 없을 땐 영어 발음대로 쓰기도 했다. 사용한 전문용어들의 색인은 책 뒤에 정리해 놓았다. 참고했던 자료는 참고문헌에 정리해 놓았다. 그 밖의 자료는 책에서 언급한 전문용어를 구글 검색창에 넣으면 쉽게 얻을 수 있을 것이다. 길목에 오르막 표시 ▲가 있으면 조금 어려운 부분의 시작을 뜻한다. 내리막 표시 △까지 건너뛰어도 전체를 조망하는 데는 지장이 없을 것이다.

　그리고 단락 사이에 종종 시를 인용해 끼웠다. 이해를 돕는 촉매로, 혹은 한 컷의 삽화나 쉼표를 대신해서 시를 사용했다.

감사

ACKNOWLEDGEMENTS

이 책의 동기를 만들어 준 분들께 감사하다. 이 책의 시작은 2010년으로 거슬러 올라간다. 당시 한국정보과학회에서 컴퓨터분야를 일반인들에게 쉽게 전달할 수 있는 방송 다큐멘터리를 만들자는 기획이 있었고, 그 일을 맡게 되었다. 그해 10월 정보과학회 회장단(회장 홍진표 교수)과 함께 EBS 사장진을 만나 우리의 안을 설명했고 만들어 보자는 결정이 떨어졌다. 그러나 그 실현에는 벽이 있었다. 제작담당 피디들은 우선 잘 정리된 콘텐츠를 달라고 채근했지만 준비된 바가 없었다. 그 콘텐츠를 만들 방법을 궁리하던 중 개설한 과목이 〈컴퓨터과학이 여는 세계〉였다. 서울대학교 기초교육과정 핵심교양 카테고리의 '자연과 기술' 트랙에서 비전공 학생들을 대상으로 하는 강의였다. 그 강의의 내용이 이 책의 기본이 되어 주었다.

그러던 중 2013년 말, 정부의 초중고 소프트웨어 교육과정 도입 움직임에 학계가 기본 콘텐츠를 제공해야 한다는 한국정보과학회(회장 서정연 교수)의 미션이 내게 떨어졌다. 이 책이 그 역할을 어느 정도 갈음할 것으로 믿어준 분들께 감사하다.

이 책을 준비하며 각 분야의 의문들을 명쾌히 설명해준 국내외의 기라성 같은 동료와 선후배와 스승에게 감사하다. 의문이 있을 때마다 내가 묻고 답을 구할 수 있는 내공 있는 분들이 이 세계 구석구석에 동료로 있다는 것이 감사하고 자랑스럽다. 김기응(기계학습), 김용대(기계학습), 노종선(정보이론), 도경구(프로그래밍언어), 문병로(알고리즘), 박성우(프로그래밍언어), 안경원(계산물리), 안정호(컴퓨터구조), 이성환(뇌공학), 이원종(계산물리), 정교민(정보이론), 정덕균(논리회로), 정주희(수리논리), 지동표(양자컴퓨팅), 천정희(암호학), 허충길(프로그래밍언어), Arvind(컴퓨터구조), Scott Aaronson(알고리즘), Josh Berdine(프로그래밍언어), Edmund Clarke(하드웨어검증), Patrick Cousot & Radhia Cousot(소프트웨어분석), Matthias Felleisen(프로그래밍시스템), Jérôme Feret(소프트웨어분석), Ranjit Jhala(소프트웨어분석), Peter Lee(프로그래밍시스템), David MacQueen(프로그래밍언어), Alan Mycroft(프로그래밍시스템), George Necula(프로그래밍시스템), Frank Pfenning(계산논리), Martin Rinard(프로그래밍시스템), Xavier Rival(소프트웨어분석), Vinod Vaikuntanathan(암호학) 님들께 감사드린다. 미처 일일이 언급하지 못했으나 집필 과정에 관심과 조언을 주신 모든 분들께도 감사하다. 물론 이 책에 오류가 있다면 그건 온전히 내 책임이다. 번지는 감사가 모두에게 속속들이 스미길 빈다.

거친 원고를 일찌감치부터 꼼꼼히 읽어주고 바로잡아 준 분들에게 진 빚도 크다. 특히 박성우 교수는 원고 전체를 꼼꼼히 읽고 코멘트 해주었고, 문병로 교수, 정주희 교수, 허충길 교수, 류기열 교수, 신승철 박사, 이상현 군은 초반 원고에 대한 소중한 코멘트를 주었다.

국내에서 같은 뜻을 일구며 적지만 똘똘 뭉쳤던 동료와 선후배와 제자들, 그들과 같이 기울이던 수많은 술잔, 유쾌한 농담, 의기투합, 어깨동무한 밤이 없었다면 이 책은 지지부진했을 것이다. 든든하게 내어주던 어깨와 응원에 늘 감사하다.

또, 강의실 학생들의 반짝이는 눈빛은 내겐 큰 은전이었다. 항상 그들의 시선을 북돋아주는 것으로 답하고 싶었다. 학생들이 던진 질문들이 나를 어떻게 공부시켰는지. 그들은 상상하지 못할 것이다.

그리고 부족한 원고를 책으로 출판하는데 흔쾌히 동의하고 일급의 세밀한 편집을 이끌어준 도서출판 인사이트의 한기성 사장과 실무를 맡은 이지연 씨에게 고마움을 전한다.

마지막으로, 편안한 가정을 완벽하게 가꾸고 이끌어준 아내, 그녀에게 이 책을 선물한다. 그녀의 품이 없었다면 나는 여기 이렇지 못했을 것이다.

차례

CONTENTS

05 그 도구의 응용   203

5.1 인간 지능의 확장   206

01

마음의 도구

컴퓨터과학이 여는 세계

나는 매일 도구를 쓴다. 자고 일어난 침대, 이 닦는 칫솔, 세수할 때 상하수도와 비누, 밥먹는 그릇과 수저, 입는 옷, 쓰는 안경, 신는 신발, 출퇴근할 때 타는 엘리베이터와 지하철과 마을버스. 이 도구들 덕분에 나는 매일 새로운 기분으로 2만 보가 넘는 거리를 간편하게 이동하며 캠퍼스에 도착한다. 이 모든 도구를 사용할 수 없었다면 나는 그냥 동물일 것이다.

인류가 만든 모든 도구는 인간 능력의 한계를 늘 확장시켜왔지만, 컴퓨터라는 도구는 좀 특이하다. 인류가 발명한 대개의 도구는 물리적인 도구이고 다루려면 물리적인 근육이 필요하다. 하지만 컴퓨터는 '마음의 도구'이고 그 도구를 다루는 방법은 물리적인 근육이 아니라 언어다. 언어로 작성된 텍스트를 컴퓨터의 메모리에 실으면 컴퓨터는 그 텍스트가 표현한 할 일을 해 간다.

컴퓨터라는 도구는 그래서 할 수 있는 일의 한계가 없어 보인다. 컴퓨터가 읽는 텍스트(소프트웨어)는 우리가 무궁무진하게 지어낼 수 있기 때문이다. 그것대로 컴퓨터는 무궁무진한 일을 하기 때문이다. 컴퓨터가 읽는 텍스트는 우리가 읽는 문학과 같다. 읽고 있는 컴퓨터를 지배하고 한없이 많이 지어질 것이다.

이런 소프트웨어들로 마음의 도구를 능숙하게 다루며 인간은 놀랍게 확장하고 있다. 인간의 지능이 확장하고 있고, 인간의 본능이 확장하고 있고, 인간의 현실이 확장하고 있다. 예전에는 불가능했던 지식과 지능이 컴퓨터와 팀이 되어 발휘되고 있고, 예전에는 불가능했던 규모와 속도로 소통하고 놀 수 있게 되었고, 우리를 압박하던 시공간의 제약이 사라지기 시작했다. 우리는 각자의 뇌가 가진 지능의 한계를 탈출하게 되었고, 이별 있는 세상에서 이별 없는 세상에 놓이게 되었고, 상상 속의 거대한 놀이공원에서 수많은 사람과 맘껏 마음을 맞춰 놀 수 있게 되었고, 여기 같이 있어야만 안심하고 할 수 있는 일들이 아무 때나 멀리서도 가능하게 되었다. 나는 새로운 스케일과 차원으로 확장한 나를 매일 만나게 되었다.

어떻게 이런 일이 가능한 걸까? 마음의 도구와 그 도구를 다루는 방법의 원천은 무엇일까? 컴퓨터과학은 어떻게 탄생한 것이고 지금까지 무엇을 밝혀냈을까?

앞으로 우리는 그 답을 살펴러 떠나보겠다. 우리의 여행은 네 개의 코스로 구성되어 있다

- 400년의 축적

  컴퓨터는 특별하다. 컴퓨터 하나로 한없이 많은 일을 할 수 있기 때문이다. 그래서 컴퓨터를 보편만능의 기계*universal machine*라고 부른다. 누가 이런 놀라운 도구를 발명한 걸까? 컴퓨터는 20세기 수학자들의 큰 꿈이 철저히 좌절되는 과정에서 나온 부산물이었다. 좌절을 엄밀히 확인하는 과정에서 고안된 소품. 이것이 21세기 정보혁명의 주인공이 된다.

  컴퓨터(보편만능의 기계)의 디자인이 출현한 원조 논문의 배경과 내용이 펼쳐진다. 원조 밥집을 가보는 재미도 있지만 현란한 디지털 세계의 근본을 쉽게 파악하게 해줄 기초가 거기에 있다.

- 그 도구의 실현

  머릿속에서만 디자인 된 보편만능의 도구. 이를 실제 작동하는 물건으로 어떻게 만들 수 있었을까?

컴퓨터를 실현하기까지는 100여 년간의 색다른 축적 과정이 필요했다. 그런데 이 과정은 컴퓨터가 디자인되던 경로와는 별도로 마무리 되고 있었다. 다른 경로로 무르익은 또 다른 상상과 융합의 열매. 1854년과 1937년을 스치는 100여 년의 선분.

스위치 기술이 부울 논리*boolean logic*를 만나 날개를 달고, 스위치만으로 컴퓨터의 모든 것이 차곡차곡 만들어지는 과정이 펼쳐진다.

• 소프트웨어, 지혜로 짓는 세계

컴퓨터를 만능이게 하는 소프트웨어. 사람은 소프트웨어를 만들고, 컴퓨터는 소프트웨어를 실행한다. 컴퓨터라는 도구를 다루는 방법은 소프트웨어이고, 소프트웨어는 사람의 지혜를 통과하면서 짜여진다.

그렇다면 소프트웨어를 잘 만들 방법은 무엇인가? 이 목표를 위해 컴퓨터과학은 무엇을 밝혀냈는가?

이에 대한 답으로, 두 갈래에서 출현한 컴퓨터과학 고유의 원천 아이디어들이 소개된다. 그 두 갈래는 소프트웨어가 일하는 방도(알고리즘*algorithm*)와 그 소프트웨어를 표현하는 방식(언어*language*)에 대한 탐구다. 이 두 기둥에 기대어 조망하는 소프트웨어의 세계가 펼쳐진다.

• 그 도구의 응용

인간의 능력을 확장시키는 다양함과 규모 면에서 컴퓨터는 다른 도구를 능가한다. 어느 정도로 우리를 확장시키고 있을까?

컴퓨터 덕택에 인간의 능력은 세 갈래로 확장하고 있다. 인간의 지능이 확장하고 있고, 본능이 확장하고 있고, 현실이 확장하고 있다. 우리 지능은 컴퓨터와 팀이 되어 예전엔 상상할 수 없던 지능을 가능하게 하고 있다. 또, 컴퓨터가 우리의 소통 본능과 놀기 본능을 북돋고 있다. 컴퓨터 덕택에 예전엔 상상할 수 없던 규모와 효율로 소통하고 놀 수 있게 되었다. 그리고 컴퓨터 덕택에 우리의 시간과 공간의 울타리가 확장하고 있다. 컴퓨터 덕택에 '지금 여기'여야 하는 일들이 제약없이 가능하게 되었다.

이 세 갈래의 대표되는 응용과 그 바탕에 흐르는 컴퓨터과학의 원천 아이디어들이 펼쳐진다.

각 코스가 하나의 장이고 각각 독립적이다. 마음가는 순서로 각 장을 읽어도 별 무리가 없을 것이다. 컴퓨터의 시작부터 읽고 싶다면 책의 순서대로 읽으면 되고, 응용을 먼저 살피고 싶다면 반대 순서로 읽으면 될 것이다.

> 드디어 벙어리 낮달의 인내 아래
> 나는 떠난다
> 이제까지의 책이 아닌
> 새로운 책을 위하여
> 어디인가
> 새로운 지혜의 지옥을 위하여
>
> – 고은, 〔새로운 책은 어디 있는가〕

02

400년의 축적

컴퓨터과학이 여는 세계

컴퓨터는 특별하다. 인류 역사에 유례가 없던 도구다. 다른 도구들과는 근본적으로 다르다. 칼, 바퀴, 냉장고, 자동차 등을 보자. 칼은 자르고 찌르는 데만 쓰고, 바퀴는 구르는 데만 쓴다. 냉장고는 얼리고 식히는 데만 쓰고, 자동차는 이동시키는 데만 쓴다. 반면에 컴퓨터는 쓸모가 많다. 한이 없다.

컴퓨터 하나로 할 수 있는 일을 보자. 컴퓨터로 문서를 편집하고, 인터넷을 하고, 동영상도 본다. 게임을 하고, 쇼핑도 한다. 소문도 퍼뜨리고, 전화를 걸기도 한다. 또 자동차도 운전하고, 로켓을 날리기도 한다. 로봇을 운전하고, 핵발전소도 돌린다. 모두 컴퓨터 하나로 할 수 있는 일들이다. 그래서 컴퓨터를 보편만능의 기계_universal machine_라고 부른다.

누가 이런 놀라운 도구를 발명한 걸까? 그 답은 인류의 대담한 꿈과 좌절의 드라마로 펼쳐진다. 좌절의 아이러니, 예상 밖의 검은 백조.

2.1 보편만능 기계의 탄생

'보편만능의 도구', 그것 하나면 어떤 일이든 할 수 있는 기계. 이것은 어떻게 탄생한 걸까? 의외였다. 컴퓨터는 20세기 수학자들의 큰 꿈이 철저히 좌절되는 과정에서 나온 부산물이었다. 좌절을 엄밀히 확인하는 과정에서 고안된 소품이 21세기 정보혁명의 주인공이 된다.

청년 앨런 튜링

1936년, 손기정 선수가 베를린 올림픽 마라톤에서 우승하던 바로 그해였

손기정

앨런 튜링

다. 마라톤 경기(8월 9일)를 두 달 정도 남긴 5월 28일.

아들아이는 범이라고 장고기를 잘 잡는 앞니가 뻐드러진 나와 동갑이었다

— 백석, 〔주막〕

손기정 선수와 동갑내기인 영국의 앨런 튜링(Alan Turing)이라는 청년. 그는 다음 제목의 논문을 런던 수리학회(London Mathematical Society)에 제출한다.

〈계산가능한 수에 대해서, 수리명제 자동생성 문제에 응용하면서〉
On Computable Numbers, with an Application to the Entscheidungsproblem

이 논문에서 튜링은 컴퓨터의 근본적인 디자인을 최초로 선보인다. 이때 튜링은 2년 전 케임브리지 대학(University of Cambridge) 수학 학부과정을 최우수 성적으로 마친 24세의 청년이었다. 그해 9월 프린스턴 대학(Princeton University) 수학과 알론조 처치(Alonzo Church) 교수의 지도를 받기 위해 유학 떠나기 직전이었다.

좌절을 확인하는 데 동원된 소품

그런데 제목만으로는 도저히 컴퓨터와 관계없을 것 같은데, 어떻게 그 논문에 컴퓨터의 원천 설계도가 나타난 걸까? 도대체 컴퓨터의 모델을 '튜링기계*turing machine*'라 부르고, 컴퓨터 분야의 노벨상을 '튜링상(Turing Award)'이라 부르는 연유는 뭘까?

영 이상하지 않은가? 컴퓨터라는 비범한 도구를 최초로 설계한 논문의 제목이란 게 〈계산가능한 수에 대해서, 수리명제 자동생성 문제에 응용하면서〉라니?

재미있게도, 이 논문은 "이러한 특이한 도구를 디자인 했으니 보라"고 주장한 논문이 아니다. 위 논문은 당시 수학계를 내려친 청천벽력의 좌절을 전해 들은 튜링이 색다른 방식으로 그 사실을 다시 증명해 본 것이다.

그런데 이 논문에서 컴퓨터의 원천 설계도가 슬그머니 드러난다. 아이러니하게도, 좌절을 증명하는 작품 속에 인류의 정보혁명을 이끌 도구의 설계도가 주요 소품으로 등장했던 것이다.

튜링이 리바이브한 당시 수학계를 내려친 청천벽력은 쿠르트 괴델(Kurt Gödel)이 1931년에 증명한 다음의 사실이었다.

수학계의 꿈

1928년. 미키 마우스가 세상에 데뷔한 해. 대담한 꿈이 유럽 수학계에 번지고 있었다. 당대 수학계를 이끌던 다비트 힐베르트(David Hilbert)가 독려한 꿈이었다.

그의 생각은 이렇다. 수학자들이 해왔던 작업과정을 보아하니, 몇 개의 생각의 법칙(추론 규칙)을 반복 적용하는 게 다인 듯했다. 혹시, 사실 아닐까? 몇 개의 추론 규칙만 가지면 앞으로 수학자들이 증명할 명제들을 모두 술술 찾을 수 있는 게 아닐까?

'모두'와 '술술'이 핵심이다. '모두'란 말 그대로 '하나도 빠뜨리지 말고'라는 거고, '술술'이란 '쉽게 자동으로'라는 뜻인 터, 그런 추론 규칙만 찾아낸다면 수학자가 더 이상 고생할 필요가 없어지는 것이다. 모든 수리 명제를 자동으로 술술 찾게 될 것이다.

그런데, 자동으로 적용할 수 있는 추론 규칙이란 어떤 것을 말하는 걸까? 예를 들어 셜록 홈스가 각 사건을 해결하는 과정을 보자. 모든 사건마다 드라마의 전개 내용은 제각각이다. 하지만 셜록 홈스가 매번 사건을 해결하는 추론 과정을 일반화해서 보면 같은 패턴의 과정을 반복할 뿐이다. "A이면 반드시 B다, 그리고 지금 A가 사실이다, 그렇다면 B가 사실이어야 한다" "A가 사실이라면 지금 상황이 말이 안 된다, 그렇다면 A는 사실이 아니다" 같은 것들이다. 이런 것이 자동으로 적용할 수 있는 추론 규칙(패턴)이다. 셜록 홈스는 사건마다 'A'와 'B'에 구체적인 경우를 대입해서 새로운 사실을 유추해내고 이때 하는 일이란 지금까지 알려진 사실들을 대입할 수 있는 추론 규칙을 찾는 것이다. 이 스텝은 자동화 할 수 있는 단순 작업이다. 추론 규칙의 전제('그렇다면'의 왼쪽)에 현재 알고 있는 사실을 대입해 보면, 그 규칙의 결론('그렇다면'의 오른쪽)에 해당하는 사실이 드러난다. 예를 들어 앞의 두 번째 추론 규칙을 적용하면 이렇다. "장그래 박사가 그저께 사망했다면 어제 세미나에 참여했는데 말이 안 된다." 그렇다면 "장그래 박사는 그저께 사망하지 않았다." 이렇게 적용가능한 추론 규칙을 동원해서 새로 알게 되는 사실들을 모두 모아갈 수 있다. 새로 알게 된 사실 때문에 또 다른 새로운 사실을 알게 된다. 이렇게 연쇄반응 하듯이 새로운 사실을 생산해내는 엔진은 셜록 홈스의 머릿속에 있는 몇 가지의 고정된 추론 규칙(패턴)들이다.

힐베르트가 제안한 문제는 수학자들이 사용하는 이런 규칙들을 찾아보자는 것이다. 한없이 많지는 않을 것이므로 찾아보자. 힐베르트는 이 문제를 1928년 세계수학자대회에서 공식적으로 제기한다. 기계적인 방식으로 – 자동으로 – 수학의 모든 사실을 술술 만들어 낼 수 있을 것 같다는 꿈, 그래서 수학자들의 고된 짐을 벗을 수 있을 것 같다는 꿈이었다.

괴델이 깬 그 꿈

하지만 3년 후 그 꿈은 산산이 조각난다. 1931년 쿠르트 괴델이라는 25세의 신참 수학자였다.

괴델이 내려친 벼락은 "꿈 깨시오"였다. 이 꿈은 절대 이루어질 수 없다고 증명해버린 것이다. 기계적인 방법만으로는 수학에서의 사실을 모두 샅샅이 만들어낼 수 없다는 것이다. 기계적인 방식만으론 참인지 거짓인지 판단할 수 없는 명제가 항상 존재한다는 증명이었다. 그래서, 수학자들이 고생해서 알아내는 사실들을 자동으로 척척 빠뜨리지 않고 모두 만들어 내는 기계는 불가능하다는 것이었다.

기계적인 방식만으론 수학의 모든 사실을 길어 올릴 수 없다

아무리 추론 규칙(생각의 법칙)들을 잘 만들어도, 그 법칙들만으로는 모든 참인 명제들을 길어 올릴 수 없다. 만든 그물을 빠져나가는 사실들은 반드시 있다. 놓친 사실까지 길어 올리도록 매번 기계를 확장한다 해도, 그 기계가 또 길어 올리지 못하는 사실이 항상 존재한다. 그물을 기워도 기워도 뚫린 데가 항상 나타난다.

불완전성 정리incompleteness theorem라고 불리는 그 증명은 당대 수학계를 발칵 뒤집어 놓는다. 괴델의 증명을 확인하고 재확인하는 세미나와 강의가 캠퍼스의 고요한 대낮을 끓게 하였고, 그 증명은 거부할 수 없는 사실임이 모두에게 신속히 확인된다.

케임브리지 강의

1935년. 케임브리지 대학의 수학과를 갓 졸업한 앨런 튜링은 괴델의 증명 소식을 듣는다. 20대 초반의 청년이었다. 졸업 후 한 강의를 통해서였는데, 38세의 수학과 맥스 뉴먼(Max Newman) 교수가 개설한 강의였다. 강의 내용은 괴델의 불완전성 정리의 증명을 리뷰하는 것이었다.

튜링은 이 강의를 듣고 괴델의 증명을 단도직입적으로 다시 증명해 볼 수 있겠다는 생각을 한다. 그리고 똑같은 증명을 자신만의 방식으로 진행한다. 이 증명을 정리한 것이 앞서 소개한 1936년의 논문이다.

튜링은 이 증명에서 간단한 기계 부품들을 정의한다. 그리곤 이 부품들로 하나의 특별한 기계를 만들어 보이는데, 그 기계가 바로 보편만능의 기계, 즉 컴퓨터였던 것이다.

컴퓨터의 원천 설계도

우선, 튜링은 그 증명에서 왜 기계 부품을 정의할 필요가 있었을까? 튜링의 증명은 단도직입적이다. '기계적인 방식'이 뭔지를 곧바로 정의한다. 그리고 그 방식만으론 모든 사실을 만들 수 없음을 증명한다.

튜링은 아주 단순한 다섯 종류의 기계 부품을 정의한다. 마치 레고 블록 세트 같은 것들이다. 그리고 그 부품들로 만든 기계로 돌릴 수 있는 것만을 '기계적인 방식'이라고 정의한다. 그러고는 이 방식으로는 절대 돌릴 수 없는 계산 문제를 하나 보인다. 그리고 이 문제를 지렛대 삼아 기계적인 방식으로는 참인 사실을 하나도 빠뜨리지 않고 만들어 내는 것이 불가능하다는 결론을 이끌어 낸다.

이 증명의 중앙부 가파른 협곡을 통과하면서 튜링은 컴퓨터의 설계도를 펼쳐 보이게 된다. 튜링은 우선 자신이 정의한 '기계적인 방식'이 충분히 광범위하다는 것을 설득해야 했다. 그래서 튜링은 자기의 방식으로 돌아가는 기계들의 예를 보여주기 시작한다. 그러고는 그 정점의 예로, 하나의 특이한 '궁극의 기계'를 만들어 보인다. 이 정도의 기계까지 만들어 낼 수 있는 기계 부품들은 그러므로 충분히 광범위한 게 아니냐는 걸 암시하면서.

그러곤 그 '궁극의 기계'를 타고 증명의 중심부 협곡을 아슬아슬 통과해 간다. 이 궁극의 기계를 이용해서, 참인 명제를 모두 만들어 주는 기계가 불가능하다는 것을 보이는 데, 바로 이 궁극의 기계에 컴퓨터의 원천 설계도가 담기게 된다.

단순한 부품

이 궁극의 기계를 소개하기 전에 우선 튜링이 정의한 기계 부품들이 무엇인지 살펴보자. 그 기계 부품들은 너무나 단순하다. 아래가 그 부품으로 만든 튜링 기계의 한 예다.

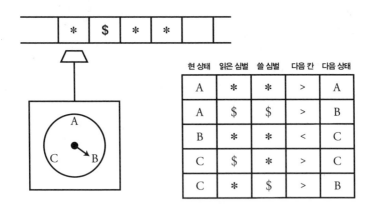

현 상태	읽은 심벌	쓸 심벌	다음 칸	다음 상태
A	*	*	>	A
A	$	$	>	B
B	*	*	<	C
C	$	*	>	C
C	*	$	>	B

부품은 몇 개 안 된다. 무한히 많은 칸을 가진 테이프, 테이프에 기록되는 심벌들($, * 등 유한 개), 테이프에 기록된 심벌을 읽거나 쓰는 장치, 그 장치의 상태를 나타내는 심벌들(A, B, C 등 유한 개), 그리고 기계의 작동규칙표다. 기계마다 이 부품들이 정해진다. 어떤 심벌들을 테이프에 읽고 쓰게 될 것인지, 어떤 심벌들로 상태를 구분할지, 작동규칙표는 무엇인지. 그리고 테이프의 시작 모습과 기계의 시작 상태 심벌, 그리고 테이프에서의 시작 위치가 정해진다. 그림에서 박스 안에 시계 바늘이 현재의 상태 심벌을 가리킨다.

이렇게 정의된 기계는 작동규칙표에 적힌 대로 작동한다. 튜링기계가 하는 일은 단순하다. 테이프 칸의 심벌을 읽고 쓰면서 테이프 위를 기껏해야 한 칸씩 좌우로 움직이는 일만 할 수 있다. 이러면서 기계의 상황이 매번 변경된다.

앞의 그림에서 작동규칙표의 한 행이 하나의 작동 규칙이다. 작동 규칙의 의미는 간단하다. 기계가 어떤 상태에서 어떤 심벌을 읽으면 어떤 심벌을 쓰고, 읽는 장치는 어느 방향으로 움직이며(오른쪽>, 왼쪽<, 제자리‖), 새로운 기계 상태는 무엇이 되는지가 표현되어 있다. 예를 들어 다음 규칙이 주문하는 일이란,

현 상태	읽은 심벌	쓸 심벌	다음 칸	다음 상태
C	*	$	>	B

"현재 상태가 C이고 테이프에서 읽은 심벌이 *이면 읽은 곳에 $를 덮어쓰고, 읽고 쓰는 장치를 오른쪽으로 한 칸 움직이고(>), 다음 상태는 B가 되라"는 것이다.

위의 보인 기계가 작동하는 모습은 다음쪽 그림과 같다. 각 상황의 아래쪽에 있는 것이 그 상황에서 적용하게 될 작동규칙이다. 윗줄부터 왼쪽에서 오른쪽으로 진행한다.

이 기계가 하는 일은 테이프에 있는 $ 심벌을 오른쪽 끝으로 옮기는 것이다. 우선(A상태) $ 심벌을 찾아 오른쪽으로 간다. 찾았으면(B상태) 그게 오른쪽 끝인지를 확인한다. 끝이 아니면(C상태) 옮겨야 하므로, $를 오른쪽으로 한 칸 옮겨놓는다. 한 칸 옮기고도 오른쪽 끝이 아니면 계속 옮겨야 하므로, B상태로 돌아가서 반복하면 된다. 옮기고 나서 그게 오른쪽 끝이라면(마지막 상황) 해당하는 규칙이 없으므로 작동이 멈춘다.

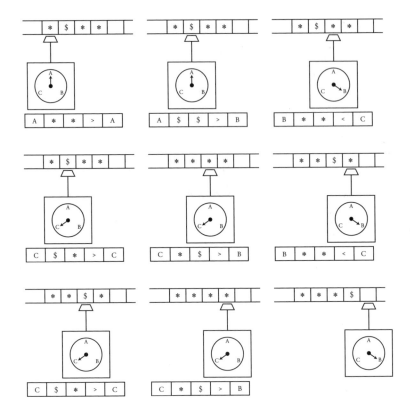

튜링은 이렇게 정의한 기계 부품들로 다양한 일을 하는 기계들을 만들어 보이면서, '기계적인 계산'이란 그렇게 만든 기계로 돌릴 수 있는 것들로 한정해도 충분한 것 같다고 설득한다. 테이프에 0과 1을 반복해서 쓰는 (010101…) 기계에서부터, 0을 시작으로 1을 점점 많이 쓰는(0010110111…) 기계 등을 만들어 보인다. 사칙연산을 하는 기계도 물론 만들 수 있다(예를 들어 2+3을 하기 위해 테이프에 1진법으로 *11*111*를 써넣고 더하기 튜링기계를 작동시키면 테이프에 5에 해당하는 1진수를 그 옆에 쓴다: *11*111*11111*).

궁극의 기계

튜링이 만들어 보인 '궁극의 기계'도 이렇게 구성되는 튜링기계의 하나이고, 이 기계에 컴퓨터의 핵심 능력이 처음으로 등장한다. 컴퓨터의 핵심 능력은 하나의 컴퓨터가 모든 일을 할 수 있다는 점이다. 궁극의 기계가 바로 그 능력을 처음으로 보여준 설계인 것이다.

이 궁극의 기계는 두 개의 대담한 설계를 담고 있다. 첫째는, 그 기계의 정해진 테이프와 심벌들만 가지고 임의의 튜링기계(작동규칙표와 테이프 그리고 현재 기계 상태 심벌)를 1차원 실로 – 일렬로 늘어선 심벌들로 – 표현할 수 있다는 점이다. 그래서 임의의 다른 기계의 정의를 테이프에 입력으로 받을 수 있게 된다. 둘째는, 테이프에 표현된 기계의 정의에 따라 그 동작을 그대로 흉내 낼 수 있도록 작동규칙표를 정의한 점이다. 그래서 자기의 고정된 작동규칙표를 따르면 테이프에 기록된 임의의 기계를 그대로 흉내 낼 수 있게 된다. 튜링은 이런 능력을 갖춘 기계를 자신이 정의한 기계 부품들로 만들어 보인다.

튜링은 이 궁극의 기계를 보편만능의 기계*universal machine*라고 부른다. 튜링기계의 하나지만 모든 튜링기계를 흉내 낼 수 있기 때문이다. 즉, 어떤 계산이건 그에 해당하는 기계를 테이프에 입력으로 받아 그 작동을 그대로 흉내 낼 수 있다. 다시 말해 그가 정한 범주에 드는 모든 기계적인 계산을 그 하나의 기계로 돌려볼 수 있기 때문에 보편만능의 기계라 부르는 것이다.

그럼 튜링기계의 부품들로 어떻게 이런 궁극의 기계를 만드는지 구경 가보자.

▲ 튜링기계를 테이프에 표현하기

임의의 튜링기계를 유한 개의 심벌들로 테이프에 표현하는 방법은 간단
하다. 일단 세 개의 테이프를 사용해서 각 부품들을 테이프에 표현하는
것으로 하자. 세 개의 테이프는 간단히 하나의 테이프로 합칠 수 있는데
이 이야기는 잠시 미루자.

튜링기계마다 상태 심벌과 테이프 심벌들은 각양각색일 테지만, 상태
심벌은 늘 S0, S1,… 로 바꿀 수 있고, 테이프 심벌은 늘 T0, T1,… 로 바
꿀 수 있다. 이런 심벌들을 상태 심벌과 테이프 심벌들로 사용하는 튜링
기계에서부터 시작하자.

• 테이프 I: 튜링기계의 테이프와 읽고 쓰는 장치 담기.

튜링기계의 테이프는 테이프 심벌들을 일렬로 가지고 있는 것이므
로, 그 테이프를 그대로 테이프 I에 표현하면 된다.

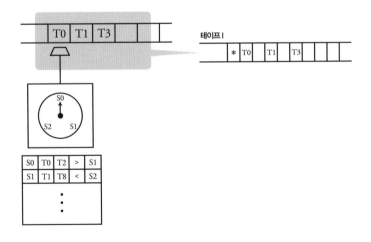

단, 튜링기계가 현재 가리키는(↑) 테이프 칸을 테이프 I에 표현해 놓아야 한다. 그래야 그 표시를 찾아가서 테이프를 읽고 쓰는 일을 흉내 낼 수 있다. 이 위치 표시가 * 이다. 그래서 테이프 I에는 각 칸을 두 칸의 짝으로 구성해서 왼쪽 칸은 위치 표시를 놓는 데 쓰고 오른쪽 칸에는 원래 심벌을 쓴다. 튜링기계가 다음 칸으로 이동하는 것은 테이프I에서는 위치 표시가 이동하는 것이다.

• 테이프 II: 튜링기계의 현재 상태 심벌 담기.
  튜링기계의 현재 상태 심벌(S0, S1,… 중 하나)은 테이프II에 써넣고 읽고 쓸 준비를 하면 된다.

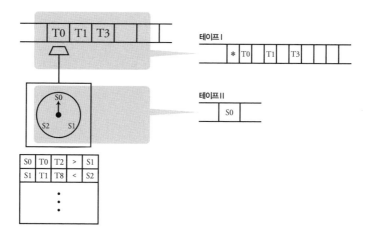

• 테이프 III: 튜링기계의 규칙표 담기.
  어떤 작동규칙표든 몇 개 안 되는 고정된 심벌들을 이용해서 일렬로 표현할 수 있다. 사용하는 심벌은 S, T, >, <, ‖, 0,…, 9, X이다. 심벌 X는 각 규칙의 경계를 표시하는 데 쓴다. 예를 들어, 규칙이 두

개인 아래와 같은 작동규칙표는

S0	T0	T1	>	S1
S1	T2	T12	<	S0

일렬로 다음과 같이 표현한다.

XS0T0T1>S1XS1T2T12<S0X

이렇게 표현한 작동규칙표를 테이프Ⅲ에 담는다.

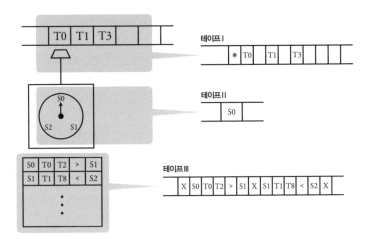

이렇게 어떤 튜링기계라도 세 개의 테이프(테이프Ⅰ, 테이프Ⅱ, 테이프Ⅲ)에 표현할 수 있고, 사용하는 심벌은 항상, 고정된 17개면 충분하다: S, T, >, <, ∥, 0,⋯, 9, X, *.

단, 간단히 설명하려고 살짝 지나친 것이 있는데, 위 그림들에서 테이프 한 칸에 쓴 상태 심벌과 테이프 심벌들은 사실 여러 칸을 차지한다. 뒤에 붙은 숫자 때문이다. 예를 들어 테이프Ⅰ은 사실상 다음과 같은 모습이다.

튜링기계를 돌리는 규칙표

세 개의 테이프에 표현된 튜링기계를 돌리는 작업은 간단하다. 다음의 사이클을 반복하면 된다.

테이프 II에서 현재 상태 심벌 S_i을 읽는다. 테이프 I에서 위치 심벌(*)을 찾아 그곳의 테이프 심벌 T_j을 읽는다. 이렇게 읽은 현재 상태 S_i와 읽은 심벌 T_j와 매치되는 규칙을 테이프 III에서 찾는다. 그리고 이렇게 찾은 규칙 $\boxed{S_i \quad T_j \quad T_k \quad m \quad S_l}$ 이 시키는 일을 한다. 즉, 테이프에 쓸 심벌 T_k와 다음 상태 심벌 S_l를 테이프 I과 테이프 II에 옮겨 쓰고, 찾은 규칙에 명시된 움직임 m대로 (m이 >이면 오른쪽, <이면 왼쪽, ∥이면 제자리) 테이프 I의 위치 심벌(*)을 옮긴다.

이 반복 작업을 튜링기계의 작동규칙표로 표현할 수 있다. 이 작업들은 튜링기계가 할 수 있는 단순한 것들이기 때문이다. 하는 일의 핵심은 두 가지뿐이다. 주어진 심벌을 앞부분에 가진 문자열(규칙) 찾기와, 심벌을 복사해서 옮기기다.

이것이 보편만능 튜링기계*universal machine*다. 임의의 튜링기계가 테이프에 올라오고 가지고 있는 작동규칙표대로 일을 하면, 테이프에 올라온 튜링기계의 작동을 그대로 따라 하는 것이 된다.

그런데 잠깐, 그런 기계가 튜링기계는 아니지 않은가? 테이프가 하나가 아니고 세 개 아닌가? 그래서 읽고 쓰는 장치도 세 개여야 하고, 규칙 표도 세 개의 테이프에서 읽은 심벌과 쓸 심벌 그리고 다음 움직임 등을 각각 지정해야 한다. 튜링기계의 작동을 모사하기 위해서 튜링기계의 능력을 벗어난 기계를 만든 건 아닌가?

그렇지 않다. 세 개의 테이프를 사용하더라도 하나의 테이프를 사용하는 튜링기계로 볼 수 있다. 테이프 세 개를 테이프 하나로 합칠 수 있기 때문이다. 각 테이프의 칸들을 번갈아 한 테이프에서 깍지 껴서 표현하면 된다.

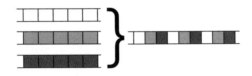

각 테이프에서 따로 읽고 쓰던 걸, 하나로 합쳐진 테이프에서는 일정 보폭으로 건너뛰면서 읽고 쓰면 된다. 각 테이프마다 달랐던 읽는 위치는 합쳐진 테이프에서는 칸 옆에 표시해 놓으면 된다. 그 표시를 위해서 칸마다 둘로 나눠서 왼쪽 칸을 해당 테이프의 위치 심벌을 써넣는 장소로 사용하면 된다.

급소

이제 튜링의 증명이 기대는 중요한 사실을 이야기하자. 튜링기계의 한계와 직통으로 연결된 급소 이야기다. 무한한 것들에 존재하는 크기의 차이 때문에 생긴 급소다.

의아하겠지만 무한에도 크기의 차이가 있다. 무한하다고 다 같은 무한이 아니다. 예를 들어서, 자연수(ℕ)의 개수와 실수(ℝ)의 개수가 모두 무한하지만 실수의 개수가 훨씬 더 크다. 또, 자연수의 개수보다 자연수의 부분집합의 개수가 훨씬 더 크다. 칸토어(Georg Cantor)가 처음으로 확인해 준 사실이다.[1] 같은 무한이라도 자연수(ℕ)만큼 있으면 셀 수 있을 만큼 많은 *countably many* 것이지만 실수(ℝ)만큼 많으면 셀 수 없이 많다*uncountably many*.

이 차이를 구분하는 경계에 튜링기계의 한계가 놓여 있다. 튜링기계의 개수는 무한히 많지만 셀 수 있을 만큼만 많다. 자연수의 개수를 넘지 못한다. 이 때문에 튜링기계로는 참인 명제를 모두 만들어 낼 수 없게 된다.

튜링의 증명은 곧이어 구경하도록 하고, 여기서는 왜 튜링기계의 개수가 자연수의 개수를 넘지 못하는지 알아보자. 이유는 간단하다. 테이프에 표현된 튜링기계는 고유의 자연수 하나로 표현할 수 있기 때문이다. 앞에서 살펴본 바와 같이 튜링기계를 하나의 테이프에 일렬로 표현할 수 있고, 일렬에 들어가는 심벌들은 S, T, >, <, ‖, 0, ⋯, 9, X, * 등 17개면 충분했다. 이 심벌들 문자열이 튜링기계 하나를 표현하게 된다.

따라서 이 문자열을 고유의 자연수로 변환하는 방법은 많이 있을 수 있

---

1 다음과 같이 확인할 수 있다. 대각선 논법*diagonalization*이라고 불린다.

자연수의 부분집합들의 개수가 자연수 개수만큼 있다면 모순이 된다. 자연수의 부분집합을 자연수로 번호 붙이기에는 늘 부족하게 된다. 다음과 같은 이유 때문이다.

자연수의 부분집합들이 자연수만큼 있다면 그 집합들을 자연수로 모두 번호 매길 수 있을 것이다. $N1, N2, N3$ 등등. 이제 $N1$부터 차례로 살펴면서 자연수 집합 X를 만들 수 있는데, 이 집합이 모든 자연수의 부분집합들과는 다르게 된다! X는 빈집합에서 시작해서, $N1$에 1이 없으면 X에 1을 넣고, 있으면 X에 넣지 않는다. 다음으로 $N2$에 2가 없으면 X에 2를 넣고, 있으면 X에 넣지 않는다. 이 과정을 $N3$, $N4$ 등 모두에 대해서 한다. 그러면, X는 자연수의 부분집합이 분명하지만 $N1, N2$ 등등 모두와 다르다. 자연수로 번호 매긴 것이 다인 줄 알았는데($N1, N2$ 등등) 그 외에 또 있는 것이다(X).

이런 논법을 대각선 논법이라고 부르는 이유는 X를 만들 때 따지는 $(N1, 1), (N2, 2), \cdots$ 들이 $N1, N2$ 등을 가로축에 쓰고 1, 2 등을 세로축에 쓰면 대각선의 점들에 해당하기 때문이다.

다. 한 방법은 이 문자열을 17진수의 수로 해석해서 자연수로 변환하는 것이다. 이 자연수를 다시 17진수로 변환하면 원래의 문자열로 복원될 것이고, 이것을 다시 그림으로 복원하면 원래의 튜링기계 모습으로 되돌아갈 것이다.

예를 들어 앞의 심벌들이 차례대로 0(S)부터 16(*)을 뜻하는 것으로 정하면, 심벌들의 일렬이 아래와 같다면 17진법으로 표현한 숫자일 뿐이고

XS1T2>*

상식적인 10진법 자연수로는 (X는 15, S는 0, 1는 6, T는 1, 2는 7, >는 3, *는 16이므로) 아래와 같다.

$$15 \times 17^6 + 0 \times 17^5 + 6 \times 17^4 + 1 \times 17^3 + 7 \times 17^2 + 3 \times 17^1 + 16 \times 17^0$$

$$\quad X \qquad S \qquad 1 \qquad T \qquad 2 \qquad > \qquad *$$

즉, 362571664이다.

그러므로 튜링기계의 개수는 자연수의 개수를 넘지 못한다. 이 세상의 모든 튜링기계마다 고유의 자연수가 지정될 수 있기 때문이다.

이 한계가 튜링기계의 능력을 제한하는 급소다. 즉, 현재 컴퓨터의 급소다. 이 한계 때문에 튜링기계로는 참인 명제를 모두 만들어 낼 수 없다. 어떻게 그렇게 되는지 튜링의 증명을 구경 가보자.

튜링의 불완전성 증명

"그 (궁극의) 기계를 타고 (괴델의 불완전성) 증명의 중심부 협곡을 아슬아슬 통과해"(31쪽 '컴퓨터의 원천 설계도') 가는 과정은 이렇다. 증명할 것은

모든 참인 명제를 차례로 만들 수 있는 튜링기계 – A라고 하자 – 는 존재하지 않는다는 것이다.

증명 목표 : A는 존재하지 않는다.

궁극의 기계는 임의의 기계를 흉내 낼 수 있다고 했다. 그렇다면, 테이프에 표현된 기계를 흉내 내는 대신에 테이프에 표현된 기계가 멈출지 멈추지 않을지(멈춤 문제*halting problem*)를 정확히 판단하는 기계 H는 가능할까?

만일 모든 참인 명제를 차례로 만들 수 있는 튜링기계 A가 존재한다면 멈춤 문제를 푸는 그런 기계 H를 쉽게 만들 수 있다. 다음과 같이 만들면 된다. 멈출지 여부를 판단해야 하는 튜링기계 M을 받으면, 궁극의 기계로 튜링기계 A를 흉내 낸다. A는 모든 참인 명제를 차례차례 모두 만들어 낼 것이므로, 언젠가는 "튜링기계 M은 멈춘다"는 명제를 만들거나 아니면 그 부정인 "튜링기계 M은 멈추지 않는다"는 명제를 만들 것이다. 기다리면 이 둘 중 한 명제를 만들어 낼 것이므로 그걸 보고 M의 멈춤 여부를 판단하면 그만이다. 이렇게 궁극의 기계와 A를 이용해서 멈춤 문제를 푸는 튜링기계 H를 간단히 만들 수 있다.

사실 : A가 존재하면 H가 존재한다.

이어서 튜링의 마지막 펀치가 날아온다. 멈춤 문제를 푸는 기계 H는 존재할 수 없다는 증명이다. 이 증명을 어떻게 했는지는 바로 뒤에 이어지는 설명으로 일단 미루자. 아무튼, 임의의 튜링기계를 받아서 멈출지 여부를 정확히 판단하는 튜링기계는 존재할 수 없다.

사실 : H는 존재하지 않는다.

그러므로, 증명의 마지막 단계는 명백하다. 모든 참인 명제를 차례로 만들 수 있는 튜링기계 A가 있으면 H는 만들 수 있는데, H는 존재하지 않으므로 A도 존재할 수 없다. 최종 증명이 이렇게 완성된다.

이제 이 증명이 기댔던 핵심 파트 – 멈춤 문제를 푸는 튜링기계는 존재할 수 없다 – 를 튜링이 어떻게 증명했는지 구경 가보자. 이 증명에는 튜링기계가 자연수라는 사실과, 보편만능의 기계*universal machine*와 대각선 논법*diagonalization*이 동원된다. 이 증명에 대한 설명을 끝으로 튜링의 컴퓨터 원조 논문 구경을 마무리하자.

◢◣ ....

멈춤 문제의 증명

멈춤 문제*halting problem*를 푸는 튜링기계는 존재할 수 없다는 증명의 얼개는 이렇다. 튜링기계는 자연수의 개수만큼 있다. 그런데 멈춤 문제를 정확히 풀어 주는 튜링기계 H가 있다고 하면, 그 H를 이용해서 튜링기계의 개수가 자연수보다 많게 된다는 것을 보일 수 있다. 이건 모순이다. 따라서 멈춤 문제를 푸는 튜링기계는 존재할 수 없다.

어떻게 H가 존재하면 자연수보다 많은 튜링기계가 가능할까? 그 증명은 대각선 논법*diagonalization*을 이용한다. 칸토어(Cantor)가 자연수의 개수보다 자연수의 부분집합의 개수가 더 많다는 것을 보일 때 사용한 방법이다.

우선, 튜링기계의 개수는 자연수 개수를 넘을 수 없으므로, 모든 튜링기계마다 자연수로 번호 1, 2, 3, ⋯ 을 붙이면 모두 커버할 수 있다. 튜링기계의 테이프에 올라온 입력도 그렇다. 유한 개의 테이프 심벌로 유한한 길이만큼 써넣은 것이므로 그 가짓수는 자연수의 개수보다 많을 수 없다. 입력마다 번호 1, 2, 3, ⋯ 을 붙이면 모든 입력이 커버된다.

이제, 모든 튜링기계마다 모든 입력에 대해서 H의 결과를 테이블로 만들어서 채워 넣을 수 있다. 세로축에는 자연수 개수만큼인 모든 튜링기계가 도열해 있고, 가로축에도 자연수 개수만큼인 모든 입력이 도열해 있다. 각 칸에 해당하는 튜링기계와 입력을 H에게 줘서 멈춤 문제를 풀도록 한다. 끝난다고 하면 1을 써넣고 끝나지 않는다고 하면 0을 써넣는다. H는 모든 튜링기계에 대해서 그런 답을 정확히 할 수 있다고 했으니, H를 이용해서 그렇게 테이블을 채울 수 있는 것은 당연하다.

입력

		I_1	I_2	I_3	⋯
튜링기계	M_1	1	1	0	⋯
	M_2	1	0	1	⋯
	M_3	1	0	1	⋯
	⋮	⋮	⋮	⋮	⋮

이제 이 테이블을 대각선으로 참조하면서 모든 튜링기계와 다른 튜링기계를 만들 수 있다. 이 새로운 기계는 다음과 같이 작동한다. 입력 I_k에 대해서 테이블을 본다. M_k행에 뭐가 쓰여있는지. 0이면(즉, M_k는 입력 I_k를 받으면 끝나지 않는다) 1을 내놓고 끝나도록 한다. 1이면(즉, M_k는 입력 I_k를 받으면 끝난다) 입력 I_k를 M_k에 넣고 돌려서(보편만능의 튜링기계로 흉내 내서) 나온 결과에 1을 더해서 내놓는다.

이렇게 만든 기계는 튜링기계인가? 그렇다. 하는 일이라는 게, 다른 튜링기계(멈춤 문제를 푸는 튜링기계 H와 튜링기계 M_k들)를 흉내 내고 그에 덧붙여서 기껏 +1을 하는 기계이기 때문이다.

그런데 이런 튜링기계는 모든 튜링기계와 다르다. 1번 튜링기계(M_1)와는 1번 입력(I_1)에서 다른 결과를 낸다. 그 입력에 대해서 1번 튜링기계가 끝나지 않으면 1을 내놓고 끝나고, 끝나면 1번 튜링기계의 결과보다 1이 큰 결과를 내놓기 때문이다. 2번 튜링기계와도 같은 이유로 2번 입력에서 갈리고 등등. 모든 $k=1, 2, \cdots$ 에 대해서 k번 튜링기계(M_k)와 k번 입력(I_k)에서 다르게 작동한다. 따라서 이 기계는 모든 튜링기계와 다르다.

이건 모순이다. 모든 튜링기계와 다른 튜링기계가 존재한다니. 자연수만큼 있는 튜링기계들 모두가 도열해 있는 테이블의 모든 칸을 H를 이용해서 메꿀 수 있었다. 그렇게 메꿔진 테이블을 참조해서 모든 튜링기계와 다른 새로운 튜링기계를 만들 수 있었다. 그런데 이 새로운 튜링기계는 모든 튜링기계가 도열했다는 그 테이블에 이미 있었어야 했다. 그러나 그렇지 않다니 모순이다.

따라서 우리가 참조한 45쪽의 테이블에 문제가 있다. 튜링기계는 자연수만큼 있을 뿐이므로 테이블에 도열한 튜링기계들이 다인 것은 확실하다. 그렇다면 문제는 테이블을 메꿔주었던 튜링기계 H다. H는 아예 존재해서는 안 되는 물건이었다.

▲

컴퓨터

이제 튜링의 기계 부품들을 되돌아보자. 그토록 단순한 부품들로 보편만능의 기계를 만들 수 있다는 것은 놀랍고 반가운 일이다. 튜링의 기계 부품은 매우 단순하기 때문에 그 기계 부품을 실제 만들어 볼 수 있을 게고, 그 부품으로 보편만능의 기계를 만들 수 있지 않겠는가.

이쯤에서 우리 주변의 컴퓨터를 보자. 그곳에는 튜링이 정의한 기계 부품들이 고스란히 구현되어 있다. 테이프는 메모리 칩으로, 테이프에 읽고 쓰는 장치는 메모리 입출력 장치로, 작동규칙표는 중앙처리장치$_{cpu}$로 구현한 것이다. 따라서 실행시키고 싶은 일에 해당하는 기계를 메모리에 표현해 — 소프트웨어로 만들어 — 넣어주기만 하면 컴퓨터는 그 정의대로 일을 수행한다. 튜링의 보편만능의 기계, 그 실재가 우리 손바닥 위에 놓인 컴퓨터인 것이다.

2.2 400년

이렇게 튜링이 컴퓨터의 청사진을 우연히 펼치기까지, 논리적인 추론 과정이 뭔지를 정의하고 싶어했던 역사는 적어도 400년 정도로 펼쳐진다. 논리 추론이란 게 결국 몇 가지 방식의 생각 패턴을 반복해서 사용하는 것 같다는 감을 잡고, 그 생각 패턴을 명확하게 드러내 보고 싶어했던 사람들. 그 생각의 방법을 정확히 표현할 수 있다면, 그것으로 생각을 하인(기계)에게 시킬 수 있으리라고 꿈꾼 사람들. 무르익던 이 꿈이 산산이 조각날 때까지의 400년. 그동안 그 꿈을 부풀리는 성과와 그 꿈을 깨뜨릴 성과가 동시에 쌓여갔었다.

더 거슬러 올라갈 수 있겠지만 1600년대부터 살펴보면[2], 라이프니츠 (Gottfried Leibniz, 1646년-1716년)가 초보적이지만 심벌을 사용해서 논리 추론의 패턴을 정의하려고 시도해봤었다. 200년 후, 프레게(Gottlob Frege, 1848 년-1925년)가 체계적인 표기법을 고안해서 많은 논리 추론 과정을 커버하는 추론의 패턴을 찾아 나서기도 했다. 프레게가 고안한 표기법은 현재 기호논리학에서 사용하는 표기법의 원조다. 러셀(Bertrand Russell, 1872 년-1970년)과 화이트헤드(Alfred Whitehead, 1861년-1947년)는 프레게의 표기법을 빌려 수학의 모든 논리체계를 엄밀히 규명하려는 대장정에 나서기도 했다. 이런 분위기에서 힐베르트(David Hilbert, 1862년-1943년)가 수학의 추론 과정을 모두 담아내는 기계적인 패턴을 찾아 나서자는 제안을 하게 된다. 하지만 곧이어 이 꿈들은 모두 불가능하다고, 괴델(Kurt Gödel, 1906 년-1978년)이 증명하고 튜링(Alan Turing, 1921년-1954년)이 재확인한다. 이 증명에는 칸토어(Georg Cantor, 1845년-1918년)가 무한수에도 크기 차이가 있다는 사실을 밝히는 과정에서 고안한 대각선 논법*diagonalization*이 동원된다.

이렇게 3-400년 부풀던 꿈과 철저한 좌절의 과정을 거쳐 컴퓨터의 청사진이 우연찮게 드러나게 된 것이다.

의문

아직 풀리지 않는 의문이 있다. 튜링기계를 능가하는 컴퓨터가 가능할까? 즉, 튜링의 방식을 넘어서는 기계적인 계산이란 게 있을까?

현재의 컴퓨터가 해내는 기계적인 계산이란 튜링의 정의였을 뿐이다.

---

2 유럽 이야기다. 우리 주변에도 비슷한 시기에 혹은 그 이전에 비슷한 의문을 가지고 궁리한 학자들이 있을 법한데, 남아있는 기록을 알 수 없다.

절대적인 사실이 아니고, 사실인 걸로 접고 넘어가는 컴퓨터의 '패러다임'일 뿐이다.

2036년쯤이 될까? 튜링의 논문 이후 100년. 누가 알겠는가. 또 다른 24세의 학도. 어디선가 전혀 관계 없을 듯한 연구에 몰두하는 중에 튜링의 기계를 능가하는 컴퓨터를 암시하는 디자인을 슬쩍 펴 보이는 일이 생길지. 희소식은 종종 의외의 곳에서 오지 않던가.

들어보시게, 시절을 뛰어넘어 명창은 한 번 반드시 나타나는 법

– 송찬호, [임방울]

다른 트랙

한편, 튜링의 논문 이전부터, 계산하는 기계장치는 꾸준히 고안되었다. 고대부터 쓰였던 주판이 그렇고, 파스칼(Blaise Pascal)과 라이프니츠가 1600년대에 만든 사칙연산 계산기와 배비지(Charles Babbage)가 1830년대에 만들고 확장했던 자동계산기가 그렇다. IBM은 1920년대부터 회계장부 숫자들을 자동으로 더하고 빼는 기계를 만들어서 팔고 있었다. 대부분 전기를 쓰지 않는, 톱니바퀴 등으로 만든 순수 기계장치였다. 그러다가 전기장치를 이용해서 만들어갔다. 통계학자들은 통계 계산을 자동으로 하는 기계를 전기장치로 만들었고(ABC), 더 일반적인 계산이 가능한 자동계산기를 하버드 대학(Harvard University)이 만들었고(Mark), 펜실베이니아 대학(University of Pennsylvania)에서도 만들었다(ENIAC).

이 트랙의 자동계산 기계들은 튜링의 보편만능의 기계와 가까워지고 있었다. 하나의 기계로, 모두는 아니지만 여러 다양한 계산이 가능하도록 만들어지고 있었다. 튜링의 보편만능의 기계 개념 이전부터였고, 동시대에 일어나고 있었던 일이다. 할 일들이 메모리에 프로그램으로 표현되어 올라가는 방식은 아니었지만 계산해야 할 일들이 그 기계의 입력으로 주어지기 시작했다.

이 트랙의 성과들은 튜링의 근본적인 보편만능의 기계 디자인을 만나면서 와해되고 점프한다. 디자인은 튜링의 보편만능의 기계 설계에 접속되면서 그렇게 정리되고, 그동안 쌓였던 구현 기술들은 튜링의 보편만능의 기계를 구현하는 데 신속하게 동원된다.

튜링과 별개로 발전하던 자동계산 기계장치들의 성과들. 마치 제 몸을 흔들며 바람을 일으켰던 나무들. 그리고 튜링이 투척한 근본적인 컴퓨터의 디자인. 큰 바람은 다른 연원에서 불어와 나무들을 흔들었다.

> *해가 떠오르리라 해가 떠올라 별들이 그 무덤에 파묻히리라*
>
> – 고은, [이름을 물으면서]

03

그 도구의 실현

머릿속에서만 디자인 된 보편만능의 도구. 이를 실제 작동하는 물건으로 어떻게 만들 수 있었을까?

만들 것은 세 가지다. 튜링기계의 부품들이다. 메모리(테이프), 메모리에 읽고 쓰는 장치, 그리고 규칙표와 규칙표대로 작동하는 장치. 이 부품들로 튜링은 보편만능의 기계(컴퓨터)를 머릿속에서 만들었다.

이 부품들을 실현하는 건 언뜻 쉬워 보인다. 아주 단순하게 작동하는 장치들이기 때문이다. 우리 주변에서 이 부품들을 실현하는 데 동원할 수 있는 재료가 널려 있을 듯하다. 그걸 실현할 가능성은 손에 잡힐 정도로 가까이 있는 듯하다.

3.1 다른 100년

그런데 나서보면 곧 벽을 만난다. 어떤 재료로 어떻게 만들 수 있을지. 예를 들어, 메모리는 종이로, 쓰는 장치는 펜으로? 그러면 읽는 장치는? 그리고 '규칙표대로 작동하는 장치'는 어떻게 만들 것인가? 현재 상태를 읽고 메모리를 읽기. 그에 해당하는 규칙을 찾기. 그 규칙대로 메모리에 쓰고 현재 상태를 바꾸기. 이 작동이 자동으로 반복해서 일어나기. 이것을 실현할 재료와 방법은? 답은 사실 뻔하지 않다.

컴퓨터를 실현하기까지는 100여 년간의 색다른 축적 과정이 필요했다. 그런데 이 과정은 튜링과는 별도로 마무리 되고 있었다. 다른 경로로 무르익은 또 다른 상상과 융합의 열매. 1854년과 1937년을 스치는 100여 년의 선분.

3.2 생각 – 부울의 연구

1854년

1854년. 조지 부울(George Boole)은 《생각의 법칙에 대한 탐구*An Investigation of the Laws of Thought*》라는 책을 발표한다. 당시 39세였고, 철종 5년, 동학혁명의 전봉준이 태어난 해였다.

부울은 이 책에서 사람의 생각은 조립되는 거라고 본다. 기본 생각이 있고 그것들로 새로운 생각을 조립하고, 조립한 생각들을 가지고 다시 조립해서 또 다른 생각을 만들고. 부울은 그 조립하는 방식을 세 개로 한정한다. 사람의 생각이란 게 세 개의 접속사만으로 충분히 조립되는 것으로 본다. 그 접속사는 다름 아닌 그리고*and*, 또는*or*, 아닌*not*이다.

부울은 그렇게 조립한 생각들의 참과 거짓이 어떻게 결정되는지를 정리한다. 전체 생각을 구성하는 부품 생각들의 참과 거짓으로부터 전체가 어떻게 참이거나 거짓으로 결정되는지.

그리고 살핀다. 그렇게 조립된 것 중에 같은 것이 어떤 것인지. 다르게 조립된 생각들이지만 결국 같은 생각인 것. 같은 부품을 써서 이렇게 조립하나 저렇게 조립하나 결국 같은 것들. 이것들을 모은 것이 위 책이다.

부울의 이 책이 오늘날 부울 대수*boolean algebra* 또는 부울 논리*boolean logic*라는 것의 시작이다. 대수*algebra*라는 분야는 같은 게 뭔지(뭐가 뭐를 대신할 수 있는지) 탐구하는 분야다. 같은 게 뭔지 알면 문제풀이에 유용하다. 작업*algebraic manipulation*이 가능해지기 때문이다. 예를 들어, $x - 1 = 0$이라는 방정식을 같은 것으로 바꿔가다 보면 (양쪽에 같은 1을 더해서) $x - 1 + 1 = 0 + 1$, (양쪽을 같은 것으로 바꿔서) $x = 1$, 이러면서 답의 정체를 드러낼 수 있게 된다.

그리고, 또는, 아닌

그리고

생각을 조립하는 방법 중에 '그리고'가 있다. "나는 사람이다. 그리고 지구는 둥글다" "1+1=1 그리고 1+2=3" "한반도 인구는 10만 명이다. 그리고 한반도 인구의 평균수명은 2년이다" 등등.

부품들이 모두 참이면 그리고로 조립해도 참이다. 그런데 부품 중 하나라도 거짓이면 그리고로 조립한 결과는 거짓이다. 우리의 생각이 그렇지 않은가?

"나는 사람이다"는 참이다. "지구는 둥글다"도 참이다. 두 개를 그리고로 조립한 것도 참이다. 그런데 하나라도 거짓인 경우를 그리고로 조립해 보자. "2+2=2"는 거짓이고, "2+3=5"는 참이다. 이 둘을 그리고로 조립한 것은 거짓이다. 그리고라는 접속사의 속성이 그렇다. "한반도 인구는 10만 명이다"는 거짓이다. "한반도 인구의 평균수명은 2년이다"도 거짓이다. 이 둘을 그리고로 조립한 것도 당연히 거짓이다.

생각 A와 B를 그리고로 연결하면, A와 B의 참 거짓 여부에 따라서 AB(A그리고B)[1]의 참 거짓을 가릴 수 있다. A와 B 모두 참일 때만 AB(A그리고B)는 참이다. 그 외의 경우는 모두 거짓이다.

표로 표현하면 다음과 같다. 1은 참을, 0은 거짓을 표현하고, 작대기 - 는 그 외의 경우를 뜻한다.

A	B	AB
1	1	1
-	-	0

---

1 $A \times B$ 혹은 $A \wedge B$로 쓰기도 한다.

또는

생각을 조립하는 방법 중에 '또는'이 있다. "나는 사람이다. 또는 지구는 둥글다" "1 + 1 = 1 또는 1 + 2 = 3" "한반도 인구는 10만 명이다. 또는 한반도 인구의 평균수명은 2년이다" 등등.

부품들이 모두 거짓이면 또는으로 조립해도 거짓이다. 그런데 부품 중 하나라도 참이면 또는으로 조립한 결과는 참이다. 우리의 생각이 그렇지 않은가?

"한반도 인구는 10만 명이다"는 거짓이다. "한반도 인구의 평균수명은 2년이다"도 거짓이다. 둘을 또는으로 조립한 것도 거짓이다. 그런데, 하나라도 참인 경우를 또는으로 조립해보자. "2 + 2 = 2"는 거짓이고 "2 + 3 = 5"는 참이다. 그러나 두 개를 또는으로 조립한 것은 참이다. 또는이라는 접속사가 그렇다. "나는 사람이다"는 참이다. "지구는 둥글다"도 참이다. 두 개를 또는으로 조립한 것은 당연히 참이다.

생각 A와 B를 또는으로 연결하면, A와 B의 참 거짓 여부에 따라서 $A + B$(A또는B)[2]의 참 거짓을 가릴 수 있다. 둘 다 거짓인 경우만 $A + B$(A또는B)는 거짓이다. 그 외의 경우는 모두 참이다.

표로 표현하면 다음과 같다. 1은 참을, 0은 거짓을 표현하고, 작대기 - 는 그 외의 경우를 뜻한다.

A	B	$A + B$
0	0	0
-	-	1

---

2 $A \lor B$로 쓰기도 한다.

아닌

생각을 조립하는 방법 중에 '아닌'이 있다. "2 + 2 = 2가 아니다" "2 + 3 = 5 가 아니다" "한반도 인구는 10만 명이 아니다" 등등.

"나는 살아있다"는 참이다. 그것을 아니다로 조립한 "나는 살아있는 게 아니다"는 거짓이다. "2 + 2 = 2"는 거짓이다. "2 + 2 = 2가 아니다"는 참이다. "2 + 3 = 5"는 참이다. 그것의 아니다는 거짓이다.

생각 A의 아니다 $-A$는[3] A의 참 거짓 여부와 반대가 된다.

A	$-A$
1	0
0	1

같음

부울은 생각을 조립하는 세 가지 방법을 정리하고 나서 탐구한다. 이렇게 조립하나 저렇게 조립하나 결국 같은 게 어떤 것들인지.

예를 들어, 같은 것들은 다음과 같다. 표기법을 다시 상기하면, 'A그리 고B'와 'A또는B'와 'A 가 아니다'를 각각 'AB', '$A+B$', '$-A$'로 쓰고, 거짓을 0 으로, 참을 1로 쓴다.

$$A + (B + C) = (A + B) + C \qquad A(BC) = (AB)C$$
$$A + B = B + A \qquad AB = BA$$
$$A(B + C) = (AB) + (AC) \qquad A + (BC) = (A + B)(A + C)$$
$$A1 = A \qquad A + 0 = A$$
$$AA = A \qquad A + A = A$$

---

3 $\overline{A}$ 혹은 $\neg A$로 쓰기도 한다.

$$A(A + B) = A \qquad\qquad A + (AB) = A$$
$$A0 = 0 \qquad\qquad A + 1 = 1$$
$$A(-A) = 0 \qquad\qquad A + (-A) = 1$$
$$(-A) + (-B) = -(AB) \qquad (-A)(-B) = -(A + B)$$
$$-(-A) = A$$

위의 등식들이 왜 맞는지는 쉽게 확인해 볼 수 있다. 부품식들의 참 거짓의 모든 경우를 따져서 등호의 왼쪽과 오른쪽이 항상 같은 결과를 가지는지를 확인하면 된다. 예를 들어, $A + (BC) = (A + B)(A + C)$의 경우, A와 B와 C가 참이나 거짓을 가지는 모든 경우들(8가지)마다 왼쪽의 결과와 오른쪽의 결과가 일치하게 된다.

위의 등식은 숫자 세상에서도 비슷하게 성립한다. 그래서 숫자 세상의 기호(곱하기, 더하기, 부호 바꾸기)를 빌려서 표현하는 것이다. 숫자 세상과 일치하는 등식은 예를 들어 $A(B + C) = (AB) + (AC)$이고, 일치하지 않는 등식은 예를 들어 $A + (BC) = (A + B)(A + C)$이다.

조립

생각의 조립은 몇 단계로 반복해도 상관없다. 조립한 것으로 또 다른 것을 조립할 수 있다. 조립한 결과물이 다시 부품이 되어 다른 것을 조립하는 데 쓰이는 것이다. 레고 블록 같다. 기본 블록을 가지고 조그만 상자를 조립하고, 상자들을 가지고 기둥을 조립하고, 기둥을 가지고 건물을 조립하고.

이렇게 생각을 조립하면, 그 생각이 다시 부품이 되어 더 큰 생각을 조립하는 데 쓰일 수 있다. 레고 블록에서 조립 방식은 암수를 끼워 맞추는 한 가지지만, 부울이 선택한 생각 조립 방식은 '그리고', '또는', '아닌'이라는 접속사를 쓰는 세 가지인 것이다.

3.3 스위치

한편, 스위치*switch* 이야기가 필요하다. 스위치는 어떤 흐름을 막거나 여는 장치다. 간단한 장치다. 전기의 흐름을 생각해도 되고, 수도 파이프를 흐르는 물을 생각해도 좋다. 전기의 경우 일상적인 전등 스위치를 상상하고, 물의 경우라면 수도 밸브를 상상하자.

그런데, 부울의 《생각의 법칙에 대한 탐구》를 이야기하다가 갑자기 뜬금없이 스위치라니? 부울이 정리한 생각의 법칙과는 전혀 상관없어 보이겠지만, 그 의아함은 잠시만 누르자.

열린 스위치를 그림으로 표현하면 이렇다.

스위치를 닫으면

왼쪽과 오른쪽이 연결되어 (전기나 물이) 흐르게 되고, 열면 끊겨 흐르지 못한다.

1930년대에 전기공학자들은 전기 스위치를 이용해서 이런저런 자동장
치를 만들고 있었다. 전기 스위치를 '직렬'이나 '병렬' 혹은 '뒤집기'로 연
결하면서 여러 가지를 자동화 할 수 있다는 것을 알고 있었기 때문이었
다. 이것들을 조합하면서 우리가 원하는 일을 하는 회로를 만들 수 있었
다. 기차나 엘리베이터 등에 사용되는 운전 장비, 공장의 자동화 장치, 정
해진 연산 함수를 계산하는 장치, 심지어는 당시 전화국 교환기 등등.

직렬, 병렬, 뒤집기

직렬로 스위치를 연결한다는 것은, 스위치를 한 줄로 연속해서 연결하는
것을 의미한다.

이 경우 두 스위치를 모두 닫아야만

전기가 왼쪽 끝에서 오른쪽 끝으로 흐른다. 어느 하나라도 열려 있으면

전기는 흐르지 못한다.

병렬로 스위치를 연결한다는 것은, 하나의 전깃줄을 둘로 갈랐다가 다시 합치는 것을 말하는데, 두 개의 각 전깃줄에 스위치를 하나씩 놓는 것이다.

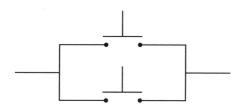

이 경우 두 스위치를 모두 열어야만 전기가 흐르지 않는다. 어느 하나라도 닫혀 있으면

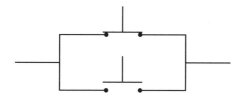

전기는 왼쪽 끝에서 오른쪽 끝으로 흐른다.

뒤집기 스위치는 보통 스위치의 반대다. 열면 흐르고

닫으면 흐르지 못한다. (▯는 전기 흐름을 막는 나무막대라고 상상하자.)

뒤집기 스위치는 수문이라고 상상해도 된다. 스위치(수문)를 닫으면 전기 (물)는 흐르지 못한다. 스위치(수문)를 열면 전기(물)가 흐른다.

스위치는 전기 스위치일 필요는 전혀 없다. 흐르는 실체는 물이 될 수도 있고, 빛이 될 수도 있고, 힘이 될 수도 있다. 물인 경우 수도 파이프와 밸브를 이용해서 물 스위치를 구현할 수 있고, 빛인 경우 거울과 불투명 유리를 이용해서 광 스위치를 구현할 수 있고, 힘인 경우 막대기와 스프링 등을 이용해 힘 스위치를 구현할 수 있다.

1937년

지금까지 스위치 이야기를 한 이유는, 이렇게 단순한 스위치의 세계와 부울이 정리한 생각의 세계가 같기 때문이다. 서로가 서로의 거울이다.

이미 눈치 빠른 독자는 알아챘을 것이다. 직렬은 '그리고', 병렬은 '또는', 뒤집기는 '아닌'과 같은 느낌 아닌가. 'A 그리고 B'는 A와 B가 모두 참일 때만 참이고 그 외는 거짓이었다. A와 B를 스위치로 보고 직렬로 연결하면, 두 스위치가 모두 닫혀 있을 때만(모두 참일 때만) 흐르고(참이고) 그 외는 흐르지 않지(거짓이지) 않던가. 병렬 스위치로 연결한 장치는 '또는'으로 조합한 식과 맞아떨어지고, 뒤집기 스위치로 연결한 장치는 '아니오'로 조합한 식과 맞아떨어진다.

이 사실이 1937년에 발견되면서, 전기 스위치 분야의 발전을 가속시키게 된다. 어쩌면 두 분야를 알고 있다면 누구나 발견할 수 있는 사실이었을 것이다. 아무튼, 역사적으로 그 발견을 선점한 사람은 21살의 대학원 생이었다.

튜링보다 네 살 어린 클로드 섀넌(Claude Shannon)이었다. 1937년 8월, 그가 21세 때 MIT 석사논문을 제출한다. 논문 제목은 〈릴레이와 스위치 회로를 기호로 분석하기*A Symbolic Analysis of Relay and Switching Circuits*〉. 튜링의 1936년 논문과는 관계없지만 그 논문이 제출된 지 1년 후였다.

이 논문의 배경은 이렇다. 1930년대의 전기공학자들은 주먹구구식이었다. 전기 스위치로 온갖 자동장치를 만들고 있었지만 경험에 의존하는 기예나 공예의 스타일에 머물러 있었다. 스위치를 이렇게 저렇게 조합하면 특정한 작동을 하게 할 수 있다는 등의 사례만 축적해갔다.

만들려는 회로를 표현하는 언어도 변변치 않았다. 따라서 만들려는 것을 표현해서 대상으로 바라보며 분석하는 체계적인 방법을 갖추지 못했다.

이런 주먹구구식은 한계를 드러낸다. 복잡하고 큰 규모의 자동장치를 만들기는 어렵다. 전화 교환기 시스템, 공장 자동화 장비, 기차 자동운전 장비 등 스위치로 자동화할 수 있는 온갖 것들. 어떻게 체계적으로 최선의 것을 만들 수 있을까? 같은 작동을 하는 최대한 간단한 스위치 회로를 만드는 방법은 뭘까? 모르고 있었다. 스위치의 조합이 결국 무엇을 하는 것인지에 대한 이해가 없었기 때문이었다.

이해가 생기면 체계가 생긴다. 체계가 생기면 대규모의 복잡한 것도 만들 수 있게 된다. 경험과 손재주로 한정되는 스케일을 돌파하게 된다.

섀넌의 석사논문은 이런 주먹구구식 과정에 체계를 잡아주었다. 스위치 회로가 결국 부울 논리와 같으므로, 임의의 부울 논리식에 해당하는 스위치 회로가 있고, 임의의 스위치 회로에 해당하는 부울 논리식이 있다는 것이다.

그 대응 관계는 정확히 다음과 같다. 스위치 회로에서, 흐름 여부는 참 또는 거짓으로 보고, 스위치에 흐르면 스위치가 닫히는(내려오는) 것으로 보자. 그러면 다음과 같이 서로가 대응한다. 직렬 스위치 회로는 부울 논리에서 '그리고' 식이다.

스위치 A와 B 모두에 1이 흐를 때(닫힐 때)만 오른쪽 끝 결과에 1이 흐른다. 그 외에는 항상 결과에 0이 흐른다.

병렬 스위치 회로는 '또는' 식이다.

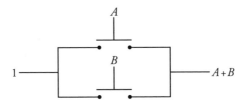

스위치 A와 B 모두에 0이 흐를 때(열릴 때)만 오른쪽 끝 결과에 0이 흐른다. 그 외에는 항상 결과에 1이 흐른다.

뒤집기 스위치는 '아닌' 식이다.

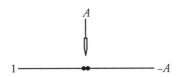

스위치 A에 1이 흐르면(닫히면, 내려오면) 오른쪽 끝 결과에 0이 흐르고, A에 0이 흐르면(열리면, 올라가면) 결과에 1이 흐른다.

스위치 분야의 날개

두 개가 같은 것이라는 발견은 스위치 분야에 날개를 달아주었다. 우선, 스위치 회로를 만든다는 게 뭔지를 이해하게 되었다. 스위치 회로를 만드는 것은 부울 논리식을 하나 만드는 작업이구나라는 이해다.

그리고 훌륭한 채비를 제공했다. 스위치 회로를 표현하는 편리한 언어로 부울 논리를 사용하면 된다. 복잡한 스위치 회로를 디자인하고 살피는 데 간편한 언어가 생긴 것이다. 이제 스위치 회로를 복잡하게 설계할 것 없이 부울 논리식으로 쓰기만 하면 된다.

대상이 명확해지면 비로소 공략(분석)할 수 있게 된다. 부울이 일별해 놓은 등식 법칙들이 있다. 어떻게 생긴 식이 서로 같은지를 정리한 규칙들이다. 이 등식을 이용해서 주어진 부울 논리식과 같지만 더 간단한 부울 논리식을 찾을 수 있다. 같은 일을 하는 스위치 회로 중에서 될 수 있으면 가장 간단한 회로를 디자인하는 체계가 생긴 것이다.

디지털

스위치 회로가 부울 논리의 날개를 달면서 새로운 이름이 붙는다. 디지털 논리회로digital logic circuit. '논리회로'는 부울 논리와 같은 것이기 때문이다. '디지털'은 손가락이나 돌멩이 같이 "하나, 둘, 셋…"하면서 구분해 셀 수 있는 대상을 뜻한다. 참 거짓 중 하나를 따로 가지는 게 부울 논리식의 값이었다. 흐르느냐 않느냐로 따로 구분되며 작동하는 것이 스위치 회로였다. 그래서 스위치 회로가 '디지털 논리회로'라 이름 붙은 것이다.

굳이 따지자면 스위치 회로는 이진*binary* 디지털 논리회로다. 두 가지(흐르느냐 않느냐, 참이냐 거짓이냐)만 구별하므로.

비트*bit*라는 단위가 있다. 'binary digit'에서 온 말인데, 두 개를 구별할 수 있는 단위다. 한 비트는 스위치 회로에서 선 하나에 해당한다. 선 하나가 두 가지(흐르냐 마냐, 참이냐 거짓이냐, 1이냐 0이냐)를 구별했으므로. 두 비트는 선 두 개, 세 비트는 선 세 개 등등. 참고로 바이트*byte*라는 단위는 비트 8개를 뜻한다.

표현 방식

디지털 논리회로(부울 논리식)를 표현하는 방식은 두 가지가 있다. 글자로 쓰는 방식과 그림으로 그리는 방식.

우선 글자로 쓰는 방식은 부울 논리식을 쓰는 방식 그대로다. 부울 논리식을 조립하는 방식을 상기하자. 기본 부품이 있고 조립하는 방식이 있다. 기본 부품에는 참, 거짓 그리고 변수가 있다. 참은 회로에서는 1(흐름 있음)에, 거짓은 0(흐름 없음)에 해당한다. 변수는 부울 논리식을 이름으로 대치한 것이고 참이거나 거짓을 가진다. 조립하는 방식은 부울 논리식을 가지고 그리고*and*, 또는*or*, 아닌*not*이라는 접속사로 부울 논리식을 만들게 된다. 이렇게 조립하는 방식은 임의의 단계로 중첩될 수 있다. 조립한 것을 부품으로 더 큰 것을 조립하고, 이 과정을 몇 번이고 반복할 수 있다.

따라서 다음과 같은 것들이 디지털 논리회로를 글자로 표현한 것이다. 기본 부품들은 디지털 회로다. 다음과 같은.

$$0, \quad 1, \quad A, \quad B$$

위의 것들을 가지고 조립한 것들도 논리회로다. 아래와 같은.

$$1A, \quad A+B, \quad AB, \quad -A$$

위의 것들로 한 번 더 조립한 것들도 또 논리회로다. 다음과 같은.

$$1(0+A), \quad 1+(1A), \quad AB+(-A), \quad -(0+A)$$

그림으로는 아래와 같이 그린다. 선 위에 1이나 0을 놓으면 기본 부품 1이나 0을 뜻한다. 선 위에 이름을 놓으면 1이거나 0일 수 있는 변수를 뜻한다.

선 두 개를 받아서 하나를 내놓는 반달 그림은 그 둘을 '그리고'로 조합한 부울식을 뜻한다.

초승달 그림은 '또는'으로 조합한 부울식을 뜻한다.

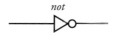

방울 삼각형 그림은 '아닌'으로 조합한 부울식을 뜻한다.

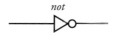

그리고 반달('그리고'), 초승달('또는'), 방울 삼각형('아닌') 모두 그 속은 스위치들이다. 예를 들어, 반달과 초승달의 속은 다음과 같다.

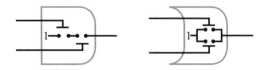

67쪽에서 글로 쓴 부울식들을 그림으로 그려보자. $1A, A + B, AB, -A$는 각각 아래와 같다.

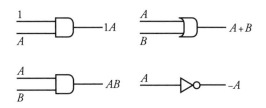

$1 + (AB), -(AB), (1A)(A + B), AB + (-A)$는 각각 아래와 같다.

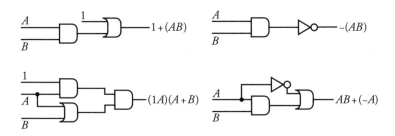

이제 쓸모 있는 작동을 하는 회로들을 몇 개 조립해 볼 것이다. 작은 예로 시작해 컴퓨터 구현에 가까이 갈 것이다. 오늘날의 디지털 컴퓨터는 디지털 논리회로들로 실현된다.

판정, 선택, 응답, 기억

판정

두 값이 같은지 다른지 판단하는 논리회로를 만들 수 있다. 예를 들어 두 입력 x와 y가 다르면 0, 같으면 1을 출력하는 회로를 만든다고 하면, 입력에 따라 어떤 출력이 나와야 하는지를 따져보면 된다. 입력이 0 혹은 1뿐이라고 하면, 회로의 작동은 다음과 같다.

x	y	결과
0	0	1
1	1	1
–	–	0

결과를 1로 만드는 경우는 두 가지밖에 없고, 이 두 경우만 생각하면 원하는 회로를 조립할 수 있다. 두 경우는 입력 x와 y가 모두 0이거나 모두 1일 때다. 이 경우에만 결과는 1이다.

모두 0일 때만 결과가 1인 회로는

$$(-x)(-y)$$

이다. 이때 $-x$와 $-y$가 모두 1이고 이걸 '그리고'로 연결해야 결과가 1이 되기 때문이다. 또, 모두 1일 때만 결과가 1인 회로는

$$xy$$

이다.

따라서 이 두 회로를 '또는'으로 조립하면

$$(xy) + (-x)(-y)$$

두 경우(입력이 모두 0이거나 모두 1인 경우)에만 1인, 우리가 원하는 회로가 된다. 두 경우 이외에는 0이다. 그 외의 경우에 $(-x)(-y)$와 xy는 모두 0이기 때문이다. 이 회로를 그림으로 그리면 아래와 같다. (선이 겹쳐도 연결된 게 아니다. 점이 있는 곳이 연결된 경우다.)

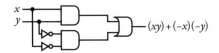

이런 방식으로 원하는 동작을 하는 회로를 만들 수 있다. 결과를 1로 만드는 입력의 경우를 모아 회로를 만들면 된다. 그런 경우가 여럿 있으면 각 경우를 '또는'으로 조립하면 된다.

또 다른 예로, 가위바위보로 누가 이겼나 판정하는 논리회로를 만들어보자. 한 사람이 낼 수 있는 가짓수는 셋이다. 두 자리 이진수로 한 사람이 내는 것을 표현할 수 있으므로 선 두 개(2비트)가 필요하다. 즉, 00은 가위, 01은 바위, 10은 보를 지칭하는 것으로 하자. 두 사람이 내는 경우이므로 입력은 두 자리 이진수 두 개다.

출력도 세 경우를 구분해야 한다. 영희와 철이가 가위바위보를 한다고 하면, 영희가 이긴 경우, 철이가 이긴 경우, 그리고 비긴 경우라는 세 가지가 있다. 따라서 두 자리 이진수로 출력이 표현돼야 한다. 11은 비긴 경우, 10은 영희가 이긴 경우, 01은 철이가 이긴 경우를 뜻한다고 하자. 00은 판정불가한 경우(가위바위보 이외의 것을 낸 경우)라고 하자.

그러면 다음의 작동을 하는 것이 우리가 바라는 회로다.

영희		철이		결과	
x	y	v	w	A	B
0	0	0	0	1	1
0	0	0	1	0	1
0	0	1	0	1	0
0	1	0	0	1	0
0	1	0	1	1	1
0	1	1	0	0	1
1	0	0	0	0	1
1	0	0	1	1	0
1	0	1	0	1	1
-	-	-	-	0	0

출력의 두 비트(AB)를 결정하는 회로를 만들자. A와 B를 출력하는 회로를 따로 만들면 된다. A가 1이 되는 입력의 경우는 $xyvw$가 0000, 0010, 0100, 0101, 1001, 1010 뿐이다. 따라서 그 회로(부울식)는 다음과 같다.

$$(-x)(-y)(-v)(-w) + (-x)(-y)v(-w) + (-x)y(-v)(-w) +$$

$$(-x)y(-v)w \quad + \ x(-y)(-v)w \quad + \ x(-y)v(-w)$$

B가 1이 되는 입력의 경우는 $xyvw$가 0000, 0001, 0101, 0110, 1000, 1010 뿐이다. 따라서 그 회로(부울식)는 다음과 같다.

$$(-x)(-y)(-v)(-w) + (-x)(-y)(-v)w + (-x)y(-v)w +$$

$$(-x)yv(-w) \quad + \ x(-y)(-v)(-w) + \ x(-y)v(-w)$$

그리고, 위의 두 회로는 같은 일을 하는 더 간단한 회로로 다시 쓸 수 있

다. 부울이 정리한 등식법칙들을 적용하는 것이다. 예를 들어, 다음 식은

$$(-x)(-y)(-v)(-w) + (-x)(-y)v(-w)$$

더 간단하게 아래와 같다.

$$(-x)(-y)(-w)$$

왜냐하면 아래와 같은 등식이 성립하기 때문이다.

$$(-x)(-y)(-v)(-w) + (-x)(-y)v(-w)$$

$= ((-x)(-y)(-w))(-v) + ((-x)(-y)(-w))v \quad (AB = BA$이므로$)$

$= (-x)(-y)(-w)((-v) + v) \quad (AB + AC = A(B + C)$이므로$)$

$= (-x)(-y)(-w)1 \quad (A + (-A) = 1$이므로$)$

$= (-x)(-y)(-w) \quad (A1 = A$이므로$)$

이제 컴퓨터를 만드는 데 진짜 사용되는 몇 가지 기초적인 부품을 만들어 보자.

선택

둘 중 하나를 조건에 따라 결정하는 회로를 만들 수 있다. 즉, 들어오는 입력 x와 y 중에서, 선택자 z이 0이면 x를, z이 1이면 y를 선택하는 회로다. 멀티플렉서$_{multiplexer}$라고 한다. 이러한 회로 역시 마찬가지로 입력과 출력을 표로 그리고 원하는 출력이 나오도록 회로를 만들어 주면 된다.

x	y	z	결과
0	0	0	0
0	1	0	0
1	0	0	1
1	1	0	1
0	0	1	0
0	1	1	1
1	0	1	0
1	1	1	1

결과가 1이 되는 xyz의 4가지 경우는 100, 110, 011, 111이다. 따라서 위의 작동을 하는 디지털 논리회로는 다음과 같다.

$$x(-y)(-z) + xy(-z) + (-x)yz + xyz$$

같은 일을 하는 더 간단한 회로로 다시 쓰면 아래와 같이 된다.

$$x(-z) + yz$$

응답

번호를 부르면 응답하는 디코더_{decoder}도 회로로 만들 수 있다.

출력이 두 개의 선 x, y이다. 선택자(입력) c의 값에 따라 x나 y 중 하나만 1이 되는 회로다.

c	x	y
0	1	0
1	0	1

따라서 논리회로는 $x = -c$이고 $y = c$이다.

출력이 네 개의 선 x, y, z, w라고 하자. 이 경우 선택자(입력)는 두 개가 필요하다. 선 c와 d에 따라, 네 개의 출력 선 중에서 하나만 1이 된다.

c	d	x	y	z	w
0	0	1	0	0	0
0	1	0	1	0	0
1	0	0	0	1	0
1	1	0	0	0	1

따라서 논리회로는 다음과 같다.

$$x = (-c)(-d) \qquad y = (-c)d$$
$$z = c(-d) \qquad w = cd$$

기억

그리고 기억장치도 '그리고', '또는', '아닌'으로 조립할 수 있다.

이건 언뜻 이해하기 어려울 수 있다. 기억은 시간이 관련되어야 하는데, 생각을 조립하는 그 세 개의 접속사에는 시간 개념이 없기 때문이다.[4]

상위레벨의 개념에 머물면 그렇지만, 흥미롭게도 현실로 내려가보면 시간을 견디는 기억이 그 세 개의 회로로 구현될 수 있다. 병렬, 직렬, 뒤집기 스위치를 잘 연결하면, 하는 일이 기억인 회로가 스위치로 만들어지는 것이다. 컴퓨터가 발명되기도 전인 1918년에 컴퓨터와 상관없이 이미

---

[4] 스위치를 쓰지 않는 자연스런 기억 장치도 있다. 축전기(capacitor)라는 장치다. 축전기는 비유하자면 물컵이다. 그런데 물 대신 전기를 보관(기억)할 수 있는 장치다. 축전기에 전기를 담고 빼는 것이 메모리에 쓰고 읽는 일이 된다.

스위치만 가지고 가능하다고 발견된 스위치 회로였다. 플립플롭*flip-flop* 혹은 래치*latch*라고 부른다.

▲ ···

두 회로가 동시에 서로를 물면서 엮여 있는 회로다. (아래 그림에서 ⫤D-는 '또는'한 결과를 '아닌'하는 회로 ⫤D▷-를 간단히 표현한 것이다. 선이 겹쳐도 연결된 게 아니다. 점이 있는 곳이 연결된 경우다.)

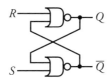

즉, 위의 상황을 연립방정식으로 표현하면 다음과 같다.

$$Q = -(R + \overline{Q})$$

$$\overline{Q} = -(S + Q)$$

이렇게 연결하면 R(reset)과 S(set)의 조합으로 0 혹은 1을 메모리(Q)에 쓰게 되고, 이후에 R과 S가 모두 0이 되면 그 이전의 Q 값을 유지하게 된다. 기억하는 것이다.

살펴보자. $R = 0$, $S = 1$인 경우를 보자. $S = 1$이므로 $\overline{Q}$는 무조건 0이다. 그러면 Q는 1이 된다. 서로의 결과를 입력으로 물고 있어서 이 결과는 변함없다. 그런 후, R과 S가 모두 0으로 떨어져도, Q는 1을 유지한다. 이제부터 $R = 0$, $S = 0$인 동안은 Q가 기억되는 것이다. 그러다가 0을 쓰고 싶으면 $R = 1$, $S = 0$을 넣는다. 그러면 Q는 0이 된다. 그런 후, R과 S가 모두

0으로 떨어져도, Q는 0을 유지한다. 이제부터 $R = 0, S = 0$인 동안은 Q가
기억되는 것이다.

시간	S	R	Q
t	1	0	1
$t+1$	0	0	1(기억)
$t+2$	0	1	0
$t+3$	0	0	0(기억)

3.4 컴퓨터의 실현

앞에서 살펴본 논리회로 아이디어에 따라 튜링기계의 모든 부품을 만들
수 있다. 만들 것은 튜링기계의 규칙표대로 실행하는 장치, 메모리 장치,
그리고 메모리를 읽고 쓰는 장치다.

컴퓨터는 튜링기계의 하나이므로, 논리회로로 구현된 튜링기계의 부품
들로 컴퓨터(보편만능의 튜링기계)를 만들 수 있게 된다.

논리회로라는 빌딩 블록으로 튜링기계의 부품을 만드는 데 근본적으
로 복잡한 것은 없다. 간단한 것들이 많은 양으로 반복해서 동원된다. 지
금까지 살펴본 간단한 디지털 회로들이 모두 튜링기계의 부품을 실현하
는 데 사용되는 부품들이다. '기계적인 계산'의 실체(튜링기계)가 간단했듯
이, 그걸 실현해 줄 빌딩 블록도 간단한 것들로 차곡차곡 쌓아 올리며 이
루어진다.

차곡차곡 쌓기

튜링기계를 실현하는 데는 공학자들이 늘 동원하는 지혜가 사용된다. 복잡한 것을 만들거나 다룰 때 쓰는 솜씨다. 이 이야기를 잠깐 하자.

그 지혜는 이것이다.

*속내용을 감추며 차곡차곡 쌓기**abstraction hierarchy*

속내용 감추기*abstraction*란 뭔가를 만들 때 그 속이 어떻게 만들어졌는지 몰라도 사용하는 데 하등 불편이 없게 준비해 놓는 것이다. 예를 들어, 자동차를 만들었다고 하자. 자동차를 사용하는 사람은 자동차가 어떻게 만들어졌는지 알 필요가 없다. 엑셀을 밟으면 나가고 브레이크를 밟으면 서고 핸들을 움직이면 움직이는 방향이 정해진다는 것만 알면 자동차를 사용할 수 있다.

차곡차곡 쌓기*hierarchy*란 이러한 속내용 감추기*abstraction*가 모든 계층에서 준비된 것을 뜻한다. 즉, 각 단계에서는 바로 아래 단계의 물건들을 사용해서 보다 큰 물건을 만들고, 그다음 윗단계에서는 이렇게 만든 물건을 사용해서 그 윗단계의 큰 물건을 만든다. 이런 일들이 각 단계에서 반복되면서 최종적인 목표물이 제일 윗단계에서 만들어진다.

이 꾀가 속내용을 감추며 차곡차곡 쌓기*abstraction hierarchy*다. 맨 밑바닥 계층(0단계)에서 부품을 만들어, 그 부품을 사용하는 법을 외부에 알린다. 그 부품을 사용하는 사람은 그 부품이 무슨 동작을 하는지만 알면 되고, 어떻게 만들어졌는지는 몰라도 된다. 위 1단계에서는 0단계 부품을 가지고 그걸 사용하는 법에 따라 새로운, 더 큰 일을 하는 부품을 만든다. 0단계에서와 똑같이 1단계에서 만든 부품의 속 내용을 감추고 외부에는 그 부품이 하는 일과 사용하는 법만 알려준다. 이런 과정으로 차곡차곡 단계별로 밟아가면서 점점 더 큰 일을 하는 물건을 만들게 된다. 각 단계에서는 바로 아래 단계에서 만들어진 부품을 사용하기만 하면 되기 때문에, 맨 밑바닥부터 어떻게 뭘 만들어야 할지 신경 쓰지 않아도 된다. 이 방법이 매우 복잡한 물건을 짜임새 있게 차곡차곡 만드는 지혜다.

> 아랫돌은윗돌을괴고윗돌은그윗돌을괴고
> 서로서로의치명적인우정처럼어깨를걸고
> 맨윗돌은천둥소리를괴고소나기를괴고
>
> - 장석남, [성]

컴퓨터 만들기도 이 방식이 적용된다. 컴퓨터의 빌딩 블록인 디지털 논리회로만 봐도 그렇다. 매 단계마다 간단한 것들이 속내용을 감추며 차곡차곡 쌓아올린*abstraction hierarchy* 결과다.

차곡차곡 쌓인 것들을 위에서부터 아래로 내려가 보면 이렇다. 컴퓨터의 모든 부품은 디지털 논리회로라는 것으로 구현 가능하다. 모든 디지털 논리회로는 그리고*and*, 또는*or*, 아닌*not*이라는 연산자로 조립된다. 이 연산자들은 모두 스위치*switch*로 구현 가능하다. 모든 스위치는 직렬, 병렬, 뒤집기로 구성되고 스위치는 어떤 흐름을 막거나 여는 장치이고, 흐르는 실체는 전기/물/빛/힘 등이며, 0 혹은 1을 뜻하는 신호를 전달한다.

이렇게 만들어진 디지털 논리회로들이 부품이 되어 속 내용을 감추며 차곡차곡 쌓아 조립된 것이 최종적으로 컴퓨터가 되는 것이다.

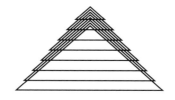

그럼 이제 구체적으로 튜링기계의 부품을 디지털 논리회로로 만들어 보자. 세 가지 부품을 차례대로 만들면 된다. 튜링기계의 규칙표대로 실행하는 장치, 메모리 그리고 메모리를 읽고 쓰는 장치다.

규칙표 장치

규칙표 장치는 다음의 작동을 반복해서 실행하는 장치다. 입력으로 현재 테이프 심벌과 상태 심벌을 읽는다. 출력은 입력 상황과 맞아떨어지는 규칙이 정한 대로 일을 하는 것이다. 해당 규칙이 정한 대로 테이프에 심벌을 쓰고, 테이프에서 다음에 읽을 위치를 정하고, 다음 상태 심벌로 상태를 바꾼다.

규칙표는 이런 규칙을 여러 개 모아놓은 것인데, 하나의 규칙에는 다섯 개 심벌이 묶여 있다. 규칙에 있는 다섯 개 심벌은 현재 상태 심벌, 테이프에서 읽은 심벌, 테이프에 쓸 심벌, 테이프 헤드의 다음 움직이는 방향, 그리고 다음 상태 심벌이다.

예를 들어, 튜링기계 규칙표를 하나 생각해보자. 테이프 심벌은 □, :,) 세 개로 하자. 기계상태 심벌은 A와 B 두 개로 하자. 작동규칙표는 다음과 같다고 하자.

A	□	:	>	B
B	□	)	>	A

테이프는 모두 비어 있고(빈 테이프는 테이프 칸마다 모두 □가 쓰여 있는 것으로 생각하자), 기계의 처음 상태 심벌이 A라고 하자. 그러면 이 기계는 작동을 시작해서 테이프 칸에 :과)을 번갈아 :):):)… 영원히 쓰게 된다.

이 규칙표대로 작동하게 되는 – 테이프를 읽고 해당 규칙을 실행하는 것을 반복하는 – 장치를 디지털 논리회로로 구현해보자. 우선 기계가 사용하는 테이프 심벌(□, :,))과 기계상태 심벌(A, B), 헤드 움직임(오른쪽 >, 왼쪽 <, 제자리 ‖)은 모두 0과 1로 표현할 수 있다.

심벌	상태	움직임
□ → 11	A → 0	> → 01
: → 00	B → 1	< → 10
) → 01		‖ → 00

다시 말하지만 규칙표 작동은 단순하다. 입력에 대한 적절한 반응이 반복되는 것이다. 입력은 테이프에서 읽은 심벌과 현재의 기계 상태 심벌이고, 출력은 테이프에 쓸 심벌과 다음의 기계 상태 심벌 그리고 읽고 쓰는 장치의 움직임(다음 칸)이다. 이런 입출력 관계를 표로 표시하면 다음과 같다.

입력			출력				
현 상태	읽은 심벌		쓸 심벌		다음 칸		다음 상태
S	I_0	I_1	O_0	O_1	D_0	D_1	S'
0	1	1	0	0	0	1	1
1	1	1	0	1	0	1	0

따라서 출력 O_0, O_1, S', D_0, D_1는 입력 S, I_0, I_1을 가지고 부울식으로 쓸 수 있고 다음과 같다.

$$O_0 = 0 \qquad\qquad O_1 = SI_0I_1$$

$$D_0 = 0 \qquad\qquad D_1 = 1$$

$$S' = (-S)I_0I_1$$

이렇게 구성한 디지털 논리회로가 아래의 '규칙표 논리회로'를 구성한다.

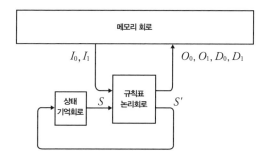

왼편의 '상태 기억회로'가 현재 상태를 기억하는 메모리이고, '규칙표 논리회로'가 메모리에서 읽은 심벌(I_0, I_1)과 현재 상태(S)를 입력으로 받아서 메모리에 쓸 심벌(O_0, O_1)과 다음의 기계 상태(S')를 출력하면 이것들이 각각 메모리와 상태 기억회로에 흘러들어 기억된다. 이 과정이 한 사이클이다. 이 사이클이 반복되면서 튜링기계가 작동하게 된다. '규칙표 논리회로'의 출력 중에 다음 사이클에 읽을 메모리 위치를 정해주는 움직임(D_0, D_1)은 메모리 회로에 기억하고 있다가 다음 사이클에서 그 위치의 심벌을 읽도록 해주면 된다.

메모리 장치

메모리를 구현하는 데는, 하나의 비트*bit*마다 플립플롭*flip-flop* 회로(75쪽 참조)를 하나씩 사용한다고 상상할 수 있을 것이다. 메모리 용량이 n비트라면 n개의 플립플롭 회로가 모여 있게 된다.

그리고 각 메모리마다 고유의 주소가 있어서 주소를 알려주면 곧바로 그 주소에 해당하는 메모리를 읽고 쓸 수 있는 회로를 만들 수 있다. 튜링 기계 같이 테이프 헤드가 따로 있어서 테이프 위를 한 번에 한 칸씩 움직이는 번거로움 없이, 임의의 메모리 영역에 곧바로 접근해서 읽고 쓸 수 있는 장치로 구현할 수 있는 것이다.

메모리가 4비트로 구성되어 있다고 하자. 아래 그림에서 m0, m1, m2, m3에 해당한다. 메모리의 왼편에는 메모리에 저장하려고 할 때 사용하는 논리회로가 연결되어 있다('쓰기 회로'라는 박스). 메모리의 오른편에는 메모리를 읽고자 할 때 사용하는 논리회로가 연결되어 있다('읽기 회로'라는 박스).

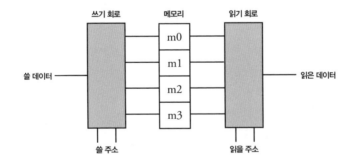

메모리의 주소가 각각 0(00), 1(01), 2(10), 3(11)이라고 하자. 메모리의 특정 비트를 읽고 싶으면, 그 메모리의 주소를 읽기 회로에 넣으면 해당하는 메모리의 값(0 혹은 1)이 오른편 데이터 라인에 나타난다. 메모리의 특정 비

트에 값을 쓰고 싶으면, 데이터와 저장할 메모리의 주소를 쓰기 회로에 넣으면 데이터 값이 그 주소의 비트에 저장된다.

예를 들어 3번 메모리에 1을 쓰고 싶으면 왼편 쓰기 회로를 작동시킨다. 데이터 라인에 1을 흘리고 주소 라인에 11(3에 해당하는 이진수)을 흘린다. 그러면 데이터 라인에 있던 1이 3번 메모리 m3에 흘러들어 저장된다. 다른 곳으로는 흐르지 않게 스위치가 닫힌다. 읽는 경우도 마찬가지다. 오른쪽 읽기 회로의 주소 라인에 11을 넣으면 3번 메모리의 값이 오른쪽 데이터 라인으로 흘러나온다. 다른 메모리 값들은 흘러나오지 않게 스위치가 닫힌다.

선택한 메모리에만 읽기와 쓰기가 작동하도록 하는 것, 이건 이전 섹션에서 살펴본 응답 회로_decoder_를 사용해서 구현할 수 있다. 응답 회로는 메모리 주소를 입력으로 받아서 네 개의 라인 중 해당하는 하나만 응답해서 1을 만들어 준다. 따라서 응답 회로의 각 출력이 메모리의 각 출력을 그리고-스위치로 연결하면 해당 주소의 메모리 값만 데이터 라인에 흘러든다. (다음 그림에서 선이 겹쳐도 연결된 게 아니다. 또는-스위치에 입력라인이 한꺼번에 네 개($a + b + c + d$)인 것은 정상적인 또는-스위치가 겹겹이 있는 경우($((a + b) + c) + d$)다.)

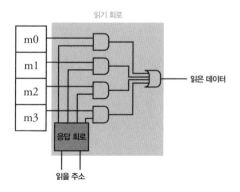

응답 회로가 켜주는 1과 해당 메모리에 저장된 값 v를 그리고-스위치로 연결($1v$)하면 그 결과는 v와 같다. 해당 메모리 값이 흘러나오는 것이다. 한편 응답 회로가 꺼주는 나머지 0들과 그리고-스위치로 연결된 메모리들의 값은 흘러나오지 못하고 결과가 모두 0이 된다. 그런 네 개의 결과를 또는-스위치로 연결하면($v + 0 + 0 + 0$) 결국 v와 같으므로, 해당 메모리에 저장된 값이 읽기 회로의 데이터 라인에 나타난다.

쓰기 회로도 해당 주소로만 값이 흘러들어야 하므로 응답 회로*decoder*의 각 출력을 그리고-스위치로 연결하면 해당 주소로만 쓰려는 값이 흘러든다.[5] (아래 그림에서 선이 겹쳐도 연결된 게 아니다. 점이 있는 곳이 연결된 경우다.)

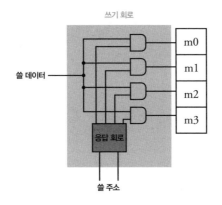

이렇게 스위치만으로 컴퓨터의 모든 부품을 실현할 수 있다.

보편만능의 튜링기계를 처음으로 실현했던 인물로 튜링과 함께 존 폰 노이만(John von Neumann)이라는 사람이 있다. 폰 노이만은 튜링보다 아홉 살 연상이다. 둘은 서로의 존재를 잘 알고 있던 사이지만, 각자 독립적으

---

5 생략했지만 메모리에 닿는 라인에 뜨는 0이 메모리에 써야 할 0인지 해당 없음의 0인지를 구분하는 회로가 적절히 필요하다.

로 컴퓨터를 실현한다.

폰 노이만

1945년 존 폰 노이만이라는 수학자가 컴퓨터를 설계한다.

EDVAC(Electronic Discrete Variable Automatic Computer, 전자식 이산 변수 자동 계산기)이라는 컴퓨터다. 메모리에 올리는 프로그램을 통해서 임의의 계산이 가능한 범용 전자계산기였고, 튜링의 보편만능의 기계와 일치하는 아이디어였다. 이 디자인이 실제 컴퓨터로 완성된 해는 1952년이다.

폰 노이만은 당대 최고로 인정받던 수학자였는데, 그가 만든 에드박(EDVAC)이 튜링의 1936년 논문을 읽고 디자인한 것인지는 명확하지 않다. 튜링의 1936년 논문에 대해 그가 한 언급은 한마디도 없었다. 다만, 튜링이 논문을 마치고 같은 해 미국 프린스턴 대학으로 유학을 떠나 2년간 지낸 수학과에 교수로 폰 노이만이 있었다.

에드박은 튜링의 보편만능의 기계와 같은 능력을 가졌다. 프로그램을 메모리에 실으면 그 프로그램을 자동으로 실행해 주는 기계. '폰 노이만 기계'라고 불리는 디자인이지만, 근본적으로 튜링의 보편만능의 기계에 이미 드러난 아이디어를 벗어나지 못한다.

폰 노이만 기계가 튜링의 보편만능의 기계와 다른 점은 덜 원시적이라는 것이다. 튜링기계와 능력은 같지만 더 사용하기 편한 것을 실현할 수 있다면 굳이 튜링기계의 모습을 곧이곧대로 구현할 필요는 없었을 것이다. 어차피 튜링기계는, 수학에서 늘 그렇듯, 논점에 불필요한 장치는 최대한 떨궈낸 최소의(가장 원시적인) 정의였을 뿐이다.

에드박의 메모리는 일차원 테이프가 아니고, 주소를 주면 곧바로 접근해서 읽고 쓸 수 있는 메모리였다. 앞의 '메모리 장치'(82쪽 참조)에서 만들어 본 그런 메모리인 것이다. 메모리에 올라간 프로그램은 일렬로 늘어선 명령어들이고, 에드박은 그 명령어들을 차례로 실행한다. 명령어의 종류에는 기본적인 사칙연산(+, -, ×, ÷), 메모리에 쓰기(store), 메모리에서 읽기(load), 다음 실행할 명령을 선택하기(jump) 등이 있다.

에드박에서 사용된 명령어들의 표현력은 튜링기계와 같다. 즉, 그 명령어들로 임의의 튜링기계를 모사할 수 있고, 튜링기계로 임의의 에드박 프로그램을 모사할 수 있다. 엄밀히 증명된 바 없지만 명백하다. 튜링기계와 같이 간단한 것을, 사칙연산과 메모리에 읽고 쓰는 명령어들로 표현하지 못할 리가 없다. 반대로, 에드박의 그런 명령어들을 튜링기계로 표현하지 못할 리도 없다. 폰 노이만 기계와 튜링의 보편만능의 기계는 서로의 능력에 차이가 없는 디자인이다.

튜링

그런데 사실 폰 노이만보다는 튜링 쪽이 디자인뿐 아니라 실현에서도 몇 년 앞선다. 폰 노이만의 에드박 디자인 ─ 프로그램이 소프트웨어로 메모리에 실리는 디자인 ─ 이 전기회로 컴퓨터로 완성된 해가 1952년이었는데, 영국의 맨체스터 대학(Manchester University)에서는 같은 능력의 컴퓨터를 1948년에 완성한다.[6] 튜링의 보편만능의 기계와 일치하는, 프로그램 가능한 범용의 전자계산기가 영국에서 먼저 실현된 것이다. 맥스 뉴먼

---

6 이에 앞서 1946년에 미국 펜실베이니아 대학(University of Pennsylvania)에서 만든 에니악(ENIAC)은 전기 회로를 사용하는 범용 컴퓨터이지만, 프로그램이 순수 소프트웨어로 메모리에 저장되는 방식이 아니고 외부로 드러난 스위치와 전기선을 조작한 하드웨어의 '재조립'으로 표현된다.

(Max Newman) 교수가 이끄는 팀이었고 기계의 이름은 '맨체스터 마크 원 (Manchester Mark I)'이었다.

이와는 별도로 튜링은 폰 노이만의 에드박 디자인에 자극 받아 전기회로로 컴퓨터를 구현할 설계도를 완성한다. '에이스(ACE, Automatic Computing Engine)'라고 이름 붙인 컴퓨터였고 이 디자인은 에드박보다 오히려 빠른 1950년에 실현된다. 튜링은 이맘때쯤, 맨체스터 대학에 합류해서 맨체스터 마크 원 다음 버전을 디자인하고 구현하는 데 참여한다.

튜링과 뉴먼 교수의 인연은 질기다. 튜링의 1936년 논문의 계기를 만들어준 강의가 케임브리지에서 뉴먼 교수의 강의였고, 튜링의 논문을 처음으로 읽은 사람이 뉴먼 교수였고, 2차대전 중 영국군의 비밀 암호해독 팀에서 둘은 함께였고, 맨체스터에서는 튜링의 디자인을 전기회로로 구현하는 팀에서 또 함께였다. 뉴먼 교수가 이끈 강의와 프로젝트에는 늘 튜링이 함께 했다.

재료

우리가 컴퓨터를 구현하기 위해서 자연에서 구할 수 있는 재료는 다양하게 있을 수 있다. 지금 현재의 컴퓨터가 전기를 여닫는 스위치로 구현된 것은 하나의 선택일 뿐이다. 흐르는 것이 꼭 전기일 필요는 없다. 흐르는 게 물이어도 된다. 그러면 전깃줄은 물 파이프가 되고 스위치는 수도 밸브가 될 것이다. 흐르는 게 힘이어도 된다. 그러면 전깃줄은 그냥 막대기면 된다. 스위치는 막대기가 밀리는 것을 그대로 전달하거나 흡수해버리는 장치면 된다. 흐르는 것은 빛이어도 된다. 스위치는 빛을 반사시켜 전달하는 거울이거나 흡수해버리는 검은 유리면 된다.

문제는 효율이고 속도고 크기다. 현재의 노트북 컴퓨터의 중앙처리장치$_{cpu}$(규칙표 논리회로에 해당)에 필요한 스위치의 개수는 수십억 개에서 수백억 개 수준($10^9 \sim 10^{10}$)이다. 현재 컴퓨터에서 전기를 사용하는 이유는, 전기 스위치를 아주 작고 싸고 많이 밀도 있게 만들 수 있기 때문이다. 트랜지스터$_{transistor}$라 이름 붙은, 작고 싸게 만들 수 있는 전기 스위치가 발명된 덕택이다. 1947년이었다. 전기를 흐르게도 하고 막기도 하는, 애매한 성질의 재료를 모래(실리콘)로 싸고 작게 만들 수 있게 된 덕분이다. 그전에는 전기 스위치 하나의 크기가 메추리 알이나 달걀만 한 진공관이라는 장치를 사용했었다.

트랜지스터의 발명은 전자 컴퓨터$_{electronic\ computer}$ 하드웨어의 폭발적인 발전을 가능하게 했다. 어제의 집채만 한 컴퓨터를 오늘날의 손바닥만 한 스마트 폰 하나에 밀어 넣을 수 있는 이유다. 이 발명은 섀넌(Claude Shannon)이 발견한 디지털 논리회로 – 스위치와 부울 논리$_{boolean\ logic}$가 같은 것이라는 발견 – 이후 10년 만이었고, 섀넌의 정보이론$_{information\ theory}$이 탄생하기 7개월 전 겨울이었다. 마침 섀넌이 연구원으로 있던 벨랩(Bell Labs)에서였다. 이 업적으로 1957년 바딘(John Bardeen), 브래튼(Walter Brattain), 쇼클리(William Shockley)에게 노벨상이 수여된다.

한편 전기 스위치가 컴퓨터를 구현하는 데 영원히 최선일 수는 없을 것이다. 전기 스위치의 효율이 더 좋아질 여지는 아직 많다. 초창기에는 마치 불도저로 방문을 여닫는 정도의 효율이었고, 지금은 많이 좋아졌다지만 방문을 여닫는 데 말 한 마리의 에너지를 사용하는 효율 정도다.[7]

아직 너무 큰 힘으로 너무 작은 일을 하는 것이다. 컴퓨터는 반드시 스위치로 구현될 필요도 없다. 그리고$_{and}$, 또는$_{or}$, 아닌$_{not}$의 역할이라고 볼 수 있는 다른 자연현상이 있다면 그것으로 구현할 수도 있을 것이다. 심지어는 그런 디지털 논리회로가 구현의 기본 부품이 아닐 수도 있다. 양자 컴퓨터가 그렇다.

미래에는 다른 재료와 장치로 지금보다 훨씬 작고 밀도가 높고 효율적인 컴퓨터를 구현할 수 있을 것이다. 자연은 이미 현재의 컴퓨터보다 밀도가 훨씬 높으면서도 효율적인 장치를 만들어 왔다. 사람의 뇌다. 한 사람의 뇌 안에는 2014년 현재 전세계 컴퓨터의 뇌(중앙처리장치)가 가진 스위치를 모두 합한 것보다 많은 스위치가 모여 있다.[8]

---

7 70년대 수천 개 스위치를 약 0.5와트로 구동했는데, 이때의 효율이 비유하자면 불도저로 방문을 여닫는 수준이었다고 한다. 40여년이 지난 지금은 약 10^6배 많은 스위치를 약 80와트로 구동할 수 있게 되었으니 가늠해보면 그렇게 비유할 수 있을 것이다.

8 성인 한 명의 뇌에는 약 10^{18}개의 스위치가 있다. 성인 뇌 하나에 약 1000억(10^{11})개의 뉴런이 있고, 뉴런마다 많게는 만 개까지의 지점에서 다른 뉴런과 연결되어 있고, 각 연결지점(시냅스 *synapse*)마다 수천 개의 스위치가 있다고 한다. 10^{18}은 얼마나 큰 수일까? 현대 물리학에서 우주의 나이를 초로 계산하면 10^{17}~10^{18}초 사이라고 한다. 또, 지구상의 모래 알갱이 개수는 약 7.5×10^{18}개 정도라고 한다. 7~8명 정도의 뇌 안에 지구상의 모든 모래알 수만큼 스위치가 있는 거다.

04

소프트웨어,
지혜로 짓는 세계

컴퓨터과학이 여는 세계

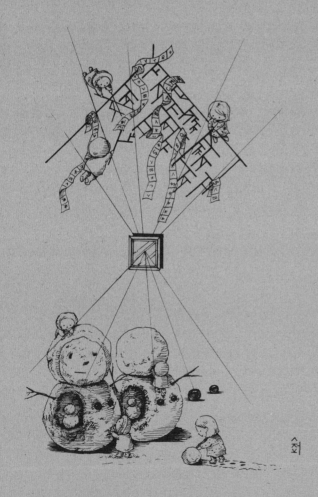

컴퓨터는 마음의 도구이고 그 도구를 다루는 방법은 지혜와 언어다. 모든 도구는 다루는 방법이 함께 하는데, 인류가 발명한 대개의 도구는 물리적인 도구였고 다루려면 물리적인 근육이 필요했다. 하지만, 컴퓨터는 마음의 도구이고 그 도구를 다루는 방법은 지혜와 언어로 짜인 소프트웨어다.

소프트웨어는 사람의 지혜를 통과하면서 언어로 짜짓는다. 계획을 짜고 전략을 짜고 가구를 짜고 무늬를 짜듯이, 농사를 짓고 건물을 짓고 이름을 짓고 시를 짓듯이 소프트웨어는 사람이 짜고 짓는다.

소프트웨어는 무섭다. 구체적인 실천이기 때문이다. 실천은 틈새를 허용하지 않는다. 컴퓨터는 소프트웨어 그대로를 무심히 실행에 옮길 뿐, 빈틈이 있다면 고스란히 드러낸다.

컴퓨터를 만능이게 하는 소프트웨어. 사람은 소프트웨어를 만들고, 컴퓨터는 소프트웨어를 실행한다. 소프트웨어를 궁리하고 만드는 것은 사람의 일이고, 소프트웨어를 실행하는 일은 컴퓨터의 일이다.

4.1 그 도구를 다루는 방법

그렇다면 소프트웨어를 잘 만들 방법은 뭔가? 이 목표를 위해 컴퓨터과학은 무엇을 밝혀냈는가?

두 줄기로 번졌다. 일하는 방도와 표현하는 방식에 대해. 만들려는 소프트웨어(튜링기계)가 일하는 방도와, 그 소프트웨어(튜링기계)를 표현하는 방식에 대해.

일하는 방도는 알고리즘*algorithm*에 대한 탐구고, 표현하는 방식은 언어 *language*에 대한 탐구다. 어떤 알고리즘으로 소프트웨어가 일을 하도록 해야 좋은지, 어떤 언어로 소프트웨어를 표현하는 게 좋은지. 푸는 솜씨와 담는 그릇, 혹은 말 달릴 때의 박차와 고삐 같이 소프트웨어 달릴 때의 박차(알고리즘)와 고삐(언어)에 대한 탐구다.

이 두 줄기에서 다듬어진 기둥이 소프트웨어 세계의 기초를 이룬다.

알고리즘

소프트웨어는 튜링기계다. 튜링기계는 어떤 일을 하고, 그 일은 어떤 문제를 푸는 것이다. 컴퓨터는 그 소프트웨어(튜링기계)를 실행하면서 문제풀이를 자동으로 진행한다. "컴퓨터로 문제를 푼다"는 것이 이 뜻이다. 컴퓨터로 돌릴 소프트웨어를 만드는 것이다.

알고리즘이란 소프트웨어(튜링기계)로 만드는 문제 푸는 방도다. 따라서, 컴퓨터로 문제를 풀려면 우선 알고리즘을 찾고 그 해법이 맞는지 확인한 후, 그 알고리즘대로 작동할 소프트웨어를 만들게 된다.

이러면서 우리는 정글에 들어선다. 컴퓨터로 풀 수 있는 무한히 많은 문제들. 그 문제마다 많은 수준의 다양한 해법(알고리즘)들. 이것들이 모인 정글.

그리고 묻게 된다. 내가 만든 알고리즘은 이 정글의 어디쯤인가. 같은 문제를 푸는 더 싸고 빠른 방안은 있는가. 더 좋다면 얼마나 더 좋은가. 혹은 더 좋기는 불가능한가. 그리고, 결국 튜링기계가 현실적인 비용으로 해결할 수 있는 문제들의 경계는 어디까지인가. 그래서 내가 풀려는 문제는 그 경계의 안인가 바깥인가.

이런 질문에 대한 채비가 알고리즘 분야가 구축한 성과다. 문제와 해법들의 밀림을 정확히 이해할 수 있게 하는 장비들. 이에 기대어 탐험해 간 밀림의 풍경.

언어

소프트웨어를 표현하는 언어, 즉 튜링기계를 표현하는 언어, 언어가 필요하다.

튜링기계의 규칙표 방식은 원시적이다. 근본적으론 모든 소프트웨어가 그렇게 정의될 수 있지만, 현실은 그 이상을 원한다. 그렇게 원시적으로 머물 순 없다.

먼 길을 가기 위해선 차원이 다른 언어의 채비가 필요하다. 끝없이 정교하고 복잡한 일을 할 소프트웨어들. 그런 소프트웨어들을 제대로 만들어가야 할 먼 길.

그 채비의 요건은 사람에게서 온다. 사람에게 편해야 한다. 하고자 하는 일을 표현하기 편해야 한다. 그리고 그 표현에 실수가 없는지 확인하기 편해야 한다. 원하는 바를 실행하도록 소프트웨어가 구성돼 있는지, 소프트웨어가 사용되기 전에 사람이 쉽게 검증할 수 있어야 한다. 소프트웨어가 우리와 우리 주변의 모든 것을 책임져가는 상황에서, 소프트웨어 제작자가 내놓는 처방(소프트웨어)은 의사의 처방이 그래야 하는 것처럼 실수가 없어야 하기 때문이다.

이러한 요건을 갖춘 채비가 언어 분야가 축적하는 성과다. 그런 요건을 갖추려는 언어를 위해 논리와 짝을 이루어 구축한 풍경들. 정교한 논리로 가다듬어 가는 컴퓨터 언어와 주변 도구들.

4.2 푸는 솜씨, 알고리즘과 복잡도

알고리즘*algorithm*이란 컴퓨터가 따라할 문제풀이법이다. 자동으로 돌릴 수 있는 문제풀이법. 기계적인 방식으로 자동화되는 문제풀이법.[1]

　복잡도*complexity*란 알고리즘을 실행에 옮길 때 드는 비용을 말한다. 컴퓨터가 알고리즘을 실행하며 답을 낼 때까지 드는 비용이 알고리즘의 복잡도다. 그 비용의 단위는 시간이나 메모리다. 알고리즘대로 컴퓨터가 실행할 때 시간이나 메모리를 얼마나 써야 답을 내는지. 이게 그 알고리즘의 복잡도다.

풍경

주어진 문제를 컴퓨터로 풀고 싶다면, 알고리즘(문제풀이법)을 찾고 그 해법이 맞는지 확인한 후, 그 복잡도(실행비용)가 견딜 만하다고 판단되면, 그 알고리즘대로 작동할 소프트웨어를 만들게 된다.

　주어진 문제의 해법으로 찾아진 알고리즘은 대개 여러 가지다. 어떤 문제를 해결할 방도가 어찌 하나뿐일까. 문제마다 컴퓨터 풀이법은 여럿이기 마련이다. 아주 빨리 결과를 내는 알고리즘과 아주 늦게 결과를 내는 알고리즘. 아주 적은 메모리를 쓰는 알고리즘과 아주 많은 메모리를 소모하는 알고리즘. 당연히 빠르고(시간) 가볍게(메모리) 일을 마치는 알고리즘을 우리는 원한다.

---

1 모두 같은 말이다 : '컴퓨터로' = '자동으로' = '기계적으로' ; '풀 수 있는' = '계산 가능한' = '돌릴 수 있는' = '실행하는' ; 그래서 '컴퓨터로 풀 수 있는' = '자동으로 계산가능한' = '기계적으로 돌릴 수 있는'이 모두 같은 말이다

어떤 문제는 그 알고리즘의 복잡도가 너무 크다. 심지어 우주의 수명이 다할 때까지 기다려도 끝나지 않을 알고리즘도 있다. 진행은 하지만 아무리 기다려도 답을 아직 내놓지 못하는 알고리즘. 문제 중에는 이렇게 무시무시하게 비싼 알고리즘밖에는 더 좋은 방법을 아직 모르는 것들이 수두룩하다.

또 컴퓨터로는 절대 풀 수 없는 문제들도 있다. 예를 들어 멈춤 문제 *halting problem*가 있다. 모든 프로그램마다 그 프로그램이 과연 멈출지 멈추지 않을지를 정확히 예측할 수 있는 프로그램은 없다고 했었다. 그런데 멈춤 문제뿐이 아니다. 무수히 많다.

문제마다 다양한 해법(알고리즘)들이 모인 정글. 이 정글에는 온순한 문제, 이상한 문제, 또 무시무시한 문제들이 어슬렁거린다. 컴퓨터로 풀 수 있는 문제, 풀 수 없는 문제. 풀 수 있다고 해도 그 비용이 너무 큰 문제. 풀 수 있는 문제 중에서도 그 비용이 현실적으로 참을 만한 문제. 그런 문제의 알고리즘 중에서도 될 수 있으면 비용이 적었으면 하는 바람.

질문은 많다. 내가 만든 알고리즘이 더 싸고 빨라질 방안은 있는지. 아니면 더 좋기는 불가능한지. 문제마다 해법이 어느 정도로 현실적일 수 있는지. 아직 비현실적인 해법밖에 알려지지 않은 문제를 맞닥뜨린 건 아닌지. 그런 문제들에 현실적인 해법을 찾을 가능성은 있는지. 그리고 결국 컴퓨터가 현실적인 비용으로 해결할 수 있는 문제들의 경계는 어디인지.

알고리즘 예

- 책 읽기.

  첫 쪽부터 끝까지 차례로 읽는다. 총 n쪽의 책이라면 n번 쪽수를 넘겨야 다 읽는다.

- 자연수 $n(\geq 2)$이 주어졌을 때 $1 \times 2 \times \cdots \times n$을 계산하기.

  2부터 n까지 $n - 2$번 곱하면 계산이 된다.

- 주머니의 숫자 중에서 제일 큰 숫자 찾기.

  주머니에서 숫자를 꺼내면서 현재까지 가장 큰 것을 기억한다. 주머니가 빌 때까지 찾아낸 가장 큰 것이 제일 큰 숫자다. n개의 숫자가 있었으면 n번 주머니에서 꺼내게 된다.

- 장보기 목록에 있는 모든 걸 장바구니에 담았는지 확인하기.

  장바구니에는 물건이 뒤죽박죽이다. 장보기 목록에 나열된 물건 하나하나마다 장바구니를 뒤진다. 최악의 경우 매번 장바구니의 모든 물건을 훑게 된다. 목록에 쓴 물건 개수가 n개고 장바구니에 n개가 쌓여있다면 총 $n \times n$번 장보기 목록의 물건과 장바구니의 물건을 맞춰보게 된다.

- 그녀가 마음속에 품은 자연수 알아 맞추기. 1부터 n 사이에 있다. 그녀는 예/아니오만 답할 수 있다.

  1부터 n까지 마음속에 정한 숫자인지를 물어간다. 1인가? 2인가? …. 최대 n번 묻게 된다.

  더 빠른 방법이 있다. 전체의 절반을 뚝 잘라서 $n/2$보다 큰지를 묻는다. 크다면 $n/2$과 n 사이에 있고, 아니라면 1과 $n/2$ 사이에 있다.

해당 구간이 반으로 좁혀진 것이다. 해당 구간을 다시 절반으로 잘라 그 중간 수보다 크냐고 묻는다. 답에 따라 해당 구간을 다시 반으로 좁히게 된다. 이렇게 매번 질문을 할 때마다 해당 구간이 이전보다 반으로 좁혀진다. 최대 몇 번 묻게 될까? 좁혀진 구간에 들어온 정수가 하나 남을 때까지다. 즉, $\underbrace{(n/2)/\cdots/2}_{k}=1$이 되는 k만큼이다. $n/2^k=1$ 즉 $n=2^k$인 k이므로 최대 $\log_2 n$번 물으면 상대가 마음속에 정한 1과 n 사이의 정수를 찾을 수 있다.

- $a^n = \underbrace{a \times \cdots \times a}_{n}$ 계산하기.

a를 $n-1$번 곱하면 된다.

더 빨리 하는 방법은 반만큼만 곱하고 그 결과를 제곱하는 것을 반복해서 적용하는 것이다. 반만큼만 곱한 후 제곱하기. 반만큼을 곱할 때도 다시 그 반만큼만 곱해서 제곱하기 등 반복해서 내리 파고든다. 예를 들어 a^8라면 a^4를 계산한 다음 제곱하는 것이다. a^4도 a^2를 계산한 후 제곱하면 된다. a^2은 제곱만하면 된다. 즉 제곱을 세 번 $((a^2)^2)^2$ 하면 a^8을 얻을 수 있다. a^n을 이런 식으로 하면 곱하는 횟수는, $a^n = \overbrace{(\cdots(a^2)^2\cdots)^2}^{k}$인 k, 즉 $2^k=n$인 k이므로 $\log_2 n$만큼만 곱하는 것으로 줄어든다. ('만큼'이란 표현을 쓴 이유가 있다. a^7 같이 홀수 승이 나타나면 제곱하고 한 번 곱해야($\times a$) 한다. $a^7 = (a^2 \times a)^2 \times a$. 그렇지만 많아야 $\log_2 n$(제곱 횟수)+$\log_2 n$(한 번 곱하는 횟수)보다는 적게 곱하게 된다.)

- 패스워드 해킹하기.

초보 해커들이 패스워드를 맞추는 방법은 모조리 훑기다. 10진수 4자리 수가 패스워드라고 하자. 해커는 0000부터 9999까지 넣어본다. 이 방법은 패스워드 자릿수가 n개라면 최대 10^n번 시도해야 맞출 수 있다.

이런 알고리즘은 비현실적인 시간이 걸린다. n이 조금만 커도 매우 큰 숫자가 된다. 우주의 나이가 초로 따지면 10^{18}초보다 작다고 한다. 패스워드 자릿수가 18개만 되어도 일 초에 하나씩 훑는다면 우주의 나이만큼 걸려도 패스워드를 맞추지 못할 수 있다. 이런 것처럼 어떤 일을 하는 데 할 수는 있지만 무지무지한 시간이 걸리는 경우가 있다.

• 자연수 인수분해하기.

264가 주어졌으면 어떻게 소인수분해 하나? 2로 나눠보고, 그 다음은 3으로 나눠보고, 다음은 5로 나눠보고 등등을 263까지 가본다. 그래서 $264 = 2^3 \times 3 \times 11$을 알아낸다. 이 방법은 자연수 자릿수가 n이라면 최대 $10^n - 1$번 하게 된다.

디지털 컴퓨터에서 현실적인 시간에 큰 수를 소인수분해 하는 알고리즘은 아직 알려져 있지 않다.

비용

알고리즘의 실행 비용(복잡도$_{complexity}$)에서 우리의 관심은 입력의 크기에 따라 비용이 어떻게 증가하는지다. 입력의 크기란 앞서 본 알고리즘의 예에서처럼 책의 두께, 자연수의 크기, 주머니에 있는 숫자의 개수, 장보기 목록의 길이 등을 말한다. 비용의 단위는 시간이나 메모리다.

알고리즘 실행 비용은 입력 크기의 함수로 나타나는데, 입력이 커지면서 결국 어떻게 될지*asymptotic complexity*에 관심이 있다. 예를 들어 2^n은 n^{10}보다 결국에는 훨씬 커진다. 초반엔 n^{10}이 크지만 59부터 역전되면서 2^n이 가속도를 내며 차이를 벌린다.

알고리즘 복잡도의 종류를 구분하는 표기법이 있다. 'big-O' 표기법이라고 하는데, 입력의 크기를 n이라고 하고, 계산 비용이 입력이 커지면서 결국 어떤 함수 $f(n)$의 상수곱을 넘지 않으면 $O(f(n))$이라고 쓴다. 예를 들어 어떤 알고리즘의 비용이 $5n+3$이면 $O(n)$이다. $2n^3+n^2$이었으면 $O(n^3)$이다. 즉 제일 차수가 높은 항만 남기고 계수는 무시하면 된다. 실제 계산 복잡도가 $10000 \times n^2$이었건 $3n^2+10n$이었건 모두 $O(n^2)$이다.

복잡도의 종류마다 그 성격을 살펴보면 다음과 같다.

실행비용	n이 2배가 되면	일컫기를
$O(1)$	변함없다	상수*constant*
$O(\log n)$	약간의 상수만큼 커진다	로그*logarithmic*
$O(n)$	2배 커진다	선형*linear*
$O(n \log n)$	2배보다 약간 더 커진다	엔로그엔*$n \log n$*
$O(n^2)$	4배 커진다	제곱배*quadratic*
$O(n^k)$ (상수 k)	2^k배 커진다	k승배, 다항*polynomial*
$O(k^n)$ (상수 $k>1$)	k^n배 커진다	기하급수배*exponential*
$O(n!)$	n^n배 정도 커진다[2]	계승배*factorial*

예를 들어 입력 크기 n이 1이었다가 10이 되면, 비용이 $O(n)$인 경우는 10배가 커지지만, $O(n^2)$인 경우는 100배가 커지고, $O(2^n)$인 경우는 약 1000배가 커지고, $O(n!)$인 경우는 3,000,000배보다 더 커진다![2]

---

2 $n! \approx \sqrt{2\pi n}(n/e)^n$.

n	n^2	2^n	$n!$
1	1	2	1
2	4	4	2
3	9	8	6
4	16	16	24
5	25	32	120
6	36	64	720
7	49	128	5,040
8	64	256	40,320
9	81	512	362,880
10	100	1,024	3,628,800
20	400	1,048,576	2,432,902,008,176,640,000
30	900	1,073,741,824	너무 크다! $>10^{39}$

아래 그래프로 그린 것을 보자.

초반에는 조금 혼선이 있지만 결국에는 n^n이 제일 크게 자라고, $n!$, 2^n, n^2, $n \log n$, n, $\log n$의 순서로 그 커가는 정도가 작아진다.

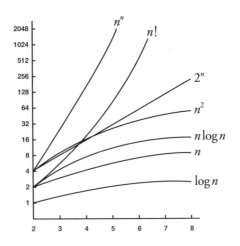

그리고 컴퓨터는 사람이 만들었지만, 그 양상은 우리의 직관 바깥으로 뻗어 있다. 예를 들어, 현재까지 알려진 $n \times n$ 행렬을 곱하는 가장 빠른 방법은 $O(n^{2.3728639})$이다.[3] 누가 2.3728639를 직관적으로 알 수 있겠는가. 또, n 자리 정수 두 개를 빠르게 곱하는 알고리즘은 $O(n^{1.585})$이다.[4] 누가 1.585를 직관적으로 알 수 있겠는가. 컴퓨터과학은 우리 바깥의 것을 상대하고 있다. 컴퓨터과학이 과학의 범주에 드는 이유이기도 하다.

현실적

쓸만한 알고리즘. 그 비용이 견딜 만하면 현실적인 알고리즘이다.

알고리즘의 실행비용(복잡도)이 입력 크기(n)에 대해 상수승을 가지면

$$n^k \quad (\text{상수 } k)$$

'현실적'이라고 본다. 예를 들어 $O(n^2)$ 혹은 $O(n^{3.5})$나 $O(n^{100})$ 등이다. 입력 크기가 커지면 다항으로 증가하는 비용*polynomial complexity*이다.

> 모든 게 순간이었다고 말하지 마라
> 달은 윙크 한 번 하는 데 한 달이나 걸린다
>
> – 이정록, 〔더딘 사랑〕

왜 다항이 '현실적인' 비용인가? 그런 알고리즘은 컴퓨터 성능이 곱하기로 빨라지면(p×•) 곱하기로 이득을 본다(p'×•). 알고리즘 비용이 n^k이라고 하자. 컴퓨터 성능이 p 배 빨라지면 같은 입력에 대해서 비용이 n^k/p로 준

---

3 Coppersmith-Winograd 알고리즘
4 Karatsuba 곱

다. 따라서 예전과 같은 시간에 처리할 수 있는 입력의 크기는(즉 $n^k = m^k/p$ 인 m은) $p^{1/k} \times n$로 늘릴 수 있다. $p^{1/k}$배 커진 입력을 같은 시간에 처리할 수 있게 되는 셈이다. 디지털 컴퓨터 성능은 약 2년마다 2배씩 성능이 좋아졌다. 알고리즘 비용이 $O(n)$이라 하자. 그러면 2년 후 2배 빨라진 컴퓨터로는 2배 큰 입력을 같은 시간에 처리할 수 있게 된다. 비용이 $O(n^2)$이라면? $\sqrt{2}$배 큰(약 40% 큰) 입력을 같은 시간에 처리할 수 있다.

실제 현실적인 비용은 다항 중에서도 $O(n)$, $O(n^2)$, $O(n^3)$까지 정도다. 그 이상의 차수는 아무리 다항이라도 실제 쓰기에는 너무 비싸다.

그러나 일단 다항에 들어오는 알고리즘을 찾으면(예를 들어 $O(n^{100})$) 그 문제는 대개 몇 년 지나면 $O(n^3)$이나 $O(n^4)$ 정도의 알고리즘을 가지게 되고, 계속 연구되면서 꾸준히 줄어든다. $O(n^{2.5})$, $O(n^{1.5})$ 등. 일단 다항 알고리즘을 가지게 된 문제는, 필요하다면 더 빠른(다항 차수가 작은) 알고리즘이 늘 꾸준히 찾아져 왔다.

이런 문제를 '$\mathcal{P}$ 클래스' 문제라고 한다. 현실적인 비용으로 풀 수 있는 문제들. 다항polynomial 알고리즘이 있는 문제들을 말한다.

비현실적

쓸 수 없는 알고리즘. 그 비용이 너무 크면 비현실적인 알고리즘이다.

알고리즘의 실행비용(복잡도)이 상수 위에 지수로 입력 크기(n)가 올라가면

$$k^n \quad \text{(상수 } k > 1)$$

'비현실적'이라고 본다. 예를 들어 $O(2^n)$ 혹은 $O(2.5^n)$ 나 $O(100^n)$ 등이다.

입력 크기가 커지면 기하급수로 증가하는 비용*exponential complexity*이다.

이런 비용은 무시무시하다. 예를 들어 $O(2^n)$인 경우 입력 크기(n)가 100 정도만 되어도 2^{100}초다. 이 시간은 우주의 나이($10^{17} \sim 10^{18}$초)보다 길다. 우리 주변에 100개 이상 되는 입력 데이터를 다뤄야 하는 문제가 부지기수인 걸 생각하면 절망적이다.

$O(2^n)$의 경우, 컴퓨터 성능이 2배 좋아져도 같은 시간에 풀 수 있는 입력의 크기는 고작 1만큼만 늘릴 수 있을 뿐이다. 절망적이다.

> 달이 지는 것을 막아 줄
> 새벽녘에 뜨는 해를 수평선 밑으로
> 끌어내려 줄 사람이 아무도 없는가
> 그러면 나는 하루 더 살 수 있을 텐데
>
> – 작자 미상, 〔심청전〕 중에서

기하급수로 증가하는 비용($O(k^n)$, 상수 $k > 1$)의 알고리즘은, 컴퓨터 성능이 곱하기로 빨라져도($p \times \bullet$) 더하기만큼만 더 이득을 본다($p' + \bullet$). 컴퓨터 성능이 p배 빨라지면 같은 입력에 대해서 비용이 k^n/p로 준다. 따라서 예전과 같은 시간에 처리할 수 있는 입력의 크기(즉 $k^n = k^m/p$인 m)는 $n + \log_k p$, 즉 $\log_k p$만큼만 늘어날 뿐이다.

사실 다항과 기하급수의 분류는 실용적이지는 않다. 실제 쓸만한 알고리즘들은 다항에만 있고 그것도 차수가 아주 낮은 것들이기 때문이다. 프로그램으로 일을 봐야 하는 실제 사용자의 입장에서 다항이냐 기하급수냐는 관심 밖이다. 실용에서 중요한 건 다항 중에서도 차수가 낮냐 높냐다.

다항과 기하급수로 나누는 용도는 다른 데 있다. 컴퓨터로 풀기 어려운

문제가 과연 뭔지를 이해하려는 데 이 분류가 동원된다. 다항과 기하급수
는 급이 다른 수준이 아니고 아예 종류가 다르다. 어떤 문제가 기하급수
에 남아 있는 것과 다항으로 넘어오는 것. 문제의 근본적인 어려움이 있
느냐 아니냐의 기준 같은 것이다.

P의 경계

컴퓨터로 풀기 어려운 문제란 무엇인가? 문제가 쉽고 어렵고의 경계는
어디인가?

그 경계를 정확히 그을 수 있으면 좋다. 분류가 되야 문제를 효과적으
로 공략할 수 있기 때문이다. 무슨 병인지가 밝혀져야 치료법이 나온다.
문제가 나타나면, "그건 어려운 문제다"라고 확인해 주면 있지도 않은 빠
르고 정확한 알고리즘을 찾아 헤매는 낭비를 피할 수 있기 때문이다.

쉬운 문제는 정의하기 쉽고 판단하기도 쉽다. 현실적인 비용, 다항 비
용*polynomial complexity*의 알고리즘을 가지고 있으면 쉬운 문제다. 문제가 나타
났다. 다항 알고리즘을 찾아 나선다. 찾아졌다. 쉬운 문제다.

난감한 건 어려운 문제다. 정의는 쉽지만 판단이 어렵다. 어려운 문제
가 뭔가? 쉬운 문제가 아닌 문제다. 다항 알고리즘이 없는 문제다. 정의까
지는 좋다. 문제는 판단하기다. 다항 알고리즘이 없다는 것을 어떻게 판
단하는가? 문제가 나타났다. 다항 알고리즘을 찾아 나선다. 아무리 찾아
도 없다. 더 찾으면 나타날까? 아니면 아예 없는 걸까? 아예 없다면 어려
운 문제인 건데, 있을지 없을지를 모르겠으니 어려운 문제인지 쉬운 문제
인지를 모르는 거다. 다항 풀이법을 아직 찾지 못한 문제, 아예 없는 문제
일까?

어려운 문제의 경계를 판단하는 방법을 찾으려면 그 경계 가까이 가야 한다. 그 경계 가까이 있는 문제들의 집합이 있다.

모든 경계에는 꽃이 핀다

– 함민복, 〔꽃〕

$\mathcal{NP}$ 클래스

'$\mathcal{NP}$클래스' 문제라고 한다. 운에 기대면 현실적인 비용으로 해결할 수 있는*non-deterministic polynomial* 문제들.

이 $\mathcal{NP}$클래스에는 우리가 관심 있는, 경계 가까이의 문제들이 들어온다. 현실적인 비용으로 풀 수 있는지는 아직 모르는 문제들. 알려진 알고리즘이라고는 기하급수의 비용을 가진 것밖에는 없는 문제들. 그러나 운에 기대면 현실적인 비용으로 해결할 수 있는 문제들.

운에 기대면 현실적인 비용으로 풀 수 있다는 것이 무슨 뜻인가? 미로 찾기 문제를 생각하자. 입구에서 출구로 이어지는 길을 찾아야 한다. 갈림길마다 선택을 한다. 잘못 선택하면 시간을 낭비한다. 답이 아닌 곳으로 빠져 한참을 헤매게 된다. 하지만 선택의 갈림길마다 운 좋게 늘 옳은 답을 선택했다면? 시간 낭비 없이 출구를 찾게 된다. 그런 운 좋은 선택을 현실적인 횟수만큼 해서 탈출로를 찾을 수 있다면, '운에 기대면 현실적인 비용으로 해결할 수 있는' 문제인 거다.

정확히는 이렇다. $\mathcal{NP}$ 문제인지 아닌지는 예/아니오를 묻는 문제 중에서 "예"(탈출로가 있다)라고 답하기까지만 따진다. 즉, "예"라는 답을 운에 기대어 현실적인 비용으로 할 수 있으면 $\mathcal{NP}$ 문제라고 한다. 때문에 $\mathcal{NP}$ 문제는 종종 이렇게 설명하기도 한다. "예"라고 답한 근거(찾은 탈출로)를 받아서 그 근거가 맞는지를 현실적인 비용에 확인할 수 있는 문제를 NP 문제라고 한다. 답안을 받아서 그 답이 맞는지를 현실적인 비용으로 확인할 수 있는 문제라는 설명에 수긍이 가는 게, '답을 받아서'라는 것이 '운 좋으면…'이라는 조건과 같은 말이지 않던가. 운은 답을 공짜로 알려주므로.

정의를 곱씹으면 NP 클래스는 P 문제를 모두 포함한다. 운에 기대지 않고도 쉽게 풀 수 있는 문제는 운에 기대도 쉽게 풀리는 문제다. 비행기를 타지 않아도 1시간 안에 갈 수 있는 거리는 비행기로도 1시간 안에 갈 수 있다.

그러나 위에 이야기한 대로 우리가 관심 있는 NP 클래스 문제들은 P 문제가 아니고 P와의 경계 가까이에 있는 문제다. 아직 찾지는 못했지만 현실적인 알고리즘이 있을 것만 같은 문제들.

다음과 같은 문제가 그런 NP 문제들이다. 흥미롭게도 우리 주변에 흔히 나타나는 문제들이다.

- 주어진 지도 위의 모든 도시를 한 번씩만 방문하는 경로가 있을까? 해밀턴 경로*hamiltonian path*라고 한다.

  지도에는 도시와 도시를 잇는 선이 있다. 도로가 있다는 뜻이다. 출발도시를 선택한다. 다음 도시는 그 도시와 도로로 연결된 도시다. 여러 이웃 도시 중에 하나를 선택해서 이동한다. 모든 도시를 한 번씩 방문하는 경로가 있는 지도라면, 이런 선택이 모두 운 좋게 되면 그런 경로를 찾을 수 있다. 그런 운 좋은 선택은 도시의 개수만큼 하면 된다. NP 문제인 게 확실하다.

  운에 기대지 않는 단순한 알고리즘은 모든 경우를 살펴보는 것이다. 방문할 도시의 수가 n개라고 하자. 모두 한 번씩 방문하는 경로의 후보들은 최대 $n! = n \times (n-1) \times \cdots \times 1$만큼이다($n$개 도시들을 일렬로 순서 매기는 가짓수). 이 후보 경로 하나하나마다 주어진 지도에서 가능한지 살펴야 한다.

다항시간에 푸는 알고리즘은 아직 없다.

• 주어진 예산으로 주어진 지도의 도시들을 다 방문하고 돌아올 수 있을까?

도시와 도시를 연결하는 도로가 있고, 도로의 길이만큼 비용이 든다고 하자. 주어진 입력은 도시들 사이의 도로망, 출발 도시, 그리고 주어진 예산이다. 출발한 시에서 다음 시를 선택하는 것이 필요하다. 어떻게? 섣불리 선택했다간 주어진 예산 내에 모든 도시를 방문하고 돌아오는 게 불가능할 수 있다. 돌아오는 방법이 있다면, 운 좋으면 그런 행선로를 찾을 수 있다. 몇 번 운이 좋아야 할까? 현재 도시에서 다음 도시를 선택하는 횟수만큼이다. 운에 기대어 선택해야 하는 횟수는 방문할 도시의 개수만큼이다. NP 문제인 게 확실하다.

운에 기대지 않고 하는 단순한 알고리즘은 모든 경우를 살펴보는 것이다. 방문할 도시의 수 n개가 있고, 모든 두 도시 사이에 직통도로가 뚫려 있다고 하면 방문하는 경로는 최대 $n! = n \times (n-1) \times \cdots \times 1$개다. 이 모든 가능한 경로마다 비용을 보고 주어진 예산 안에 있는 것이 있으면 된다.

다항시간에 푸는 알고리즘은 아직 없다.

- 주어진 부울식*boolean formula*이 참이 되게 할 수 있을까?

  여기서 부울식은 변수와 그리고*and*, 또는*or*, 아닌*not*으로 조립된 식을 말한다. 예를 들어 $x((-x) + (-y))$. 이 식을 참으로 만드는 경우는 x가 1, y가 0이다. 어떤 식은 참으로 만들 방법이 없는 경우가 있다. 예를 들어 $x(-x)$이 참이 되는 경우는 없다.

  주어진 부울식이 n개의 변수로 구성돼 있으면 n개의 변수마다 0 또는 1이 가능하다. 변수마다 0과 1 중 하나를 선택해서 부울식의 참 거짓을 확인할 수 있다. 참일 수 있는 식이라면, 그 선택이 운 좋으면 참으로 만드는 경우를 찾게 될 것이다. n번 운 좋으면 참을 만드는 경우를 만들 수 있다. NP 문제인 게 확실하다.

  운에 기대지 않고 하는 단순한 알고리즘은 모든 경우를 살펴보는 것이다. 변수 n개가 0 또는 1을 가지는 경우의 수는 2^n개다. 각 경우마다 주어진 부울식이 참인지 거짓인지를 본다. 최대 2^n만큼 살펴봐야 한다.

  이 문제도 다항시간에 푸는 알고리즘은 아직 없다.

- 주어진 자연수를 인수분해 하라.

  n자리 10진수를 받는다. 1도 아니고 자신도 아니면서 그 수를 나누는 수가 있을까? 있다면, n번만 운 좋으면 그 인자를 찾을 수 있다. 자릿수마다 $0, \cdots, 9$ 중에서 운 좋게 선택하면 그 인수가 될 수 있다. NP 문제인 게 확실하다.

  운에 기대지 않고 하는 단순 알고리즘은 모든 경우를 살펴보는 것이다. 받은 자연수보다 작은 수를 2부터 시작해서 하나하나 체크해 본다. 그 수로 원래 수가 나눠지는지. n자리 10진수이므로 최대 $10^n - 1$만큼 반복해야 한다.

디지털 컴퓨터에서 자연수를 소인수분해 하는 다항 알고리즘은 아직 없다. 혹시, 아래 165자리 수를 빨리 인수분해 하는 방법을 알고 있는가? 세 줄에 걸쳐 쓴 하나의 수다.

16379019558053662392174130154672449583923965684832704024983781709239468635132120415650964922008054197182470755579714456896907387777297303888371744903062888738928404l

- 아미노산이 연결된 1차원의 아미노산 실을 접어서 3차원의 단백질 구조물을 만들라. 단, 만들어진 구조를 유지하는데 필요한 에너지가 어느 이하가 되는 3차원 생김새를 찾아야 한다.

  단백질 접기$_{protein\ folding}$라고 하는데, 모든 생명체가 자신의 모습을 만들 때 하는 일이다.

  기차 같이 연결된 아미노산들을 처음부터 차례로 올바른 방향으로 접어간다면 에너지 예산 안에서 지탱할 수 있는 구조물을 만들게 될 것이다. 운 좋으면 항상 올바른 방향으로 접을 수 있다. 아미노산 실의 길이만큼(아미노산의 개수 n만큼) 잘 접으면 된다. $\mathcal{NP}$ 문제다. 운에 기대지 않고 하는 단순한 알고리즘은 각 아미노산마다 3차원에서 접을 수 있는 방향이 6개라면 6^n개의 경우를 모두 시도해서 그중 에너지 조건을 만족하는 구조물인지 봐야 한다.

- 1000만 관객을 넘기는 영화를 제작하라. 제작 중 n번 디자인 선택

을 해야 한다.

매번 디자인 선택(시나리오 작성, 배우 캐스팅, 촬영, 편집 등) 때마다 올바른 방향으로 해 간다면 만들 수 있다. 운 좋으면 매번(n번) 그런 방향으로 디자인 선택을 하게 된다. $\mathcal{NP}$ 문제다.

운에 기대지 않고는 비현실적인 비용이 든다. 매번 마주치는 디자인 후보의 가짓수가 2개뿐이라 해도, 만들 수 있는 영화의 가짓수는 2^n개다. 이것들을 모두 살피면서 1000만 관객을 넘길 것을 선택해야 한다.

이런 $\mathcal{NP}$ 문제들은 곤혹스럽다. 주변에 흔히 만나는 문제들인데 현실적인 비용으로 정확히 답을 내는 알고리즘은 아직 없다니.

> 내가 살아 있는 동안
> 다 마칠 수 있는 일이란
> 이 세상에 없다
> 진정코 이 세상이란 몇천 년이나 걸려야
> 집 한 채 지을 수 있음이여
>
> – 고은, 〔몇천 년〕

그런데 아이러니하게도 이런 $\mathcal{NP}$ 문제들은 그렇기 때문에 유용하기도 하다. 디지털 암호기술을 버티는 기둥이 이런 $\mathcal{NP}$ 문제들이기 때문이다. 메시지의 보안을 위해 이런 $\mathcal{NP}$ 문제들이 쓰인다. 암호화 된 메시지를 도청한 사람이 암호를 풀려면 이런 $\mathcal{NP}$ 문제를 풀어야 하게끔 만들어 놓는 것이다. 알고리즘 복잡도*algorithm complexity*의 초석을 놓은 마누엘 블럼(Manuel

Blum)이 시작한 역발상이다. 과학이 기술로 응용되는 지점에서 종종 목격되는 역발상의 지혜다.

아무튼, 어려운 문제가 뭔지를 판단하는 방법을 컴퓨터과학에서 어떻게 찾아가는지, 그 이야기를 계속하자. $\mathcal{NP}$ 클래스라는 문제들로 어려운 문제와 쉬운 문제의 경계를 더듬고 있다.

오리무중

$\mathcal{P}$와 $\mathcal{NP}$가 같은지 아닌지는 아직 누구도 답하지 못했다. $\mathcal{P} \neq \mathcal{NP}$?

정말 어려운 문제인지가 아리송한 경계의 문제들($\mathcal{NP}$), 이것들이 혹시 쉬운 문제($\mathcal{P}$)는 아닐까? $\mathcal{NP}$ 문제는 운에 기대면 현실적인 비용으로 풀 수 있는*non-deterministic polynomial* 문제들이다. 이런 문제들을 운에 기대지 않고도 현실적인 비용으로 풀 수 있을까?

현재의 디지털 컴퓨터(튜링기계)로는 아마도

$$\mathcal{P} \neq \mathcal{NP}$$

일 거라고 많은 전문가들은 추측하고 있다.

$\mathcal{P} \neq \mathcal{NP}$ 라면, "어려운 문제의 경계가 어디냐"는 질문에 조금 구체적으로 답할 수 있게 된다. 운에 기대지 않고는 비용이 너무 드는 문제들, 그런 문제들이 존재하는 게 확실해졌고, 여기부터가 어려운 문제들의 시작이라고 정의해도 되는 게 아닐까. 운에 기대기만 하면 $\mathcal{P}$로 넘어가는 아슬아슬한 경계에 있으면서 $\mathcal{P}$는 될 수 없으므로.

만일

$$\mathcal{P} = \mathcal{NP}$$

라고 판명되면, 이 세계의 많은 것이 기계적인 세상으로 위축되는 느낌이다.

$P=NP$인 세상은 비유하자면 "명작을 현실적인 비용으로 컴퓨터가 자동 생산할 수 있다"가 된다. 명작 만들기는 선택의 연속이었을 것이다. 각 선택마다 수없이 많은 디자인 후보 중에서 명작으로 가는 하나를 절묘하게 선택해가면서 엮어 놓은 것 아닐까. 이 선택을 자동화해서 현실적인 비용에 늘 그런 명작이 자동으로 만들어지도록 할 수 있을까? 만든 음악을 듣고 좋다 나쁘다 판단하기는 쉽지만, 그런 음악을 만드는 것은 그보다는 차원이 다르게 어려운 문제가 아닐까. 좋은 그림, 좋은 소설, 좋은 시 등이 마찬가지 아니던가. 수많은 디자인 선택을 절묘하게 구성한 결과들일 것이다. $P=NP$면 그런 명작도 자동으로 쉽게 만들 수 있다는 이야기다. 뭔가 아니라는 느낌 아닌가.

$P \neq NP$? 튜링상(Turing Award)은 그 답을 기다린다.[5] 컴퓨터과학의 노벨상이다.

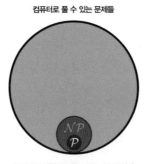

컴퓨터로 풀 수 있는 문제들

현실적인 비용으로 풀 수 있는 문제들(P)
아닐 것 같은데 아직 모르겠는 문제들 (NP-P)

[5] 백만 달러(약 10억원)의 상금이 기다리고 있기도 하다. 2000년 5월 클레이 수학 연구소(Clay Mathematics Institute)는 일곱 개의 아직 풀리지 않은 수학 문제를 골라서 각 문제당 백만 달러의 상금을 내놓았다. $P \neq NP$인지가 그중 하나다.

$\mathcal{P}$의 바깥

$\mathcal{P} \neq \mathcal{NP}$가 사실이라면, $\mathcal{P}$말고 $\mathcal{NP}$에만 있는 문제들이 있는 것이다. 그런 문제는 $\mathcal{P}$가 아니므로 어려운 문제다.

그렇다면 $\mathcal{P} \neq \mathcal{NP}$라는 전제 아래 어떤 문제가 $\mathcal{P}$ 바깥에 있는지(어려운 문제인지) 판단하는 방법이 있을까?

한 방법이 겨우 있다. '겨우'라는 표현을 쓴 것은, 그 방법이 믿을 만하지만 완전하지는 않기 때문이다. 모든 $\mathcal{P}$ 바깥의 문제가 그 방법으로 확인되는 건 아니다. 그 방법을 통과하면 $\mathcal{P}$ 바깥의 문제인 것은 확실하지만(믿을 만한 방법이지만), 어떤 문제는 $\mathcal{P}$ 바깥의 문제인데도 그 방법을 통과하지 못할 수 있다(완전하지는 않다).

그 방법은 $\mathcal{NP}$ 클래스의 재미있는 성질 때문에 가능하다. 그 성질은, $\mathcal{NP}$ 문제 중에서도 가장 어려운 문제가 있다는 것이다. $\mathcal{NP}$ 클래스의 나머지 문제들은 모두 이 문제보다 쉽다. 따라서, $\mathcal{P} \neq \mathcal{NP}$라면 이 문제는 당연히 $\mathcal{P}$ 바깥이다. 내가 만난 문제가 그 문제만큼 어렵다면 그 문제는 분명히 $\mathcal{P}$ 바깥인 거다. 이 사실을 발견하는 데는 건너풀기_problem reduction_라는 개념이 지렛대로 사용된다.

건너풀기

> 강 건너가 건너온다.
> 누가 끌배를 끌고 있다.
>
> — 이문재, [독거]

$\mathcal{NP}$로 분류한 문제들은 모두 단단히 연대해 있다. 달라 보이지만 사실은

한 덩어리로 움직이는 하나다. 어려운 문제 쪽에 있지만 쉬운 문제 진영에 바싹 다가서 있는 문제들. 이것들은 하나만 넘어오면 모두 한 몸 같이 넘어오는 성질을 가지고 있다.

이런 연대가 건너풀기*reducibility, problem reduction*라는 개념으로 확인된다.[6] '건너풀기'란 건너에서 간접적으로 풀다. 문제 A를 풀어야 한다. 건너편 문제 B를 풀고 그 알고리즘을 이용해서 A를 풀 수 있다. A 문제를 푸는 데 B 문제로 건너 푼 것이다. 간접적으로 푼 것이다. 단, B 문제로 푼 답을 A 문제의 답으로 옮기는 건 쉬워야(다항 비용으로 되야) 한다.

건너풀기는 일상에서 흔하다. 곱하기를 더하기로 건너 풀 수 있다. 더하기만 할 줄 알면 곱하기는 해결되기 때문이다. 5×12는 5를 12번 더하면 된다. 이게 건너풀기다.

건너풀기로 NP 문제들을 모두 지배하는 하나의 문제가 있다. NP 클래스의 문제 중에 '종결자' 역할을 하는 대표적인 문제가 있는 것이다. 이 문제만 현실적인 비용으로 풀리면, 나머지 NP 문제들은 모두 이 문제로 건너 풀 수 있다. 모든 NP 문제를 종결자 문제로 바꿔서 낼 수 있고, 종결자 문제의 알고리즘으로 풀어서 그 답을 원 문제의 답으로 바꾸면 된다. 종결자 문제의 알고리즘이 다항 알고리즘이면(그리고 문제를 바꾸고 답을 바꾸는 비용이 다항이면), 모든 NP 문제도 다항 알고리즘으로 풀리는 것이다. 이 종결자 문제로 건너 풀면서 모든 NP 문제들이 다 현실적인 비용으로 풀리는 것이다.

NP에 있는 이런 종결자 문제를 NP-완전*NP-complete* 문제라고 한다. 모든

---

6 '간접적으로 풀기', '바꿔풀기', '대신해서 풀기', '환원해서 풀기' 등으로 번역하기도 한다.

$\mathcal{NP}$ 문제들이 빠짐없이 이 문제를 통해 건너 풀리기 때문이다. '완전'이라는 훈장을 달아준 이유다.[7] $\mathcal{NP}$ 문제들 중에서 가장 어려운 문제라고 볼수 있다.

$\mathcal{NP}$ 문제들의 종결자 문제를 처음으로 발견한 사람은 스테픈 쿡(Stephen Cook)이다. 그는 건너풀기 개념을 가지고 $\mathcal{NP}$에 있는 하나의 문제를 찾아서 그 문제가 $\mathcal{NP}$의 모든 문제보다 어렵다는 놀라운 사실을 증명한다. 1971년이었고, 이 업적으로 1982년 튜링상을 받는다. 쿡이 찾은 최초의 $\mathcal{NP}$-완전 문제는 주어진 부울식이 참일 수 있는지 결정하는 문제*satisfiability problem*였다. 쿡에 이어 1972년, 스물한 개의 다양한 $\mathcal{NP}$-완전 문제들이 발견된다. 특히 우리가 일상에서 마주치는 흔한 문제들이 $\mathcal{NP}$-완전 문제들이었다. 예를 들어 모든 도시를 한 번씩 방문하는 경로(해밀턴 경로) 찾기 문제 등이다. 리처드 카프(Richard Karp)가 이를 증명했고 그 업적으로 튜링상을 받는다(1985년). 현재 우리가 알고 있는 $\mathcal{NP}$-완전 문제는 수천 가지다.

어려운 문제인지 판단하기

이제, 이 $\mathcal{NP}$-완전 문제가 어려운 문제를 판별하는 기준으로 쓰일 수 있다. 문제가 '어렵다'는 정의는 '$\mathcal{P}$가 아니다'라는 것이다. $\mathcal{P} \neq \mathcal{NP}$가 사실이라면(그럴 것이라고 추측하고 있다), 주어진 문제가 적어도 $\mathcal{NP}$-완전 문제만큼 어렵기만 하면 그 문제는 $\mathcal{P}$ 바깥의 문제다.

그래서 어떤 문제를 만났을 때, 다항 알고리즘을 찾지 못하고 있다면

---

[7] 컴퓨터과학에서 'complete'라는 단어가 종종 나온다. '빠뜨림이 없다'는 뜻이다. 그래서 '완전'이다. 참고로, 종결자 역할은 하지만 $\mathcal{NP}$ 문제인지 확인되지 않은 문제는 $\mathcal{NP}$-하드*NP-hard* 문제라고 한다.

NP-완전인지, 혹은 알려진 NP-완전 문제를 그 문제로 건너 풀 수 있는지를 확인한다. 사실이라면 적어도 NP-완전 문제만큼 어려운 문제다. 그러면 그 문제는, $P \neq NP$가 사실이라면, P 바깥의 문제임이 확실하다.

이게 컴퓨터과학이 찾아낸 어려운 문제 판별법이다. $P \neq NP$인지를 아직 확인 못해서 아쉽지만, 지금까지 이게 최선이다.

통밥

그런데 NP 문제를 현실적인 비용으로 풀고 싶다면 어떻게 해야 할까? 우리 주변에서 흔히 만나는 문제가 NP 문제들이었다. 컴퓨터로 빨리 풀었으면 한다. 더군다나 그런 문제들 수천 가지가 NP 문제 중에서 제일 어려운 문제들이다. 어떻게 해야 할까?

그런 NP 문제를 푸는 알고리즘의 조건이란, 모든 입력에 정확한 답을 내는 것이다. 예를 들어, 부울식 만족시키기를 푸는 알고리즘은 모든 부울식에 대해서 정답을 낼 수 있어야 한다.

이때 요구조건의 핵심은 '모든 입력'과 '정확한 답'이다. 그런 알고리즘은 현재까지는 기하급수로 비용이 느는 것밖에는 없다.

그런데 그 요구조건을 조금 느슨하게 하면 어떨까? '모든 입력'을 '흔한 입력'으로, '정답'을 '적당한 답'으로 힘을 빼고 풀면 어떨까? 그래서 흔한 입력에 대해서만 적당한 답을 내는 알고리즘은 현실적인 비용으로 가능할까?

통밥*heuristic, 맞을 듯한 직관*을 동원하는 알고리즘이 그렇다. 통밥 알고리즘은 선택의 기로에서 절대적으로 옳은 선택을 찾겠다고 시간을 소모하지 않는다. 직관에 기대 통밥으로 선택하고 지체 없이 진행한다.

놀랍고 다행인 것은 실제 흔한 입력들에 대해서 이 방법은 만족할 만한 답을 찾아준다는 점이다. 단, 정답이 늘 보장되는 건 아니다. 적당한 답을 찾아준다. 상식에 기반한 직관에 기대서 적당히 만족하는 방법. 통밥에 기대는 방법이 $\mathcal{NP}$ 문제 대부분에 잘 작동한다.

예를 들어 부울식 만족시키기$_{satisfiability}$ 문제의 경우, 특이하게 생긴 부울식에 대해서는 답을 포기하지만 그렇지 않은 부울식에 대해서는 금방 판정할 수 있는 알고리즘이 그렇다. 또 다른 예로, 여정찾기 문제(주어진 예산으로 지도 위 도시들을 다 방문하고 돌아올 수 있을까?)를 보자. 가장 저렴한 여정이 주어진 예산보다 작으면 된다. 가장 저렴한(가장 짧은) 여정을 통밥으로 어림잡는 방법은 현재 도시에서 다음 도시를 선택할 때 항상 가장 가까운 도시를 선택하는 것이다. 이 방법은 답이 아닐 수 있다. 가장 짧은 여정은 지금 당장은 조금 먼 도시를 선택하는 것일 수도 있기 때문이다. 그러나 많은 경우 이렇게 당장 가장 가까운 이웃 도시로 움직이는 게 가장 짧은 여정과 맞아 떨어지거나 그런대로 적당한 여정을 내놓는다.

맞을 듯한 직관, 통밥이 잘 작동하는 이유는 미스터리다. 제대로 풀려면 감당 못할 시간이 걸리는 알고리즘밖에는 아직 모르는 문제들, 그렇지만 운에 기댄다면 빨리 풀릴 수 있는 문제들. 선택의 기로에서 통밥에 기대면 그 운이 얼핏 스치는 셈이다. 정답만 굳이 찾겠다고 나서면 답을 주지 않는 문제들, 하지만 적당한 답을 찾아도 괜찮다고 물러서면 그런 답을 신속하게 내준다.

> 가까이 올수록
> 진실은 사라져간다
> 실상은 허상이었다
>
> – 박경리, [허상]

무작위

통밥^{heuristic, 맞을 듯한 직관}과 함께 문제를 공략하는 또 하나의 기법이 있다. 통
밥 만큼 단순하다. 무작위 알고리즘^{randomized algorithm}이다. 무작위, 의도 없
이 선택하기다. 선택이 필요한 기로에서 동전을 던져서 결정해버린다.

무작위는 알고리즘을 튼튼히 하는 데 쓰인다. 통밥으로 풀어갈 때 낭패
볼 확률을 줄여준다. 그리고 입력에 따라 널뛰는 알고리즘의 비용을 안정
시켜 주기도 한다. 알고리즘에 무작위 양념을 뿌리면 알고리즘이 유연해
지는 셈이다. 모든 스텝이 정해진 과정으로 딱딱하게 움직이는 알고리즘
은 고약한 입력을 만나면 정답에서 많이 벗어난 답을 내거나 비용이 치솟
는 경우가 있다. 무작위가 이런 경우를 피하는 처방이 된다. 낭패 볼 확률
을 줄이고 비용 기복이 심할 수 있는 알고리즘을 안정시킨다.

저절로
너는 풀이고
너는 나무이다
저절로 파도쳐
우리 모두 무엇이 된다

- 고은, [어떤 노래]

무작위는 우선 *NP* 문제를 통밥으로 풀 때 낭패 보는 경우를 피하는 데
유용하다. 예를 들어 여정찾기 문제(주어진 예산으로 지도 위 도시들을 다 방문하
고 돌아올 수 있을까?)에서 가장 저렴한 여정을 적당히 찾기 위해서 통밥만으
로 고정하지 않고 무작위 선택을 종종 한다고 하자. 다음 도시를 선택할
때 가장 가까운 도시를 선택하는 통밥은 어떨 땐 답이 아닐 수 있다. 가장

짧은 여정은 지금 당장은 조금 먼 도시를 선택하는 것일 수 있기 때문이다. 그래서 가장 가까운 이웃 도시를 늘 선택하는 것보다는 때때로 임의의 이웃 도시를 선택하는 식이다. 이러면서 낭패 보는 경우를 피하며 가장 저렴한 여정을 대중해간다. 의외로 약효가 좋다.

또, P 문제의 알고리즘 비용을 안정적으로 유지시키는 데도 무작위가 효과적이다. 어떤 알고리즘의 비용은 입력에 따라서 $O(n \log n)$과 $O(n^2)$ 사이를 널뛸 수 있다. 대부분 $O(n \log n)$이다가 고약한 입력의 경우 비용이 $O(n^2)$으로 치솟는다. 그런 입력의 경우에도 문제 없이 늘 $O(n \log n)$이 유지되도록 하는데 무작위 스텝이 효과를 본다.

예를 들어, 아무렇게나 줄을 서 있는 사람들을 키 순서로 정렬하는 방법 중에 다음과 같은 알고리즘(퀵 정렬*quick sort.* 촌살 정렬)이 있다. 맨 앞의 사람을 기준으로 그보다 크지 않은 사람은 왼편 줄에 세우고 그보다 큰 사람은 오른편 줄에 세운다. 이렇게 두 갈래로 나뉜 줄에 똑같은 작업을 반복한다. 모든 줄에 한 사람밖에 남지 않게 되면 횡대로 죽 늘어서게 될 것이고, 왼쪽부터 오른쪽까지 키 순서로 서 있게 된다. 이 과정을 그림으로 표현하면 다음과 같다. 세로로 서 있던 줄이 일렬횡대로 펼쳐지면서 키 순서대로 선다.

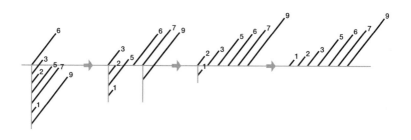

이 방법의 비용은 대개 $O(n \log n)$이다. 매번 줄이 대충 반으로 나눠지고, 모든 사람을 새 줄로 옮겨 세우는 일($O(n)$)을 $O(\log n)$번 하게 되는 셈이므로. 그러나 이미 정렬된 줄을 만나면 $O(n^2)$의 비용이 든다. 하나의 줄을 나누는 데 늘 한 줄로 몰리게 되고, 이렇게 되면 모든 사람을 새 줄로 옮겨 세우는 일($O(n)$)을 $O(n)$번 하게 된다. 이 널뛰기의 이유는, 줄을 두 개로 가를 기준을 정할 때 무조건 맨 앞 사람을 선택하기 때문이다. 줄에 있는 임의의 사람으로 기준을 정하면 그런 널뛰기를 피할 수 있게 된다.

불가능

컴퓨터로 불가능한 문제들은 당연히 있다. 멈춤 문제*halting problem*가 그랬다. 그런데 몇 개가 아니라 무수히 많다. 왜일까?

소프트웨어(튜링기계)의 개수는 자연수의 개수만큼 있다. 어떤 튜링기계라도 자기만의 고유한 자연수 하나로 표현할 수 있기 때문이다. 그래서 소프트웨어는 자연수 개수보다 많을 수 없다. 무수히 많지만 셀 수 있을 만큼만 많다.

그런데 자연수에 대한 문제는 셀 수 없을 만큼 무한히 많다. 자연수에 대한 예/아니오를 판별하는 문제만 해도 몇 개인가? 문제마다 답은 하나일 테고, 답은 자연수에서 예/아니오로 가는 하나의 함수다. 따라서 그런 문제의 개수는 그런 함수(답)들의 개수만큼 많을 것이다. 그런 함수의 개수는 몇 개인가? $2^{\mathbb{N}}$($\mathbb{N}$은 자연수의 개수)개다. 이 개수는 자연수의 부분집합의 개수와 같고, 이 개수는 자연수 개수보다 더 많다. 얼마나 더 많은가? 무한히 더 많다. 이 숫자에서 자연수의 개수를 빼도 무한한 숫자다.

소프트웨어의 개수는 자연수의 개수만큼인데, 문제의 개수는 적어도 $2^{\mathbb{N}}$만큼이다. 이 수는 자연수의 개수보다 무한히 더 많은 수다. 따라서 컴퓨터로 풀 수 없는 문제는 무한히 많을 수밖에 없다.

대표적인 두 개는,

• 멈춤 문제*halting problem*를 푸는 소프트웨어는 불가능하다. 가능하다면 모순이다.

• 다항 정수방정식*diophantine equation*을 푸는 소프트웨어도 불가능하다. 계수가 모두 정수로 구성된 다항방정식에서 정수 답을 찾으라는 문제다. 예를 들어, $2x + 3y^2 + 1 = 0$과 $2y + 4x - 5 = 0$을 만족하는 x와 y를 정수 중에 찾아 보라는 것이다. 임의의 다항 정수방정식을 받아서 답을 내는 소프트웨어는 불가능하다.

그러나 좌절 말자. 컴퓨터로 불가능한 문제들도 통밥*heuristic*과 무작위*randomization*로 희롱하면 적당한 답을 낼 수 있다. 이런 현실적인 알고리즘은 항상 있기 십상이다. 불가능은 '모든 입력'에 대해서 '정확한 답'을 내는 알고리즘을 고집했을 때다. 그런데 그 고집을 풀면 컴퓨터로 풀 수 있다. '모든 입력'을 '흔한 입력'으로, '정답'을 '적당한 답'으로 하고 알고리즘을 찾아 나선다면.

예를 들어 멈춤 문제를 보자. 모든 프로그램을 입력으로 받아서 그 프로그램이 멈출지 멈추지 않을지를 정확히 미리 판단하는 프로그램은 불가능하다. 그러나 '모든 입력 프로그램에 대해서'를 양보하고 '정확히 판단하는 것'을 양보해 보자. 몇 개의 프로그램에 대해서는 판단할 수 있는 경우가 충분히 있다. 입력 프로그램을 보고 판단할 수 있으면 하고, 정확한 판단이 어려우면 잘 모르겠다고 결론 내리는 알고리즘. 이런 알고리즘이 충분히 유용한 경우는 많다.

삐뚤삐뚤
날면서도
꽃송이 찾아 앉는
나비를 보아라

— 함민복, [나를 위로하며]

기본기

잠깐 알고리즘 실전으로 내려가보자. 알고리즘을 만들 때 흔히 쓰는 문제 풀이 패턴이 있다. 알고리즘의 실전 기본기랄까. 상식적인 것들이다.

• 모조리 훑기*exhaustive search*

제일 단순한 방법이다. 모든 후보를 차례차례 보면서 답을 찾는다. 우선 모든 후보를 빠짐없이 줄 세우는 방법을 찾는다. 그 방법은 단순하다. 생각 없이 모든 후보를 줄 세운다. 줄 선 후보들을 하나하나 보면서 답인지 체크한다.

이 방법은 후보들을 아무 생각 없이 모조리 훑기 때문에 비용이 무지막지할 수 있다.

- 되돌아가기*backtracking*

바둑이나 장기를 두면서 수를 물리는 경우를 상상하자. 아니다 싶으면 전에 둔 선택으로 되돌아가서 다시 다른 선택을 한다.

후보를 차례차례 보면서 답을 찾는 건 모조리 훑기와 같다. 다른 점은 다음 후보를 가져오는 순서가 특별하다. 종전의 후보와 관련 있는 후보를 선택한다. 되돌아간 지점까지는 같은 행보를 한 후보 중에서 다음 후보를 선택하는 셈이다.

- 나눠풀어 합치기*divide-and-conquer*

문제를 작은 크기로 쪼갠다. 작게 쪼개진 부분을 푼다. 푼 결과들을 합쳐서 전체 문제의 답으로 만든다. 예를 들어 인구조사 문제를 보자. 지구 전체의 인구는 각 나라 인구의 합이다. 나라별로 쪼개서 인구조사하고 그 결과를 더한다.

- 기억하며 풀기*dynamic programming*[8]

문제의 일부분에 대해서 풀어간다. 그 결과를 기억한다. 문제의 다른 부분을 풀 때 기억한 부분 답을 활용할 수 있으면 활용한다.

예를 들어 점화식*recurrence relation, 연쇄반응식*으로 답이 만들어지는 경우 부분 결과를 기억하면 반복계산을 줄일 수 있다. 피보나치 수열을

---

[8] 대개 '동적 프로그래밍'으로 직역해서 통용되고 있으나, 내용을 쉽게 전달하는 번역으로는 아쉬움이 많다. 그래서 'dynamic programming'의 아이디어가 직관적으로 전달되도록 의역해서 '기억하며 풀기'로 썼다.

계산하는 경우($f_{n+2} = f_{n+1} + f_n$), f_5 계산에 f_4와 f_3이 필요하고 f_4를 계산하는 데 또 f_3이 필요하다. f_3은 한 번만 계산하고 기억하고 있으면 반복 계산을 줄일 수 있다.

- 질러놓고 다듬기*iterative improvement*

  한 개의 답 후보를 임의로 선택한다. 답이 아니라면 일부분을 손질하면서 다듬어간다. 답이 될 때까지. 예를 들어 조약돌을 크기 순서대로 일렬로 놓는 문제를 생각하자. 우선 아무렇게나 일렬로 놓는다. 이제 다듬는다. 크기가 뒤바뀐 이웃하는 조약돌 두 개를 바꾼다. 이런 바꾸기를 계속한다. 크기가 뒤바뀐 이웃 조약돌이 없을 때까지.

  이 알고리즘이 항상 끝나려면, 다듬는 과정이 항상 답으로 가까이 가는 순기능으로만 작용해야 한다. 그렇지 못하면 다듬는 과정이 답과의 거리를 일관되게 좁히지 못하면서 진동할 수 있다. 그러면 영원히 답에 도착하지 못할 수 있다.

양자 알고리즘

이제 조금 다른 세계의 알고리즘 이야기를 하자. 지금까지의 알고리즘 이야기는 현재의 디지털 컴퓨터에서 작동하는 문제풀이법이었다. 그런데, 양자 컴퓨터*quantum computer*라는 전혀 새로운 컴퓨터가 현실로 닥쳐올 준비를 하고 있다. 그 컴퓨터에서 작동할 알고리즘 이야기다.

양자 컴퓨터는 실험실에선 실현되고 있는 미래다. 전기 스위치 대신에 원자 내부의 양자*quantum*를 이용해서 튜링의 컴퓨터를 구현할 수 있다.

양자 안에서 일어나는 현상을 이용하면 지금보다 훨씬 속도가 빠른 계산이 가능하다. 그래서 기하급수의 NP 문제가 다항시간에 풀릴 수 있다.

하지만 양자 현상을 이용한다고 해도 튜링이 정의한 기계적인 계산의 범주 바깥의 것을 계산해 낼 수 있는 건 아니다. 속도를 빠르게 하고 메모리 소모를 알뜰하게 할 수 있을 뿐이다.

컴퓨터에서 이용하는 양자 현상은 세 가지다. 겹쳐있기superposition와 얽혀있기entanglement와 확률진폭probability amplitude이다.

- 겹쳐있기

  양자 세계에서는 하나의 양자가 여러 개의 상태를 겹쳐서 가질 수 있다. 중첩superposition 현상이라고 한다. 다음은 0, 1, 2, 3이 중첩된 양자 상태를 표현한 것이다.

  이렇게 중첩된 양자에 어떤 연산을 가하면 모든 데이터에 동시에 적용된다. 예를 들어 위의 양자에 +1을 가하면 0, 1, 2, 3이 동시에 각각 1, 2, 3, 4가 된다.

  그런데 겹쳐 있는 양자를 관찰하면 한 상태만 나타난다. 겹쳐진 상태들은 각각 관찰될 확률이 정해져 있는데, 관찰하는 순간 그 확률에 따라 하나의 상태만 나타난다. 다음 그림은 0, 1, 2, 3이 중첩된 양자를 관찰하는 순간 각각이 나타날 확률이 0.1, 0.3, 0.5,

0.1인 경우를 표현한 것이다. 2의 확률이 가장 크므로 아마 2를 볼 것이다.

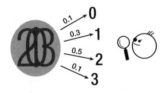

• 얽혀있기

양자들은 서로 짝을 이뤄 얽혀*entanglement*있을 수 있다. 예를 들어 다음은 0, 1, 2, 3이 중첩된 두 양자가 0은 3과 얽혀있고 1은 2와 얽혀있는 경우를 표현했다.

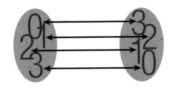

얽혀있는 두 양자 중 하나를 관찰해서 한 상태로 나타나는 순간, 얽혀있는 단짝 양자도 관찰된 상태와 짝을 이뤘던 상태로 나타난다. 예를 들어 앞의 그림과 같이 얽혀있을 때, 왼쪽 양자를 관찰해서 0으로 나타났다면 그 순간 오른쪽 양자는 3으로 나타난다.

• 확률진폭

양자 세계에서는 하나의 확률을 나타내는 두 개의 다른 확률진폭 *probability amplitude*이 가능하다. 이런 자연현상을 복소수를 빌려 표현한다. 확률진폭을 복소수 $a + bi$로 표현하고 확률은 확률진폭의 절

대값제곱($|a+bi|^2 = (a+bi)(a-bi)$)으로 정의한다. 따라서 같은 확률을 나타내는 짝궁 확률진폭은 허수 쪽의 부호를 바꾼 $a-bi$로 표현한다.

양자 알고리즘quantum algorithm은 이와 같은 양자 현상을 이용해서 작업을 한다. 그런 작업을 "양자에 레이저를 쏜다"고 표현하자. 그리고 기본 양자로 0과 1이 중첩되는 양자를 가정하자. 그런 양자 단위를 큐빗Qubit, quantum bit 이라고 부른다.

그런데 양자 알고리즘은 양자 세계에서 계산하기 때문에 확률적일 수밖에 없다. 항상 답을 내는 알고리즘이 될 수 없고 매우매우 높은 확률로 늘 답을 내는 알고리즘이다. 양자 알고리즘은 해답 후보들을 양자에 중첩시켜서 한꺼번에 연산을 적용하면서 효율을 높이기 때문이다. 즉, 필요한 연산을 끝내도, 원하는 답은 다른 후보들과 양자 안에 늘 겹쳐있기 때문이다. 단지 그 원하는 답은 다른 후보보다 매우 높은 확률진폭을 가지고 있기 때문에 연산을 끝내고 양자를 관찰하면 매우 높은 확률로 그 답이 나타날 뿐이다.

이제 두 개의 대표적인 양자 알고리즘을 살펴보자. 소인수분해 알고리즘과 검색 알고리즘이다. 두 알고리즘 모두 같은 구조를 가진다. 우선 양자들에 데이터를 넣고 중첩해서 초기화시킨다. 이때 필요에 따라 데이터가 얽히도록 한다. 다음으로 이 양자들에 레이저(연산)를 쏜다. 그러면 양자 안에 겹쳐 있는 데이터에 그 연산이 한꺼번에 적용된다. 이런 작업을 반복해서 한다. 그래서 우리가 찾는 답 데이터가 매우 높은 확률진폭을 가지도록 한다. 이런 반복을 충분히 하고 양자를 관찰하면 우리가 찾는 답이 매우 높은 확률로 나타난다.

양자 인수분해 알고리즘

양자 현상을 이용해서 인수분해를 다항 비용에 할 수 있다. 1994년에 발표된 알고리즘이다(피터 쇼어(Peter Shor)).

이 알고리즘은 다음의 사실에 기초한다. 인수분해 하려는 자연수를 N이라고 하자. N보다 작은 임의의 자연수 r을 선택해서 아래 숫자열을 계산한다. 자연수 $r^i (i = 1, 2, \cdots)$을 N으로 나눈 나머지들이다. ('$k \bmod N$'은 k를 N으로 나눈 나머지를 뜻한다.)

$$r^1 \bmod N, \quad r^2 \bmod N, \quad r^3 \bmod N, \cdots$$

그러면 위 숫자열에는 주기 p(p개의 숫자들이 반복적으로 나타나는 현상)가 생기고, N과 $r^{p/2}+1$의 최대공약수와 N과 $r^{p/2}-1$의 최대공약수가 아주 큰 확률로 N의 인수가 된다.

따라서 위의 과정을 양자 알고리즘으로 옮기면 된다. 자연수 N이 입력이다. m개의 큐빗Qubit을 마련해서 그곳에 1부터 $2^m - 1$까지가 같은 확률로 중첩되게 한다. 여기에 $r^i \bmod N$을 계산하는 레이저를 쏜다. i는 m개의 큐빗에 중첩되어 있는 1부터 $2^m - 1$까지의 자연수다. 즉 한꺼번에 $r^1 \bmod N, \cdots, r^{2^m-1} \bmod N$이 계산되어 결과 큐빗에 중첩된다. 이때 결과 큐빗에 들어가는 결과($r^i \bmod N$)와 입력 큐빗에 있는 입력 i가 얽히게 한다. 이제 결과 큐빗을 관찰한다. 그러면 입출력이 얽혀있기 때문에, 입력 큐빗에는 관찰한 결과를 만들었던 i들만 남는다. 이때 입력 큐빗에 남아서 중첩되어 있는 것들의 차이가 바로 숫자열의 주기 p가 된다. 다음 예를 보자.

아래 그림에는, 결과 5와 9가 출력 큐빗에 중첩돼 있고, 각자 해당 입력 (i)과 얽혀있다. (회색 덩어리 하나가 데이터를 중첩해서 가지고 있는 큐빗 뭉치를 표현한다.) 5는 5를 만든 홀수 입력들과, 9는 9를 만든 짝수 입력들과 얽혀있다. 출력 큐빗을 관찰해서 5를 봤다고 하자. 그 순간 입력 큐빗에는 5와 얽혀있는 입력들만 중첩해서 남는다.

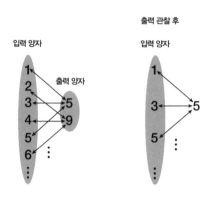

이제 입력 큐빗에 중첩된 것들의 차이(숫자열 주기 p)를 계산하는 '레이저'를 쏜다. 위의 예에서는 1, 3, 5, ⋯ 사이의 거리 2가 나오고, 이것이 p다. 이것으로 양자 현상을 이용하는 작업은 끝이다. 이제 N과 $r^{2/2}+1$의 최대공약수와 N과 $r^{2/2}-1$의 최대공약수를 계산한다. 이 둘이 매우 큰 확률로 N의 인자가 된다.

위의 양자 알고리즘의 비용은 다항이다. 숫자열에 있는 2^m-1개($i=1, \cdots, 2^m-1$)의 $r^i \bmod N$ 계산을 한번에 하고(i들이 중첩된 덕택에), 입출력이 얽혀있는 덕택에 주기 p를 한번에 알 수 있고, 그 결과를 가지고 최대공약수를 계산하는 건 다항시간에 된다.

양자 탐색 알고리즘

아무렇게나 모여 있는 데이터에서 특정 데이터를 찾는다고 하자. 양자 현상을 이용하면 $O(\sqrt{n})$ 비용에 할 수 있다. 1996년에 발표된 알고리즘이다(로브 그로버(Lov Grover)).

데이터가 잘 정리되어 있다면, 양자 현상을 이용하지 않고도 탐색은 $O(\sqrt{n})$보다 빠른 $O(\log n)$에 가능하지만, 데이터가 아무렇게나 섞여있는 경우를 생각하자. 이 경우 보통의 알고리즘은 어쩔 수 없이 하나하나 봐가야 하므로, 평균 반 개를 보면 찾을 게고 그 비용은 $O(n)$이다.

각 데이터는 일련번호가 있고, 찾고자 하는 것은 주어진 일련번호에 해당하는 데이터라고 하자. 데이터들과 일련번호들은 두 양자에 따로 중첩해 넣고, 데이터와 해당 일련번호가 두 양자 사이에 얽혀 있게 준비한다. 데이터가 n개면 $\log_2 n$개의 큐빗만으로 중첩해서 모두 수용할 수 있다.

이제 일련번호가 중첩돼 있는 큐빗에 '레이저'를 쏴서, 찾고자 하는 번호만 그 확률진폭*probability amplitude*을 반대 방향으로 뒤집는다. 양자 세계에서는 같은 확률을 가지는 두 개의 확률진폭($a + bi$와 $a - bi$)이 있다. 우리가 쏜 '레이저'가 바로 이 확률진폭의 방향을 바꿔주는 것이다. 양자 세계에서 그 '레이저'는 그 일련번호가 어느 것인지를 아는 셈이다. 하지만 우리는 봐서는 안 된다. 모든 일련번호가 아직 같은 확률을 가지기 때문에 보는 순간 아무거나 나타날 수 있기 때문이다. 이제 그렇게 변한 확률진폭들의 평균을 구한 후, 평균의 두 배에서 각 확률진폭을 다시 빼는 '레이저'를 쏜다. 그러면 찾고자 하는 일련번호의 확률진폭은 증가하고 다른 것은 줄어든다.

다음 쪽의 그림이 이 과정을 묘사한다. 8개의 데이터가 하나의 양자에 중첩돼 있는 것을 표현하고 있다. 화살이 각 상태의 확률진폭을 나타낸다. 화살 길이가 확률진폭의 크기이고 화살 방향(바깥쪽 혹은 안쪽)이 진폭의 부호다. 첫 번째 그림은 같은 방향으로 같은 확률진폭을 가지도록 데이터를 초기화 한 것이다. 두 번째 그림은 찾는 데이터의 확률진폭만 반대 방향으로 뒤집은(짝꿍 확률진폭으로 바뀜) 모습이다. 세 번째 그림은 확률진폭의 평균의 두 배에서 각 확률진폭을 뺀 결과의 모습이다.

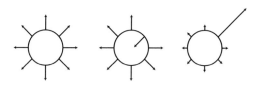

예를 들어 네 개의 데이터가 있다고 하자. 일련번호는 0, 1, 2, 3이고 각각 해당 데이터와 얽혀 있다. 일련번호 4개는 한 양자 안에 중첩되어 있고 각자 관찰될 확률은 똑같이 1/4로 놓는다. 따라서 각자의 확률진폭은 1/2 또는 -1/2일 수 있는데(둘 다 제곱해서 1/4이다) 처음에는 모두 1/2을 가지도록 한다. 이제 찾고자 하는 것이 2번 데이터라고 하자. 그러면 2번의 확률진폭의 부호를 반대로 만드는 '레이저'를 쏜다. 그렇게 변한 확률진폭들의 평균을 내고 그 두 배에서 각 확률진폭을 다시 빼는 '레이저'를 쏜다. 평균은 1/4이고((1/2 + 1/2 + 1/2 - 1/2) / 4), 그 두 배(1/2)에서 각 확률진폭을 빼면, 2번의 확률진폭은 (1/2) - (-1/2) = 1이 되고 다른 것들은 (1/2) - (1/2) = 0이 된다.

　이렇게 두 스텝(찾고자 하는 일련번호의 확률진폭을 뒤집고, 평균의 두 배와의 차이를 새로운 확률진폭으로 만드는 연산)을 $\sqrt{n}$번 반복한 후에 양자를 관찰하면 아주 높은 확률로 찾고자 하는 일련번호가 나타난다. 그러면 얽힌 데이터

쪽에서는 그 일련번호에 해당하는 데이터가 뜨게 된다. 이게 $O(\sqrt{n})$ 양자 탐색 알고리즘이다.

이 정도에서 마치자. 알고리즘 분야에서 컴퓨터과학이 일궈낸 고유의 개념과 성과를 구경하는 것을 여기서 마무리하자. 이제부터는 소프트웨어의 또 다른 기둥, 언어와 논리 분야를 구경 가보자. 소프트웨어를 담는 그릇, 혹은 소프트웨어를 달릴 때의 고삐에 대한 이야기다.

4.3 담는 그릇, 언어와 논리

소프트웨어는 언어로 짜짓는다. 전략을 짜고 무늬를 짜고 농사를 짓고 건물을 짓듯이, 소프트웨어는 사람이 지혜를 모아 언어로 짜고 짓는다.

소프트웨어를 만드는 작업을 간단히 프로그래밍*programming*이라고 한다. '프로그램하기' '프로그램 짜기'라고도 한다. 소프트웨어를 짤 때 사용하는 언어를 프로그래밍 언어*programming language* 혹은 컴퓨터 언어*computer language*라고 한다.

소프트웨어를 만드는 작업은 컴퓨터로 문제를 해결하는 방도를 한 단계 한 단계 프로그래밍 언어로 표현해가는 것이다. 어떤 데이터가 필요하고, 그 데이터를 어떻게 조직하고 다루어서 어떤 판단을 하고 어떻게 문제를 해결하는지.

만들어진 소프트웨어가 실행을 시작하면 중단 없이 제대로 진행해야 한다. 외부와 소통하면서 끊임없이 논리적인 판단을 하고 무한히 많은 외부 자극들에 모두 제대로 반응하며 나아가야 한다.

예를 들어, 손에 든 스마트폰은 그 안의 소프트웨어가 작동하면서 우리와 상호작용하며 우리가 요청하는 일들을 자동으로 수행한다. 그리고 중단 없이 우리의 반응에 항상 응답하기 위해 깨어 있다.

이 정도되는 소프트웨어의 글자 수는 웬만한 대하소설보다 많고, 그 논리 흐름의 복잡도는 웬만한 포유류 뇌 속 뉴런들 연결 관계만큼 복잡하다. 이 때문에 소프트웨어를 만드는 사람은 늘 실수할 수밖에 없고, 이러한 실수들이 소프트웨어 어느 구석엔가 남아있게 된다.

이렇게 복잡해지는 소프트웨어를 잘 짜게 하는 채비가 언어와 논리의 우산 안에서 축적돼 왔다.

간격

찾은 알고리즘대로 사람은 소프트웨어를 만들고, 컴퓨터는 그 소프트웨어를 실행한다. 사람이 만든 소프트웨어를 컴퓨터가 실행하는 일방소통이다.

이때 소프트웨어는 어찌되었건 언어라는 수단으로밖에는 표현할 수 없다. 그런데 사람에게 편한 언어와 컴퓨터에게 쉬운 언어가 일치할 수 있을까?

튜링기계면 소프트웨어를 표현하기에 충분한 언어이긴 하다. 튜링기계의 규칙표가 소프트웨어를 표현하는 언어로서는 충분한 것이다. 왜냐하면 하나의 소프트웨어는 하나의 튜링기계고, 소프트웨어를 만드는 것은 튜링기계를 만드는 것이기 때문이다. 그 튜링기계가 컴퓨터(보편만능의 튜링기계)의 메모리에 올라오면, 컴퓨터는 그 튜링기계의 작동을 그대로 실행하게 된다.

하지만 튜링기계는 사람이 쓰기에는 너무 원시적이다. 덧셈 같은 간단한 일을 하는 튜링기계만 해도 너무 복잡하다. 덧셈보다 훨씬 복잡한 소프트웨어들. 이것들을 튜링기계로 표현한다? 원자 배열을 일일이 표현해서 맛있는 짜장면을 정의하려는 격이다.

폰 노이만이 실현한 컴퓨터도 비슷하다. 그 컴퓨터에서 소프트웨어를 표현하는 언어('기계어')는 튜링기계보다는 편하지만, 그 언어도 사람이 사용할 언어로는 원시적이다. 현재의 모든 디지털 컴퓨터도 폰 노이만 기계와 크게 다르지 않다.

큰 간격이다. 사람과 컴퓨터 사이에 놓인 넓은 간극. 사람이 사용하기에는 너무 원시적인 언어. 컴퓨터에게만 편한 언어. 사람은 튜링기계보다 편한 언어로 소프트웨어를 정의할 수 있기를 바란다.

번역 사슬

이 간격은 상위언어*high-level language*와 번역*translation, compilation*으로 메꾸어진다. 동물들 간의 먹이사슬 같은 언어들 간의 번역사슬을 상상하면 된다. 언어들과 그 사이의 번역. 번역 사슬의 상층부는 사람이 쓰기 편한 언어가 자리잡는다. 모든 사슬의 뿌리, 맨 아래는 컴퓨터(보편만능의 튜링기계)가 이해하는 '기계어'(튜링기계)다.

상층부 언어는 그 아래 언어로 번역될 수 있다. 그 언어는 다시 그 아래 언어로 번역될 수 있고, 이 번역의 사슬을 타고, 상층부 언어로 표현된 소프트웨어가 컴퓨터가 실행할 수 있는 기계어로 최종 번역된다.

컴퓨터 언어들 사이의 번역은 항상 자동으로 가능하다. 자동으로 번역해주는 소프트웨어를 만들 수 있고, 그 번역기가 소프트웨어를 자동으로 번역해준다.

> 강은 물소리를 들려주었고
> 물소리는 흰 새떼를 날려보냈고
> 흰 새떼는 눈발을 몰고 왔고
> 눈발은 울음을 터뜨렸고
> 울음은 강을 만들었다
> 너에게 가려고
>
> – 안도현, 〔강〕

생김새

번역사슬에 있는 프로그래밍 언어들은 모양이 조금씩 다르다. 그래서 같은 일을 하는 소프트웨어를 다른 언어로 짜면 다르게 생겼다.

상위언어에서 기계어까지 어떻게 생겼는지를 보자. 우선 Coq이라는 언어를 보자. Coq은 수학 증명을 컴퓨터가 검산할 수 있도록 만든 상위의 언어다. 아래는 자연수 1부터 n까지의 합이 $n(n+1)/2$와 같다는 수학 증명을 Coq로 서술한 일부다.

```
Fixpoint sum (n:nat) :=
match n with
| 0 => 0
| S m => sum m + S m
end.

Theorem sum_property:
  forall n:nat, 2 * sum n = n * n + n.
Proof.
induction n.
- (* base case: 2 * sum 0 = 0 * 0 + 0 *)
  reflexivity.
- (* inductive step *)
  simpl. rewrite <- plus_n_O. rewrite plus_assoc.
  rewrite plus_comm.
  replace (sum n + S n + sum n) with (sum n + sum n + S n)
    by omega.
  replace (sum n + sum n) with (2 * sum n) by omega.
  rewrite IHn.
  replace (n * S n) with (n * n + n)
    by (rewrite mult_n_Sm;omega). omega.
Qed.
```

이제부터는 보통의 프로그래밍 언어들을 보자. 같은 일(퀵 정렬*quick sort*, 쓴살정렬)을 하는 프로그램을 다른 언어로 쓴 모습들이 펼쳐진다. 다음은 ML이라는 언어다. Coq보다는 하위이지만 매우 상위의 언어다. 경우에 따라 하는 일을 가르고("match…with"), 함수가 자기 자신을(split이 split을,

qsort가 qsort를) 호출하는 방식으로 반복작업을 표현했다.

```
let rec qsort l =
  let rec split pivot l (l1, l2) =
    match l with
    | [] -> (l1, l2)
    | x::l' ->
      if x <= pivot then
        split pivot l' (x::l1, l2)
      else
        split pivot l' (l1, x::l2)
  in
  match l with
  | [] -> []
  | pivot::l' ->
    let (less, greater) = split pivot l' ([],[]) in
    qsort less @ (pivot :: qsort greater)
```

다음은 Python과 Scala라는 언어다. ML만큼 상위의 언어다. 두 경우 반복
작업을 'while'이나 'for'라는 단어를 사용해서 표현했다. 먼저 Python
으로 짠 경우다.

```
def part(l, pivot):
    left = []
    right = []
    while(l != []):
        head = l.pop(0)
        if head <= pivot:
            left = [head] + left
        else:
            right = [head] + right
    return (left, right)

def qsort(l):
    if l == []:
        return l
    else:
        pivot = l[0]
        left, right = part(l[1:], pivot)
        return qsort(left) + [pivot] + qsort(right)
```

다음이 Scala다. Scala는 트위터(twitter)를 구현한 언어다.

```
object Qsort {
  def sort(arr: Array[Int]) : Array[Int] = {
    def pivot = arr(0)
    val left = new ArrayBuffer[Int]()
    val right = new ArrayBuffer[Int]()
    if (arr.length <= 1) arr
    else {
      for (i <- 1 to arr.length - 1) {
          if(arr(i) <= pivot) left += arr(i)
          else right += arr(i)
      }
      (sort (left.toArray)) ++ (pivot+:(sort (right.toArray)))
    }
  }
  def main(args: Array[String]) {
    def arr = Array(3, 6, 4, 1, 9, 2, 8, 7, 5)
    def sorted = sort(arr)
    for (x <- sorted) {
      println(x)
    }
  }
}
```

다음은 Java라는 언어다. Scala나 Python과 비슷하지만 다르게 생겼다. 데이터를 바꾸는 작업을 swap이라는 함수로 따로 정의해야 하는 수준으로 내려왔다.

```
class Qsort {
    private int arr[];
    public Qsort(int a[]) { arr = a; }
    private void swap(int i, int j) {
        int temp = arr[i]; arr[i] = arr[j]; arr[j] = temp;
    }
    public void sort(int li, int ri) {
        int pivot, i, j;
        if(li >= ri) return;
        pivot = arr[li]; i = li + 1; j = ri;
        while(i < j) { // split
            if(arr[i] > pivot) {
```

```
            swap(i, j);
            --j;
        }
        else ++i;
    }
    if(arr[i] > pivot) --i;
    swap(li, i);

    sort(li, i-1);
    sort(i+1, ri);
}
```

다음은 C라는 언어다. 점점 하위의 언어로 내려가고 있다. 예를 들어 swap 함수를 Java의 경우와 비교하면 우리가 쉽게 이해하기 어려운 표현이 등장한다(예를 들어 '*p=*q' 같은 표현이다). 기계에 가깝게 프로그래밍할 때 쓴다.

```
#include<stdio.h>

void swap(int *p, int *q) {
    int temp = *p; *p = *q; *q = temp;
}

void qsort(int *arr, int size) {
    int pivot, i, j;
    if(size <= 1) return;
    pivot = arr[0]; i = 1; j = size - 1;
    while(i < j) { // split
        if(arr[i] > pivot) {
            swap(&arr[i], &arr[j]);
            --j;
        }
        else ++i;
    }
    if(arr[i] > pivot) --i;
    swap(&arr[0], &arr[i]);

    qsort(arr, i);
    qsort(arr + i + 1, size - i - 1);
}
```

다음은 Dalvik이라는 언어다. 일종의 기계어다. 안드로이드 스마트폰이
이해하는 언어다. 스마트폰 번역사슬의 아래쪽에 있는 언어 중 하나다.
이쯤 되면 뭐가 뭔지 쉽게 따라가기 힘들어진다.

```
[000270] Qsort.sort:(II)V
0000: if-lt v5, v6, 0003 // +0003
0002: return-void
0003: iget-object v0, v4, LQsort;.arr:[I // field@0000
0005: aget v2, v0, v5
0007: add-int/lit8 v0, v5, #int 1 // #01
0009: move v1, v6
000a: if-ge v0, v1, 001b // +0011
000c: iget-object v3, v4, LQsort;.arr:[I // field@0000
000e: aget v3, v3, v0
0010: if-le v3, v2, 0018 // +0008
0012: invoke-direct {v4, v0, v1}, LQsort;.swap:(II)V // method@0004
0015: add-int/lit8 v1, v1, #int -1 // #ff
0017: goto 000a // -000d
0018: add-int/lit8 v0, v0, #int 1 // #01
001a: goto 000a // -0010
001b: iget-object v1, v4, LQsort;.arr:[I // field@0000
001d: aget v1, v1, v0
001f: if-le v1, v2, 0023 // +0004
0021: add-int/lit8 v0, v0, #int -1 // #ff
0023: invoke-direct {v4, v5, v0}, LQsort;.swap:(II)V // method@0004
0026: add-int/lit8 v1, v0, #int -1 // #ff
0028: invoke-virtual {v4, v5, v1}, LQsort;.sort:(II)V // method@0003
002b: add-int/lit8 v0, v0, #int 1 // #01
002d: invoke-virtual {v4, v0, v6}, LQsort;.sort:(II)V // method@0003
0030: goto 0002 // -002e
```

다음은 실제 기계어다. 인텔(Intel)에서 제작한 기계가 이해하는 언어다.
번역사슬의 제일 밑바닥 언어 중 하나다. 각 명령문이 하는 일은 간단하
지만 무슨 일을 하는지 사람이 상위 레벨에서 쉽게 파악하기가 어려운 하
위의 언어다.

```
0000000000400560 <qsort>:
  400560:       55                      push    %rbp
  400561:       48 89 e5                mov     %rsp,%rbp
```

```
400564:      48 83 ec 20              sub       $0x20,%rsp
400568:      48 89 7d e8              mov       %rdi,-0x18(%rbp)
40056c:      89 75 e4                 mov       %esi,-0x1c(%rbp)
40056f:      83 7d e4 01              cmpl      $0x1,-0x1c(%rbp)
400573:      0f 8e dd 00 00 00        jle       400656
<qsort+0xf6>
400579:      48 8b 45 e8              mov       -0x18(%rbp),%rax
40057d:      8b 00                    mov       (%rax),%eax
40057f:      89 45 fc                 mov       %eax,-0x4(%rbp)
400582:      c7 45 f4 01 00 00 00     movl      $0x1,-0xc(%rbp)
400589:      8b 45 e4                 mov       -0x1c(%rbp),%eax
40058c:      83 e8 01                 sub       $0x1,%eax
40058f:      89 45 f8                 mov       %eax,-0x8(%rbp)
400592:      eb 46                    jmp       4005da
<qsort+0x7a>
400594:      8b 45 f4                 mov       -0xc(%rbp),%eax
400597:      48 98                    cltq
400599:      48 c1 e0 02              shl       $0x2,%rax
40059d:      48 03 45 e8              add       -0x18(%rbp),%rax
4005a1:      8b 00                    mov       (%rax),%eax
4005a3:      3b 45 fc                 cmp       -0x4(%rbp),%eax
4005a6:      7e 2e                    jle       4005d6
<qsort+0x76>
4005a8:      8b 45 f8                 mov       -0x8(%rbp),%eax
4005ab:      48 98                    cltq
```

우습구나, 너는 지금 헛것을 보는 게야

물결이 잠잠해지면 달은 다시 둥글어질 것이고

품었던 네 의심도 저절로 없어지리

– 강희맹, [강에 뜬 달을 툭 치니]

표현력

생김새는 그렇고, 프로그래밍 언어들마다 표현력은 어떨까? 이 언어로
표현할 수 있는 것을 저 언어로는 표현할 수 없다면 언어마다 차이가 있
는 것이다. 프로그래밍 언어가 표현할 모든 것은 컴퓨터로 돌릴 수 있는
소프트웨어(튜링기계)뿐이다. 따라서 같은 질문을 다르게 하면, 언어마다

표현할 수 있는 튜링기계에 차이가 있을까? 한 언어로 표현할 수 있는 튜링기계를 어떤 언어는 표현할 수 없다면 표현력에 차이가 생긴 것이다.

표현력이 완전한 프로그래밍 언어를 튜링-완전*turing-complete*하다고 한다. 모든(complete) 소프트웨어(튜링기계)를 표현할 수 있는 언어를 말한다. 튜링기계로 할 수 있는 모든 계산을 이 언어로도 다 표현할 수 있다는 것이다. 쉬운 말로는 뭐든 할 수 있는 언어*general-purpose language*, 두루 쓰는 언어라고도 한다.

프로그래밍 언어는 대개 튜링-완전하다. 번역사슬의 물고 물리는 위치에 있지만, 그 표현 능력은 대개 평등하다. 똑같이 튜링-완전하다. 표현할 수 있는 건 소프트웨어(튜링기계)뿐이지만, 모든 소프트웨어(튜링기계)를 표현할 수 있다.

번역사슬에 매달린 언어가 모두 튜링-완전*turing-complete*하면 안심이다. 최상위의 언어는 사람이 쓰기 편하고 표현력이 완벽하면서, 그 언어로 짠 소프트웨어는 항상 컴퓨터가 실행할 수 있게 된다. 임의의 소프트웨어가 번역사슬을 타고 컴퓨터가 실행할 수 있는 기계어로 온전하게 번역될 수 있기 때문이다. 어느 하나 튜링-불완전한 언어가 끼면 번역이 막히는 경우가 생길 수 있다.

자동 번역

프로그래밍 언어 사이의 번역은 어떻게 자동으로 되는 걸까?

번역은 한 언어의 문장을 같은 뜻을 가진 다른 언어의 문장으로 바꾸는 일이다. "난 네가 좋아"를 "I like you"로 바꾸는 일.

프로그래밍 언어들 사이의 번역도 그렇다. 한 언어로 짜인 소프트웨어를 다른 언어의 소프트웨어로 바꾸는데, 바꿔 나온 소프트웨어는 원 소프트웨어가 하는 일과 똑같은 일을 하게 된다.

사람의 언어(자연어) 사이의 번역은 자동이 어렵지만, 프로그래밍 언어 사이의 번역은 항상 자동으로 가능하다. 소프트웨어가 소프트웨어를 번역할 수 있다는 말이다. 번역 소프트웨어를 번역기*compiler*라고 한다. 영어 발음대로 '컴파일러'라고도 한다. 출발어*source language*와 도착어*target language* 한 쌍마다 번역기를 만들 수 있다. 번역기는 출발어로 짜인 소프트웨어를 자동으로 번역해서 도착어로 내놓는다.

그런데, 왜 자연어 번역은 어려운데 반해서 프로그래밍 언어의 번역은 항상 가능한 걸까? 컴퓨터 언어는 모든 문장 부품의 의미가 하나로 고정돼 있기 때문이다.[9] 부품들이 뜻하는 바가 부품이 사용되는 상황에 상관없이 늘 일정하다. 이렇기 때문에 전체의 의미는 부품들만 따로 떼어 놓고 의미를 파악해서 합치면 알 수 있다. 단순하다. 반면에, 자연어에서는 같은 단어라고 해도 어디에 어떤 상황에서 쓰이냐에 따라 다른 의미를 가지지 않던가. 단순하지 않다. "인사과장이 인사를 한다"가 무슨 뜻인가? 두 '인사'가 같은 뜻인가? 위의 문장이 쓰이는 맥락을 파악해야 한다. 맥락에 따라 뒤의 '인사'는 꾸벅 하는 인사거나 신입사원을 채용하는 인사다.

컴퓨터 언어 사이의 자동번역은 두 개의 단순한 원리를 사용한다.

부품에서 전체로, 불변성질invariant 유지하기

'부품에서 전체로'란 다른 말로 조립식*compositional*이라고 하는데, 전체의 번역 결과는 부분의 번역 결과로 만들어진다는 것이다. '불변성질 유지하

---

9 프로그래밍 언어에서 하나의 단어가 여러 가지를 뜻하는 경우도 있으나 아주 제한적으로 쓰인다. 따라서 자동으로 쉽게 그 뜻이 하나로 파악된다.

기'란 부분들의 번역 결과가 항상 유지하는 성질이 있다는 것이다.

이 두 개의 원리가 서로 기대며 자동번역을 해낸다. 부품을 번역한 결과는 일정한 성질이 변함없이 유지되고, 그 성질 덕택에 전체의 번역 결과를 편하게 조립할 수 있게 된다.

이 두 원리를 비유하면 이렇다. 대한민국 전체의 인구를 조사한다고 하자. 대한민국은 조립식으로 구성되어 있다. 각 광역시와 도를 모으면 대한민국이 된다. 각 도는 시와 군으로 구성되어 있다. 인구조사도 이 구조를 따라 조립식으로 진행한다. 각 광역시와 도의 인구를 조사해서 더하면 대한민국 전체의 인구가 된다. 각 도의 인구는 다시 조립식으로, 각 시와 군의 인구를 조사해서 더하면 된다. 이게 '조립식'이라는 의미다. 이때 총인구를 간편하게 구하려면 하나의 '불변성질'이 있으면 좋다. 지역(부품)별로 인구조사 결과를 모두 10진수로 보고하라고 하는 것이다. 이 덕에, 부품의 결과를 가지고 전체 결과를 쉽게 만들 수 있다. 부품들 (읍, 리, 면, 시, 군, 도, 광역시)은 아래 부품에서 올라온 10진수 인구를 간단히 더한 10진수 결과를 상위로 올리면 그만이다. 프로그램의 번역도 이런 원리를 따른다.

이 원리를 따라 진행되는 프로그램 번역 과정을 살펴보자. 우선 프로그램은 부품들의 조립물이라는 것을 기억하자. 부품으로 조립되고, 조립된 것이 또다시 부품이 되어 조립되고. 이렇게 밑바닥부터 조립해서 만든 것이 프로그램이다. 조립하는 방법은 유한 개로 정해진다. 부울 논리 boolean logic에서 논리식을 조립하는 방법이 그리고and, 또는or, 아닌not의 세 가지였듯이. 예를 들어 정수식을 만드는 언어를 생각해 보자. 숫자를 쓰면 정수식이다. 그리고 정수식으로 정수식을 조립하는 방식이 두 개라고 하자. 정수식 앞에 −를 붙여 새로운 정수식 만들기와 두 개의 정수식 사이에 +를 끼워 넣어서 새로운 정수식 만들기. 이 방식을 반복하면 한없이 많은 정수식을 만들 수 있다.

$$1, \quad 2, \quad 3, \quad 1+2, \quad -(1+2)+3,$$
$$-(-(1+2)+3), \quad -(-(1+2)+3)+4, \cdots$$

번역도 마찬가지다. 번역할 프로그램이 조립된 구조를 그대로 따라서, 밑바닥부터 번역해서 조립하고, 조립한 번역 결과가 부품이 되어 위 단계에서 조립되는 과정을 밟는다. 번역할 정수식이 다음과 같다고 하자.

$$-(1+2)+3$$

밑바닥은 1, 2, 3이다. 1을 번역하고 2를 번역한다. 두 번역 부품으로 $1+2$를 번역한 결과를 조립한다. 이 조립 결과가 또다시 부품이 되어 $-(1+2)$를 번역한 결과를 조립한다. 이 결과와 3을 번역한 결과를 가지고 $-(1+2)+3$을 번역한 결과를 조립한다.

이때 모든 부품의 번역된 결과가 가지는 성질이 하나 정해져 있어서, 그 성질을 가지도록 각 부품을 번역해서 올린다. 그 성질 덕택에, 올라온 번역 부품을 모아서 보다 큰 부품의 번역을 구성하는 작업이 쉬워진다.

♠ ⋯⋯⋯⋯⋯⋯⋯⋯⋯⋯⋯⋯⋯⋯⋯⋯⋯⋯⋯⋯⋯⋯⋯⋯⋯⋯⋯⋯⋯⋯⋯⋯⋯⋯⋯⋯

이제 구체적인 출발어_source language_와 도착어_target language_를 정해서 이런 번역 과정의 예를 들어 보자. 출발어는 위의 정수식 언어로 하자. 이 언어에서 정수식을 만드는 방법은 세 가지였다. 정수 n을 덜렁 쓰면 정수식이고, 정수식 E 앞에 $-$를 붙인 $-E$도 정수식이고, 두 정수식 E_1과 E_2 사이에 $+$를 끼워 넣은 $E_1 + E_2$도 정수식이다. 종종 조립된 순서를 명확히 표현하기 위해서 필요하면 괄호를 사용하겠다.

번역이 도착하는 언어는 세 가지 명령으로 구성된다. 명령들이 일렬로 서있는 것이 그 언어의 문장이다. 세 가지 명령은 'push n', 'add', 'minus'다. 문장의 한 예는 다음과 같다(명령 사이에 마침표를 찍었다).

push 3.push 4.add.minus.

이 도착어를 알아듣는 것은 '동전통 기계'다. 위와 같은 명령문을 알아듣고 동전통 기계가 작동한다. 동전통에는 정수들이 차곡차곡 접시 쌓이듯이 쌓인다. 그래서 동전통에는 최근에 넣은 것이 맨 위에 있게 된다. 동전통에 정수가 쌓여있는 모습을 예를 들어 이렇게 표현하자.

3.2.1]

동전통이 누워있다. 쌓인 동전들을 마침표로 구분하고, 맨 왼쪽이 동전통의 맨 위다. 넣은 건 동전통의 맨 위로 쌓인다. 위의 동전통에 5를 넣으면 다음과 같이 된다.

5.3.2.1]

빼는 건 동전통에서 빼듯이 맨 위에서부터다. 위의 동전통에서 두 번 연속해서 빼면 첫 번째에 5가 나오고 두 번째에 3이 나오고 동전통은 다음과 같이 된다.

2.1]

각 명령마다 어떤 작동(→로 표시)을 하는지는 다음과 같다. 명령문의 왼쪽부터 명령을 하나씩 가져와서 일을 한다. 99가 들어있는 동전통(99])에서 기계 작동이 시작된다고 하자. 더 이상 수행할 명령이 없으면 멈춘다.

동전통	명령문
99]	push 3.push 4.add.minus (이제 3을 넣는다)
→ 3.99]	push 4.add.minus (이제 4를 넣는다)
→ 4.3.99]	add.minus (이제 맨 위 두개를 빼서 더해 넣는다)
→ 7.99]	minus (이제 한 개를 빼서 부호를 바꿔 넣는다)
→ -7.99]	(더이상 수행할 명령이 없음)

'push 3'은 동전통에 3을 넣는다. 'push 4'는 4를 넣는다. 'add'는 동전통에서 위에서부터 차례로 두 개를 꺼내 더하고 그 결과를 다시 넣는다. 즉 4와 3을 꺼내서 더한 7을 넣는다. 'minus'는 동전통 위에 것을 꺼내 부호를 바꾸고 그 결과를 넣는다.

이제 출발어에서 도착어로 번역하는 규칙을 정해보자. 임의의 정수식을 동전통 기계의 명령문으로 바꾸는 규칙이다. 정수식 E를 똑같은 일을 하는 동전통 기계의 명령문 C로 번역할 수 있다. 똑같은 일을 한다는 뜻은, 주어진 E를 번역한 명령문 C를 실행하고 난 뒤 동전통 맨 위에 있는 값을 보면 원래 E를 계산한 값과 같다는 것이다.

정수식 부품의 번역 결과가 유지해야 할 불변성질은 다음과 같다. 동전통의 현재 모습이 S라고 하자. 이 상태에서 정수식 부품의 번역 결과를 실행하고 나면 동전통은, 시작 때의 S 위에 그 부품식의 정수값 v 하나가 올라간 $v.S$가 된다. 이 성질이 모든 단계의 부품식을 번역한 결과가 항상 만족시킬 성질이다.

예를 들어 '3'을 번역해보자. 밑바닥 식이다. 불변성질을 유지하도록 하려면 3이 현재 동전통의 맨 위에 오르면 된다. 그러려면 'push 3'이 번역 결과가 된다.

'3 + 4'를 번역해보자. 식 3과 4로 조립되었다. 3의 번역 결과는 push 3, 4의 번역 결과는 push 4일 것이다. 두 명령을 차례로 연속해서 실행하면 동전통 맨 위에 4와 3이 차례로 쌓여 있을 것이다. 불변성질 때문이다. 따라서 add를 곧이어 실행하면 3과 4를 동전통에서 빼서 더한 후 그 결과를 동전통에 넣을 것이다. 그러면 7이 동전통 맨 위에 있게 된다. 불변성질이 유지되는지 보자. 동전통 S를 가지고 push 3.push 4.add를 실행하면 최종적으로 동전통은 7.S가 된다. 시작할 때의 동전통은 변화가 없고 그 위에 3 + 4의 결과만 쌓이게 된다. 불변성질이 유지된다.

또, '-(3 + 4)'를 번역해보자. 조립이 반복해서 일어난 식이다. 우선 식 (3 + 4)를 가지고 -로 조립하였고, 3 + 4는 3과 4를 가지고 +로 조립하였다. 첫 단계부터 번역해보자. 3 + 4를 가지고 -로 조립한 것이다. 3 + 4의 번역 결과를 C라고 하자. C는 불변성질을 유지하도록 번역한 것이다. 즉, C를 실행하면 시작할 때의 동전통이 그대로이면서 그 바로 위에 7이 올라올 것이다. 따라서, minus를 곧이어 실행하면 -7이 동전통 위에 올라올 것이다. 그러므로 전체 번역 결과는 C.minus면 된다. 그렇다면 C는 무엇인가? 위의 예에서 보인 push 3.push 4.add이다. 따라서 전체 번역 결과는 push 3.push 4.add.minus가 된다.

예를 가지고 규칙을 만들어 보는 것은 이 정도로 하고, 임의의 정수식에 대한 규칙을 정의하면 다음과 같이 될 것이다. 번역하는 함수로 정의하였고 *trans*라고 이름 붙였다.

$$trans(n) = \text{push } n$$

$$trans(E_1 + E_2) = trans(E_1).trans(E_2).\text{add}$$

$$trans(-E) = trans(E).\text{minus}$$

정수식은 세 가지 방법으로 만들어진다고 했으므로, 각 경우마다 번역하는 방법이 정의되어 있다. 밑바닥 경우를 제외하고는, 전체 번역 결과는 부품의 번역 결과로 만든다. 즉, 전체 번역 결과는 같은 번역 함수를 부품에 적용한 결과를 가지고 만든다. 위와 같은 함수를 자기호출 함수*recursive function, 재귀함수*라고 한다.

> 자기의 꼬리를 물고 뱅뱅 돌았을 뿐이다
> 가는 곳만 가고 아는 것만 알 뿐이다
>
> - 김중식, 〔이탈한 자가 문득〕

$trans(E_1 + E_2)$의 경우를 보자. 우선 각각을 번역한다. $trans(E_1)$과 $trans(E_2)$이다. 각각 불변성질을 유지하도록 번역될 것이다. 즉, E_1을 번역한 결과를 실행하면 시작할 때의 동전통 S의 맨 위에 E_1의 계산결과 v_1이 올라올 것이다: $v_1.S$. 여기에 다시 E_2를 번역한 결과를 실행하면 그 위에 E_2의 결과 v_2가 올라올 것이다: $v_2.v_1.S$. 그렇다면 이제 add를 하면 그 둘을 더한 결과 $v(v = v_1 + v_2)$가 맨 위에 올라올 것이다: $v.S$. $trans(-E)$의 경우도 이런 생각을 타고 정의한 것이다.

이제 임의의 정수식 E를 *trans* 함수에 넣어주면 번역된 결과가 만들어진다. 그 번역된 명령문을 실행하면 동전통 맨 위에 E의 계산 결과와 같은 정수가 올라오게 된다.

몇 개의 예를 통해 확인해 보자.

$$
\begin{aligned}
trans(3+4) &= trans(3).trans(4).\text{add} \\
&= \text{push 3.push 4.add} \\
trans(-(3+4)) &= trans(3+4).\text{minus} \\
&= \text{push 3.push 4.add.minus} \\
trans(-(3+4)+5) &= trans(-(3+4)).trans(5).\text{add} \\
&= \text{push 3.push 4.add.minus.push 5.add}
\end{aligned}
$$

번역 결과를 각각 동전통이 S인 상태에서 실행시켜 보자. 첫 번째 번역 결과를 실행하면 동전통은 $7.S$가 된다. 두 번째 번역 결과를 실행하면 $-7.S$가 되고, 마지막 번역 결과를 실행하면 $-2.S$가 된다. 각각의 경우 모두, 해당 정수식의 계산 결과가 시작할 때 동전통의 바로 위에 올라온다.

─── ▲

이렇게 정의되는 자동 번역기가 번역사슬의 각 단계를 맡게 된다. 튜링-완전한 프로그래밍 언어 사이에는 늘 이런 자동 번역이 가능하다.

자동 번역기 덕택에, 사람은 상위의 편한 언어를 사용해서 소프트웨어를 작성하고, 그 소프트웨어는 자동 번역기를 타고 번역사슬을 따라 제일 하부의 컴퓨터 기계어로 번역되고, 컴퓨터가 이를 실행하게 된다.

실행

컴퓨터가 소프트웨어를 자동 실행하는 작업을 해석실행*interpretation*이라고
도 한다. 컴퓨터를 보편만능으로 만드는 핵심 아이디어를 그렇게 부르기
도 하는 것이다. 컴퓨터(보편만능의 튜링기계) 메모리에 표현된 튜링기계(소프
트웨어) 심벌들의 의미를 해석해서 그 튜링기계의 작동을 그대로 따라하
는 것. 컴퓨터는 심벌(언어)로 표현된 소프트웨어를 해석실행한다.

해석실행은 사실 우리가 일상에서 늘 하는 것이기도 하다. 예를 들어
우리는 하나 둘 셋을 심벌 1, 2, 3으로 쓴다. 더하기는 +로 표현한다. '1 +
2'로 표현한 것을 해석해서 실행한다는 것은 다음과 같은 과정을 뜻한다.
먼저 심벌들을 해석(의미를 이해)하는 과정이 필요하다. '1'은 하나를 뜻하
고 '2'는 둘을 뜻하고 '+'는 더하기를 뜻한다. 이 해석대로 실행하면 결과
는 셋을 뜻한다. 셋을 표현하는 심벌은 '3'이다. 따라서 해석실행한 결과
를 '3'이라고 쓴다.

그래서 컴퓨터는 해석실행기*interpreter*다. 번역사슬의 맨 밑바닥 언어의
실행기다. 상위의 언어로 짠 소프트웨어가 컴퓨터가 실행할 수 있는 언어
(기계어)로 번역되면, 컴퓨터는 그 번역 결과를 실행한다. 컴퓨터는 번역사
슬의 맨 아래에 있는 기계어를 해석실행 해주는 실행기다.

그런데, 해석실행이란 게 번역사슬의 맨 밑바닥 언어만을 대상으로 할
필요는 없다. 임의의 프로그래밍 언어에서 번역 대신에 해석실행이 작동
할 수 있다. 그 언어의 실행기만 만들면 되기 때문이다.

언어의 실행기를 전기 스위치로 만든 것이 오늘날 우리 주변의 디지털
컴퓨터다. 컴퓨터의 전기 스위치들이 그 언어를 번역 없이 곧바로 해석실
행 하게 된다. 이런 언어를 그 컴퓨터의 '기계어'라고 부르는 것이다.

그 언어의 실행기를 소프트웨어로도 만들 수 있다. 단, 그 실행기는 컴퓨터가 아니고 소프트웨어이므로, 컴퓨터가 해석실행 할 수 있는 언어로 번역되어 메모리에 실려야 한다. 컴퓨터가 그 실행기를 해석실행 하고(그래서 그 실행기를 작동시키고), 작동하는 실행기는 출발어로 짜인 소프트웨어를 (번역 없이) 해석실행 한다. 이 상황에서는 소프트웨어를 해석실행 하는 실행기가 컴퓨터에 의해 해석실행 되는 것이다. 해석실행이 두 겹으로 겹치게 된다.

다르게는 이렇게 이야기할 수도 있다. 기계어 위의 상위언어들이 실행되는 방법은 두 가지다. 번역을 하거나 실행기를 만들거나. 컴퓨터가 실행할 수 있는 기계어로 번역해서 컴퓨터에게 실행을 맡기는 방법이 하나다. 또 다른 방법은 소프트웨어로 만든 실행기에게 실행을 맡기는 것이다. 그러면 번역 없이, 소프트웨어로 만든 실행기가 바로 실행하게 된다. 이때, 소프트웨어로 만든 실행기가 상위의 언어로 짜인 소프트웨어를 실행하면 두 개의 해석실행이 중첩된다. 컴퓨터가 실행기를 해석실행하고, 실행기가 소프트웨어를 해석실행 한다.

번역사슬의 맨 밑바닥 언어, 즉 컴퓨터가 번역 없이 실행할 수 있는 언어를 '기계어'라고 하는 건 적절한 이름이다. 그 언어의 실행기_interpreter_가 회로로 구현된 실제 물리적인 기계(컴퓨터)이기 때문이다.

그리고 대개가 기계어는 원시적인 언어다. 현대 컴퓨터의 기계어들은 튜링기계보다는 약간 상위의 언어이기는 하지만 원시적이다. 그 실행기가 스위치로 구현하기에 적절한 수준으로 고안된 언어이기 때문이다.

그렇다고 기계어가 반드시 원시적일 이유는 없다. 조금 상위의 언어가 기계어일 수도 있다. 그 실행기가 원시적인 스위치로, 혹은 기타 물리적인 장치로 구현만 된다면, 그럼 그런 상위의 언어가 '기계어'로 불릴 수 있을 것이다.

언어 정글

지금까지 다양한 프로그래밍 언어들이 고안되었고, 언어마다 유도하는 생각의 방식이 있다. 컴퓨터로 계산한다는 것을 무엇으로 보냐에 따라 다른 방식의 언어가 만들어졌다.

이게 무슨 말인가? 튜링(Alan Turing)이 정의한 소프트웨어는 튜링기계다. '기계적으로 계산 가능한 것'이 뭐냐를 정의한 것이 튜링의 경우 튜링기계였다. 원시적이지만, 구체적이고 명백한 기계다. 테이프가 있고 정해진 규칙표에 따라서 테이프에 문자를 읽고 쓰며 동작하는 기계.

튜링과 같은 시기에 처치(Alonzo Church)는 '기계적으로 계산 가능한 것'을 다른 스타일로 정의한다. 람다 계산법*lambda calculus*[10]이라는 것이다. 튜링기계만큼 원시적이지만 '기계'의 모습은 없다. 심벌을 단순히 다루는 함수만으로 계산을 정의한다. (이 계산법의 구체적인 소개는 165쪽의 '람다 계산법'으로 미루자.)

튜링기계와 람다 계산법은 표현력이 똑같다. 튜링기계로 돌릴 수 있으면 람다 계산법으로도 계산할 수 있고 그 반대도 그렇다.

프로그래밍 언어는 이 둘의 기원으로부터 다르게 고안된다. 다른 방식으로 프로그램의 실행을 상상하며 소프트웨어를 만들도록 유도한다.

---

10 '람다(lambda)'라는 이름이 붙은 일화는 이렇다. 함수를 표현할 때 인자 변수 위에 시옷 심벌을 붙이려 했으나(x̂) 옛날 타자기에서 어렵다보니 시옷이 변수 앞에 오게 되고(∧x), ∧ 대신 그리스 알파벳의 람다(λ)를 사용하게 됐다고 한다.

튜링기계에서부터 상위로 올라오는 언어들은 기계를 생각하는 프로그래밍 언어가 된다. 이 언어로는 기계의 메모리에 데이터를 읽고 쓰며 기계의 상태가 변해가는 상황을 머릿속에 그리며 프로그래밍하게 된다.

람다 계산법에서 상위로 올라오는 언어들은 기계를 염두에 두지 않는 프로그래밍 언어가 된다. 이 언어에는 기계는 없고 값들이 함수 사이를 통과하며 새 값으로 만들어지는 과정만 있다. 이 방식은 함수들을 조립해서 원하는 값을 계산하는 상황을 머릿속에 그리며 프로그래밍하게 된다.

어떤 언어를 선택하든 튜링-완전하기만 하면 모든 소프트웨어를 표현할 수는 있다. 기계 중심을 유도하는 프로그래밍 언어들이 C, Java, C++, C#, JavaScript 등이다. 함수 중심을 유도하는 프로그래밍 언어들이 Haskell, ML, F#, Clojure, Lisp 등이다. 두 가지 모두 지원하는 프로그래밍 언어들도 많다. ML, F#, C++11, Python, Scala, Clojure, Lisp 등.

종종 프로그래머들 사이에 어느 언어가 더 좋은가에 대한 논쟁이 있지만, 큰 의미는 없다. 1990년대까지는 언어들마다 다른 생각의 방식을 유도하며 서로 자기의 방식이 더 편한 게 아닌가 논쟁했다. 그러나 프로그램을 짜는 사람에게 중요한 능력은 능란하게 다양한 언어를 적절히 취사선택할 수 있는 능력이다. 프로그램의 부분부분마다 가장 적절한 서술 방식(언어)을 선택하면 그만이다. 프로그래밍 언어들도 더 이상 하나의 방식에 얽매이지 않는다. 한 언어 안에서 여러 프로그래밍 방식을 지원하는 방향으로 진화하고 있다.

한편 프로그래밍 언어 연구는 어느 진영이 옳은지에 관심이 없다. 오직 소프트웨어 개발을 더 쉽고 편하게 하기 위한 서술 방식과 자동 도구를 어떻게 실질적으로 발전시키느냐에 관심이 있다.

언어 중력

다른 기원의 프로그래밍 언어가 단순히 프로그래밍 스타일만 다르게 유도하는 것은 아니다. 다른 방식의 생각을 유도하기도 한다.

생각을 바꾸면 어려웠던 문제가 쉽게 풀린다. 문제를 바라보는 시각이 조정되는 순간에, 예전에 어렵게 보였던 문제가 쉽게 풀리는 것이다.

• 문제 예 1

50킬로미터 떨어져 있는 자전거 두 대가 마주보며 시속 25킬로미터로 달리기 시작했다. 마주 달리는 두 대의 자전거 사이를 부지런히 왕복하는 파리가 있다. 파리는 시속 50킬로미터로 비행한다. 자전거가 부딪칠 때까지, 파리가 비행한 거리는?

「철이의 답」

철이는 수열과 극한, 미분과 적분을 이용한다. 따라서 이 문제는, 자전거 사이의 폭의 변화, 그 변화하는 폭을 왕복하는 파리의 비행거리를 나타내는 무한수열의 합으로 해결한다. 수열과 극한, 미분과 적분이 철이가 가진 프로그래밍 언어인 것이다.

「영희의 답」

영희가 가진 프로그래밍 언어는 다르다. 철이 같이 거리를 구체적으로 궁리하는 언어를 사용하지 않는다. 영희의 프로그램은 새로운 각도에서 간단히 고안된다. 즉, 파리가 비행하는 거리의 변화라는 복잡한 과정에서 눈을 돌려, 파리가 비행한 총 시간을 계산한다. 그 시간은 자전거 충돌 때까지의 시간과 같다. 그 시간은 1시간 이고, 따라서 파리의 총 비행거리는 50킬로미터. 영희는 문제를 해결하는 데 필요한 만큼의 상위의 수준에서 상황을 정의하고 해결하는 언어를 구사한 것이다.

• 문제 예 2

육각형 정수는 1, 7, 19, 37, 61, 91, 127 등인데, 정육각형 모양이 되도록 놓아야 할 바둑알의 개수들이다. 이러한 육각형 정수들을 처음부터 합하면 항상 어느 정수의 3승이 된다고 한다. 사실인가?

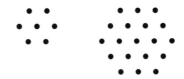

「철이의 답」

철이가 구사하는 언어는 n번째 육각형 정수를 정의하는 식을 도출하고, 그 식들을 첫 번째부터 n번째까지 더해서 만들어내는 정수가 항상 어떤 수의 3승이 된다는 것을 증명한다. 수열과 그 합, 그리고 귀납법 *proofs by induction*으로 증명하기가 철이가 가진 프로그래밍 언어다.

「영희의 답」

영희는 이번에도 철이보다 상위의 수준에서 답을 만드는 언어를 구사한다. 영희는 육각형 정수들의 그림은 정육면체의 3면에 해당하는 한 꺼풀에 해당하고, 그 한 꺼풀들이 차곡차곡 포개지면 항상 꽉 찬 정육면체를 만든다는 것을 보인다.

따라서, 육각형 정수들을 차례대로 합하면, 정확하게 어떤 정육면체를 꽉 채우는 알갱이들의 개수가(즉, 어떤 수의 3승이) 되는 것이다. 2차원과 3차원의 도형이 영희가 사용한 프로그래밍 언어인 것이다.

이렇듯, 문제를 정의하고 답을 궁리하는 생각의 틀을 적절히 선택할 필요가 있다. 그러면, 만들어지는 해답은 작고 간단해지고 이해하기 쉬워지기 때문이다.

소프트웨어의 세계에서 문제를 정의하고 답을 궁리하는 생각의 틀은 대개 사용하는 프로그래밍 언어의 영향 아래 어느 정도 놓인다.

두 중력권

그래서 프로그래밍 언어는 중력이다. 프로그래밍 언어는 소프트웨어를 보는 시선의 방향을 끌어간다. 어떤 언어를 사용해서 소프트웨어를 짜느냐에 따라, 소프트웨어는 명령하며 기계 상태를 변화시키는 주문으로도 보이고, 기계와는 상관없는 논리적으로 따져간 증명으로도 보인다.

원조 프로그래밍 언어랄까, 컴퓨터 언어는 두 개의 판이한 기원을 가지고 있다. 언어로서 표현력은 똑같다. 컴퓨터로 돌릴 수 있는 모든 소프트웨어를 표현할 수 있는 언어들이다. 그 두 원조 프로그래밍 언어는 앞서 이야기한 대로 튜링기계*turing machine*와 람다 계산법*lambda calculus*이다.

사실 이 둘은 언어로서 디자인된 것이 아니다. 기계적인 자동계산이 무엇이냐는 정의로 제안된 것들이다.

그러나 둘 다 프로그래밍 언어의 원조라고 볼 수 있다. "기계적인 자동계산은 이렇게 표현하는 것으로 한정하며, 그 실행은 이렇게 되는 것이다"라고 정의한 두 가지다. 즉, 컴퓨터 프로그램은 이렇게 표현하는 것이 전부다, 라고 말하는 것이다. 프로그래밍 언어를 소개한 것이다.

이 두 언어는 각각 다른 관점에서 소프트웨어를 보도록 유도한다. 튜링기계는 소프트웨어를 기계에게 전달하는 명령으로 보게 한다. 람다 계산법은 소프트웨어를 상위의 세계에서 논리적으로 따져가는 계산식으로 보게 한다.

두 개의 판이한 기원이 있다는 건 행운이다. 하나만으로는 프로그래밍 기술은 멀리 날 수 없었다. 튜링기계와 람다 계산법의 두 중력이 맞물릴 때 프로그래밍 기술은 비로소 좀 더 높이 올라설 수 있었다. 이 두 중력은 프로그래밍 언어의 연구도 전혀 다르게 이끌었고, 그래서 다채롭고 유용한 성과를 프로그래밍 세계에 선사해 주었다.

튜링기계와 람다 계산법이라는 두 개의 중력에 끌려든 프로그래밍. 이 두 중력장 안에서 프로그래밍 세계는 생동한다. 해와 달, 둘에 끌려 지구가 생동하듯.

향단아 그네줄을 밀어라

머언 바다로

배를 내어밀듯이,

바람이 파도를 밀어 올리듯이

그렇게 나를 밀어 올려다오

– 서정주. 〔추천사 – 춘향의 말 1〕

기계의 중력

튜링기계의 중력 안에서 짜는 프로그램은 기계에게 전달하는 명령이다.
프로그램은 기계의 현재 상태에서 다음 상태는 뭐가 돼야 하는지, 메모리
에는 뭐를 써야 하는지를 명령한다.

명령하는 프로그램 스타일을 일상에서 찾으면 요리법이나 장바구니
목록 같은 것이다. 고기를 잘게 썰고, 야채를 다지고, 센 불에 프라이팬을
달구고, 야채를 10초 볶고, 소금을 뿌리고, 후추를 치고, 후추가 없으면 고
춧가루를 뿌려라. 요리하는 사람(컴퓨터)에게 전하는 명령이다. 이 명령대
로 실행하면 재료의 상태가 변하면서 맛있는 요리로 변해간다. 쌀 1킬로
그램을 사고, 우유 2리터를 사고, 우유가 없으면 두유로 사고, 자두 10알,
쌀 과자 1봉지를 사라. 장을 보는 사람에게 전하는 명령이다. 그 명령대로
실행하면 장바구니에 물건들이 쌓이면서 변해가고 최종적으로는 원하는
모든 것이 담겨 있게 된다.

이 시각으로 프로그래밍 언어를 만든다면, 그 언어는 당연히 기계에게
전하는 명령을 표현하는 언어다. 다음과 같은 프로그램이다.

```
        a ← 0
        b ← read
L:   a ← a+b
        b ← b+1
        write a
        goto L
```

이 프로그램은 위에서부터 아래로 전달하는 명령이다. 우선 메모리 위치마다 이름이 붙어 있다. 각각 a, b, c다. 메모리에 값을 쓰라는 명령으로 시작한다. a에 0을 쓴다. b에는 외부에서 읽은 값을 쓴다. 그리고 a에 a와 b에 있는 값을 더한 결과를 새롭게 쓴다. b에는 b + 1의 값을 쓴다. 그리고 a에 있는 값을 화면에 쓴다. 그리고 다시 L 위치의 명령으로 가서 반복한다.

이 프로그램이 작동하면서 기계의 상태(메모리)가 변한다. 메모리에 새로운 값들이 쓰인다. 명령을 수행하면서 기계는 계속해서 상태(메모리)가 변한다.

기계 상태를 변화시키는 명령으로서 프로그램을 표현하는 언어. 또는, 기계가 표현하는 물건의 상태를 변화시키는 명령으로서 프로그램하기. 이런 방식이 기계의 중력이 지배하는 프로그래밍 언어가 디디는 방식이다.

람다의 중력

소프트웨어를 람다 계산법의 관점으로 보면, 프로그램은 기계의 상태를 변화시키는 명령이 아니다. 기계는 시야에서 사라진다. 시야에는 함수와 그 함수들 사이를 흐르며 계산되는 데이터가 있게 된다. 상태를 가지는 기계는 없다. 이제 프로그램은 필요한 데이터를 계산하는 상위의 표현이다. 기계의 상태를 변화시키는 구체적인 명령이 아니다.

이런 프로그램 스타일을 일상에서 굳이 찾는다면 우리가 초등학교 때부터 보아온 수식과 유사하다. 수식을 쓰고 이해할 때 우리는 기계를 생각하지 않았다. 수식이 기계 상태를 변화시키는 명령이라는 생각은 없었다. '1+2'를 쓰면, 1과 2를 메모리에서 읽어와서 더한 후 결과를 메모리에 쓴다고 (그래서 기계 상태를 변화시킨다고) 생각하지 않았다. 또 1이나 2가 변해서 3이 되는 것이라고도 생각하지 않았다. 그 식은 3을 계산하는 식일 뿐이다. +라는 함수에 1과 2를 넣은 식, 값 3을 계산하는 식일 뿐이다. 다음과 같은 수식은 함수 $f(n) = n^2$을 1, 2,···, 10에 적용해서 더한 결과 $f(1) +$ ··· $+f(10)$을 뜻한다.

$$\sum_{n=1}^{10} n^2$$

즉, Σ는 계산을 표현하는 표기법(함수)인데 1과 10, 그리고 함수 f를 써넣으면 위와 같은 계산을 뜻한다.

수식(혹은 증명)들을 이해하는 데 우리는 기계의 작용을 머릿속에 상상할 필요는 없다. 수식은 값(데이터)을 계산하는 식일 뿐이다. 함수들이 데이터를 받아서 새 데이터를 계산하고, 그 결과를 다른 함수에 넣어주는 연결 과정을 표현해서 우리가 원하는 계산식(프로그램)을 만들면 된다.

수학에서 사용한 서술 방식을 하나 더 상기해보자. 수학에서 사용하는 모든 연산은 값을 만들 뿐이지 어떤 물건의 상태를 바꾸는 건 아니다. 새로운 값을 계산하는 것일 뿐이다. 집합의 성질을 설명하는 다음의 단락을 보자.

$P \subset Q$이고 $P \neq Q$라고 하자. 그러면 $P^c \cup Q = U$이고 $P \cap Q^c = \emptyset$ 이고 $P \cup Q^c \neq U$이다.

여기서 두 번째 문장을 보자. 처음 나타나는 P^c가 P라는 집합을 변화시키는가? 그래서 두 번째 나타나는 P는 처음의 P와 다른가? 그렇지 않다. P라는 집합은 변하지 않는다. P^c는 P를 가지고 정의되는 어떤 새로운 집합을 지칭할 뿐이지 P를 건들지는 않는다. Q^c라는 연산도 마찬가지다. Q가 그 연산에 의해서 변하는 것이 아니다.

이러한 서술 방식이 수학(그리고 모든 과학) 분야에서 유구하게 사용된 이유는 뭘까? 간단하고 편리해서다. 이런 간단한 서술 방식이 수학이나 과학에서는 유난히 필요하다. 수학의 프로그램(증명)은 그것이 옳고 그른지를 확인할 수 있을 때에만 생명이 있다. 옳고 그른지 확인하기 편리하려면 서술하는 언어가 간단할수록 좋다.

컴퓨터 프로그램을 짜는 데도 마찬가지다. 수학의 이런 간단한 스타일의 언어가 소프트웨어 제작 언어로도 유용하다. 소프트웨어는 점점 복잡해지고 있다. 언어가 간단할수록 소프트웨어가 생각대로 작동할지 확인하기 쉬워질 것이다.

이런 시각으로 프로그래밍 언어를 만든다면, 그 언어는 값을 계산하는 식을 표현하는 언어다. 기계와는 전혀 관계없는 이러한 관점은 프로그램의 세계를 다른 방식으로 끌어 올린다. 프로그램의 또 다른 세계가 펼쳐진다.

> 눈을 떠라 네 눈을 통해 네 속으로 들어가마
> 네 속에 들어가 네 기억을 타고 멀고 달콤한 여행을 떠나마
>
> – 신경림, 〔말을 보며〕

람다 계산법

그렇다면 람다 계산법*lambda calculus*이란 무엇인가? 아주 간단한 계산법이다. 튜링기계가 간단했듯이. 그리고 튜링기계를 실현해준 부울 논리가 간단했듯이. 너무나 단순한 계산법이다.

람다식을 만들고 계산하는 법을 그림으로 표현할 수 있다. 부울 논리를 스위치로 그릴 수 있었듯이.

람다식은 눈사람과 구슬로 만든다. 모든 눈사람은 색이 다르다. 눈사람은 구슬의 색으로 자기 구슬을 구분한다. 눈사람은 구슬을 품을 수도 있고 또 다른 눈사람을 품을 수도 있다. 예를 들어, 두 개의 눈사람이 나란히 있는 람다식은 다음과 같다.

파란 눈사람은 자기 안에 검은 눈사람을 품고 있고, 이 검은 눈사람은 다시 파란 구슬과 검은 구슬을 나란히 품고 있다. 붉은색 눈사람은 붉은 구슬을 하나 품고 있다.

람다식의 계산은 눈사람이 포옹하며 녹는 과정이다. 포옹은 항상 나란히 있는 둘이 하는데, 왼편은 눈사람이어야 한다. 오른편은 눈사람이거나 혹은 구슬이면 된다. 왼편의 눈사람이 그 오른쪽을 안는다. 눈사람은 안으면서 녹는다. 눈사람은 자기 안의 자기 구슬을 안아 온 것으로 바꾼다. 그러면서 눈사람의 겉이 녹아 없어지고 안의 것이 바깥으로 드러난다.

위의 눈사람은 그래서 다음과 같이 변해간다. 파란 눈사람이 붉은 눈사람을 포옹하며 녹는다. 그래서 자기 안의 검은 눈사람이 드러난다. 자기 구슬이었던 파란 구슬은 안겨온 붉은 눈사람으로 바뀐다.

이제 한 번 더 포옹이 가능하다. 포옹할 수 있는 나란한 두 개는 검은 눈사람 안에 있다.

왼쪽 눈사람이 구슬을 안는다. 자기 구슬이었던 붉은 구슬을 검은 구슬로 바꾸고 녹는다. 그래서 검은 눈사람은 자기 속에 검은 구슬을 하나 가진 눈사람으로 바뀐다.

눈사람은 여기서 '계산'(포옹)을 멈춘다. 이제는 포옹할 수 있는 나란한 둘이 없기 때문이다.

눈사람은 청개구리 카멜레온이다. 포옹 전에 모든 눈사람은 다른 색이다. 만일 포옹 후 같은 색의 눈사람이 생기면 즉각 자기 고유의 색깔로 변한다. 예를 들어, 포옹 전에 다음과 같다면 파란 눈사람 안의 검은 눈사람은 저 바깥의 검은 구슬과 색이 겹친다.

다음과 같이 고유한 색으로 바꾼 후

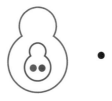

포옹한다. 그래서 포옹 결과는 다음이 된다.

이게 람다 계산법의 전부다.

이렇게 간단한 계산법으로 모든 기계적 계산을 할 수 있다. 튜링기계와 똑같은 표현력을 가지고 있다. 튜링기계도 간단했으므로 그리 놀랄 만하지는 않을 것이다. 눈사람으로 자연수나 참 거짓을 표현할 수 있고, 사칙

연산, 조건문('…이면 …하고 아니면 …하라'는), 반복문('…인 동안 …를 반복하라'는)을 표현할 수 있고, 임의의 데이터 구조물을 표현할 수 있다.

람다식을 글자로 쓰면 어떻게 그런지 설명하기 편하다. 눈사람 그림 대신 글자로 표현하면 이렇다. 람다식은 세 가지 방식으로 쓴다.

x	구슬(색깔 대신 이름 x)
$\lambda x.E_1$	눈사람(색깔은 x)
$E_2\ E_3$	나란히 있기

위에서 E_i는 람다식이다. 즉, 임의의 람다식으로 람다식을 조립하게 된다.

예를 들어 다음과 같은 눈사람을

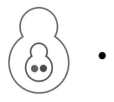

글자로 쓰면(경계는 괄호로 표시) 아래와 같다.

$$(\lambda x.(\lambda y.xy))z$$

$\lambda x.(\lambda y.xy)$는 파란 눈사람이고, 그 안의 $\lambda y.xy$는 빨간 눈사람, x는 파란 구슬, y는 빨간 구슬, z는 검은 구슬이다.

글자로 쓴 람다식이 계산되는 방식은 람다식을 다른 람다식으로 다시쓰기(눈사람이 포옹하며 겉이 녹고 속이 드러나기)다. 다시쓰기(포옹하기)는 람다식 중에

$$(\lambda x.E)E' \quad \text{(왼쪽에 눈사람, 오른쪽에 나란히 있는 } E')$$

이 있으면 λx를 떼어내고(겉이 녹고) E 안에 있는 x가 E'으로 바뀌는 것이다.

이것이 글자로 쓴 람다식을 계산하는 한 스텝이다. 람다식 계산의 한 스텝을 화살표 →로 표현하겠다. 화살표 위에 별을 붙이면 $\xrightarrow{*}$는 여러 번의 계산 스텝을 뜻하기로 하자.

예를 들어 다음의 계산 예를 보자

$$(\lambda x.(\lambda y.xy))z \rightarrow \lambda y.zy$$

눈사람 $\lambda x.(\lambda y.xy)$ 오른쪽에 z가 있다. 눈사람이 z를 포옹하며 λx를 떼어내면서(겉이 녹으면서) $\lambda y.xy$ 안의 x가 z로 바뀐 것이다.

람다식 $\lambda x.E$는 함수로 볼 수 있고(x는 함수의 인자 이름, E는 함수의 내용), 다시쓰기(포옹하기)는 함수가 인자를 받아서 함수의 내용을 실행하는(드러내는) 것으로 볼 수 있다. 중고등학교 때의 함수와 다른 점은 인자로 주는 것이 어떤 구체적인 값이 아니고 또 다른 람다식이라는 점이다. 아무튼 우리가 중고등학교 때 함수를 표기하는 방식과 비교하면, (제곱하는 연산자가 람다식에 있다고 하자) x^2을 $\lambda x.x^2$으로 적는 셈이다.

▲ ....

이제, 이 간단한 방식으로 컴퓨터로 돌릴 수 있는 모든 것을 표현할 수 있는데, 어떻게 그런지 예를 들어 보자.

숫자 계산을 우선 알아보자. 자연수 k는 다음과 같은 람다식 $\underline{k}$로 표현한다.

$$\underline{0} = \lambda s.(\lambda z.z)$$

$$\underline{1} = \lambda s.(\lambda z.sz)$$

$$\underline{2} = \lambda s.(\lambda z.s(sz))$$

$$\underline{3} = \lambda s.(\lambda z.\underbrace{s(s(sz))}_{3})$$

$$\vdots$$

표현하고자 하는 자연수만큼 s를 쌓아놓은 모습이다.

위의 각각을 눈사람으로 그리면 이렇다.

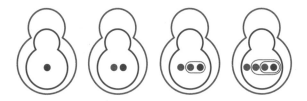

그래서 자연수 k를 표현하는 눈사람 $\underline{k}$가 구슬 f와 a를 포옹하는(→) 과정
을 보면 다음과 같다.

$$\underline{0}fa = (\lambda s.(\lambda z.z))fa \qquad \rightarrow \quad (\lambda z.z)a \qquad \rightarrow \quad a$$

$$\underline{1}fa = (\lambda s.(\lambda z.sz))fa \qquad \rightarrow \quad (\lambda z.fz)a \qquad \rightarrow \quad fa$$

$$\underline{2}fa = (\lambda s.(\lambda z.s(sz)))fa \qquad \rightarrow \quad (\lambda z.f(fz))a \quad \rightarrow \quad f(fa)$$

$$\underline{3}fa = (\lambda s.(\lambda z.s(s(sz))))fa \rightarrow \quad (\lambda z.f(f(fz)))a \rightarrow \underbrace{f(f(fa))}_{3}$$

$$\vdots$$

즉, 자연수 람다식 $\underline{k}$는 인자 두 개를 받으면 두 번째 인자 위에 첫 번째 인
자를 k번 쌓는다. 처음과 마지막 경우를 눈사람 그림으로 다시 표현하면

이렇다.

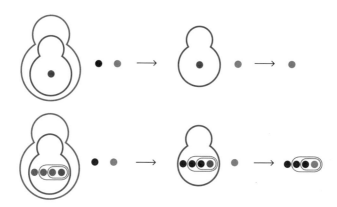

사칙연산은 이렇게 자연수를 표현하는 방식과 짝짜꿍이 맞도록 정의하면 된다. 더하기에 해당하는 람다식 ±는 다음과 같다. 더할 자연수 람다식 두 개(n과 m)에 대하여

$$\pm nm = \lambda s.(\lambda z. n s (m s z))$$

으로 정의된다. 눈사람 그림으로는 이렇다. (눈사람 안의 n과 m도 눈사람이어야 하는데 생략했다.)

예를 들어 2 + 3에 해당하는 것이 ±2̲3̲인데, 다시쓰기를 진행하면

$$\underline{+}\,\underline{2}\,\underline{3} \;=\; \lambda s.(\lambda z.\underline{2}\,s\,(\underline{3}\,s\,z))$$

$$\xrightarrow{\cdot} \;\lambda s.(\lambda z.s(s(\underline{3}\,s\,z))) \qquad (\underline{2}\,s\,\bullet \xrightarrow{\cdot} s(s\bullet)\text{이므로})$$

$$\xrightarrow{\cdot} \;\lambda s.(\lambda z.s(s(s(s(sz))))) \qquad (\underline{3}\,s\,\bullet \xrightarrow{\cdot} s(s(s\bullet))\text{이므로})$$

$$=\; \underline{5}$$

5에 해당하는 람다식이 나온다. $\underline{2}$가 녹는 과정은 눈사람 그림으로는 이렇다.

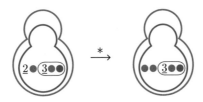

곱하기에 해당하는 람다식 $\underline{\times}$도 곱할 자연수 람다식 두 개(n과 m)에 대하여

$$\underline{\times}\,n\,m \;=\; \lambda s.(\lambda z.n\,(m\,s)\,z)$$

으로 정의된다. 눈사람 그림으로는 이렇다.

n과 m에 각각 자연수를 표현하는 람다식을 넣고 람다 계산을 하면 두 자연수의 곱을 표현하는 람다식이 결과로 나온다.

또, 참(T, *true*)과 거짓(F, *false*)도 람다식으로 표현하면

$$\underline{T} = \lambda x.(\lambda y.x) \quad \underline{F} = \lambda x.(\lambda y.y)$$

이다. 두 개의 세계(x와 y)에서 각각 하나씩을 선택하는 꼴이다. 눈사람 그림으로는 각각 이렇다.

그러면, 부울 논리에서 그리고*and* 연산자에 해당하는 람다식 *and*는 참이거나 거짓인 람다식을 나란히 받아

$$\underline{and} \, a \, b = a \, b \, \underline{F}$$

로 정의하면 짝짜꿍이 맞는다. 예를 하나 확인해 보자

$$\underline{and} \, \underline{T} \, \underline{T} = \underline{T} \, \underline{T} \, \underline{F}$$
$$= (\lambda x.(\lambda y.x)) \underline{T} \, \underline{F}$$
$$\rightarrow (\lambda y.\underline{T}) \underline{F}$$
$$\rightarrow \underline{T}$$

0인지를 묻는 함수 zero?에 해당하는 람다식 <u>zero?</u>는 자연수 람다식 n을 받아서

$$\underline{\text{zero?}}\, n \;=\; n(\lambda x.\underline{F})\underline{T}$$

로 정의하면 짝짜꿍이 맞는다. 한 예를 확인해 보자.

$$
\begin{aligned}
\underline{\text{zero?}}\, \underline{2} \;&=\; \underline{2}(\lambda x.\underline{F})\underline{T}\\
&\to\; (\lambda x.\underline{F})((\lambda x.\underline{F})\underline{T})\\
&\to\; \underline{F}
\end{aligned}
$$

또, 어떤 식을 계속 반복시키는 것도 람다식으로 표현할 수 있다. 예를 들어 다음의 람다식을 이용한다.

$$\lambda f.(\lambda x.f(xx))(\lambda x.f(xx))$$

반복시키고 싶은 식을 E라고 하면, 위의 눈사람이 E를 안으면

$$
\begin{aligned}
&(\lambda f.(\lambda x.f(xx))(\lambda x.f(xx)))E\\
\to\;& (\lambda x.E(xx))(\lambda x.E(xx))\\
\to\;& E((\lambda x.E(xx))(\lambda x.E(xx)))\\
\to\;& E(E((\lambda x.E(xx))(\lambda x.E(xx))))\\
\to\;& E(E(E((\lambda x.E(xx))(\lambda x.E(xx)))))\\
&\qquad\vdots
\end{aligned}
$$

한없이 E를 반복해서 뽑어낼 수 있다. 반복은 이전 결과를 받아서 같은 과정을 되풀이하는 것이다. 위에서 반복해서 쌓이는 '$E(E(E\cdots))$'가 바로 이런 상황을 연출한다. E가 반복할 과정이면, 안에서 하고 난 것을 받아서 바깥에서 같은 것을 반복한다.

컴퓨터에서 하는 다른 모든 계산도 이렇게 눈사람(람다식)으로 표현할 수 있다.

람다식은 튜링기계와 그 계산 능력이 정확하게 같다. 튜링기계로 계산할 수 있는 것은 모두 람다식으로 계산할 수 있고, 람다식으로 계산할 수 있으면 모두 튜링기계로 계산할 수 있다. 두 개가 정확하게 같은 범주의 '기계적인 계산'을 정의하는 방법인 것이다.

논리는 언어의 거울

람다 계산법의 관점은 프로그래밍에 관한 놀라운 사실을 밝혀준다.

컴퓨터 세계에서 언어와 논리는 동전의 양면일 뿐, 같은 것이다

언어로 짠 프로그램과 논리로 짠 증명이 일대일 대응된다는 것이다. 프로그램을 짠다는 게 증명하기이고, 증명하기라는 게 프로그램 짜기라는, 프로그램과 증명은 서로를 비추는 거울이란 것이다.

컴퓨터 프로그램 짜기가 수학 시간의 증명하기와 같다는 데 너무 어려워 말자. 수학에서 맞는 증명은 논리적으로 허점이 없는 증명이다. 컴퓨터에서 맞게 잘 도는 프로그램은 틀린 빈틈이 없이 짜인 프로그램이다.

프로그램과 증명의 대응 관계를 조금 구체적으로 그러나 쉽게 스케치해보면 이렇다. 증명하기가 뭔가? 논리적으로 따지는 과정이다. 따지는 과정이란 뭔가? 논리적인 비약 없이 새로운 사실을 확인해가는 과정이다. 명백한 사실이거나 가정들로부터 시작해서 새로운 사실을 끄집어내는데, 이 과정에서 근거 없는 건너뛰기는 없다. 논리적으로 누구나 수긍하는 추론의 징검다리를 밟고 가는 과정만 있다. 프로그램 짜기도 이렇게 논리적으로 따지는 과정의 연속이다. 프로그램 짜기와 증명하기는 고스란히 서로 대응된다. 아래를 보자.

증명하기	⟷	프로그램 짜기
"논리적인 비약 없이 새로운 사실을 확인해 가는 과정이다."	⟷	공짜 없이 새로운 데이터를 만들어 가는 과정이다.
"참인 사실 혹은 사실이라고 가정한 것들로부터 시작한다."	⟷	기초적인 데이터에서부터 시작한다. 기초적인 데이터는 프로그래밍 언어에서 기본적으로 제공하는 종류의 것들이다. 정수, 문자, 참 거짓 등.
"사실을 기반으로 해서 새로운 사실들을 만들어 간다."	⟷	이미 만든 데이터를 가지고 새로운 데이터들을 만들어 간다.
"만들어 가는 과정은 근거 없는 건너뛰기 없이, 논리적으로 누구나 수긍하는 추론의 징검다리를 밟고 가는 과정만 있다."	⟷	새 데이터를 만드는 과정은 공짜가 없다. 사용하는 프로그래밍 언어에서 제공하는 프로그램 조립 방식을 써서 만든다.

그렇다면 과연 어떻게 프로그램 조립 방법들이 논리적인 추론의 징검다리와 일치하는 걸까? 우선 '논리추론의 징검다리'가 무엇을 말하는지 명확히 한 후에, 그것들이 프로그램 조립 방법과 어떻게 일치하는지 구경 가보자.

추론의 징검다리

논리적인 징검다리란, 알고 있는 사실에서 새로운 사실을 유도하는 틀림 없는 방법들이다. 대표적인 징검다리들은 다음과 같다.

- A가 사실이고 B가 사실이면, 'A그리고B'($A \wedge B$)도 사실이다. 이 징 검다리를 그림으로는 분자 분모로 표현한다. 분자에는 알려진 사 실들을 놓고 분모에는 유도한 새로운 사실을 놓는다.

$$\frac{A \quad B}{A \wedge B}$$

- 'A그리고B'가 사실이면 A도 사실이고 B도 사실이다.

$$\frac{A \wedge B}{A} \qquad \frac{A \wedge B}{B}$$

- A가 사실이라는 가정하에 B가 사실이면, 'A이면B'($A \Rightarrow B$)도 사실 이다. 가정한 것 위에는 윗줄을 긋는다. $\overline{A}$ 같이. 분자 부분이 비어 있는 모습이라고 봐도 될 것이다. 그리고 논리적인 징검다리를 타 고 유도되는 과정을 : 로 표현한다.

$$\frac{\begin{array}{c} \overline{A} \\ \vdots \\ B \end{array}}{A \Rightarrow B}$$

- 'A이면B'가 사실이고 A가 사실이면, B가 사실이다

$$\frac{A \Rightarrow B \quad A}{B}$$

- A가 사실이면, 임의의 B에 대해서 'A또는B'($A \vee B$)도 사실이고 'B

또는 A'($B \vee A$)도 사실이다.

$$\frac{A}{A \vee B} \qquad \frac{A}{B \vee A}$$

- 'A또는B'가 사실이고, A 가정하에 C가 사실이고, B 가정하에서도 C가 사실이면, 그러면 C도 사실이다.

$$\frac{A \vee B \quad \overset{\overline{A}}{\underset{C}{\vdots}} \quad \overset{\overline{B}}{\underset{C}{\vdots}}}{C}$$

이런 논리적인 징검다리만을 이용해서 새로운 사실이 만들어지는데, 이게 논리에서 새로운 사실을 증명하는 과정인 것이다.

⚠ ....

증명에서 밟아간 추론의 징검다리들을 순서대로 조립하면 2차원의 구조물(증명나무 *proof tree*라고 부르는 것)이 만들어진다. 예를 들어 두 개의 가정

$$(A \Rightarrow B) \wedge (A \Rightarrow C) \text{와} \ A$$

로부터 새로운 사실

$$(A \Rightarrow B) \wedge (A \Rightarrow C) \Rightarrow (A \Rightarrow (B \wedge C))$$

를 증명한 증명나무는 다음과 같다.

$$\frac{\dfrac{\dfrac{\overline{(A \Rightarrow B) \wedge (A \Rightarrow C)}}{A \Rightarrow B} \quad \overline{A}}{B} \quad \dfrac{\dfrac{\overline{(A \Rightarrow B) \wedge (A \Rightarrow C)}}{A \Rightarrow C} \quad \overline{A}}{C}}{\dfrac{\dfrac{B \wedge C}{A \Rightarrow (B \wedge C)}}{(A \Rightarrow B) \wedge (A \Rightarrow C) \Rightarrow (A \Rightarrow (B \wedge C))}}$$

맨 위가 가정들이다.

$$\frac{\overline{(A \Rightarrow B) \wedge (A \Rightarrow C)}}{A \Rightarrow B} \quad \overline{A}}{B} \quad \frac{\overline{(A \Rightarrow B) \wedge (A \Rightarrow C)}}{A \Rightarrow C} \quad \overline{A}}{C}$$
$$\frac{B \wedge C}{A \Rightarrow (B \wedge C)}$$
$$(A \Rightarrow B) \wedge (A \Rightarrow C) \Rightarrow (A \Rightarrow (B \wedge C))$$

여기서부터 시작해서 추론의 징검다리를 딛고 새로운 사실들이 만들어
진다.

$$\frac{\overline{(A \Rightarrow B) \wedge (A \Rightarrow C)}}{A \Rightarrow B} \quad A}{B} \quad \frac{\overline{(A \Rightarrow B) \wedge (A \Rightarrow C)}}{A \Rightarrow C} \quad A}{C}$$
$$\frac{B \wedge C}{A \Rightarrow (B \wedge C)}$$
$$(A \Rightarrow B) \wedge (A \Rightarrow C) \Rightarrow (A \Rightarrow (B \wedge C))$$

징검다리의 분모가 또 다른 징검다리의 분자로 이용되며 차곡차곡 내려
온다.

$$\frac{(A \Rightarrow B) \wedge (A \Rightarrow C)}{A \Rightarrow B} \quad A}{B} \quad \frac{(A \Rightarrow B) \wedge (A \Rightarrow C)}{A \Rightarrow C} \quad A}{C}$$
$$\frac{B \wedge C}{A \Rightarrow (B \wedge C)}$$
$$(A \Rightarrow B) \wedge (A \Rightarrow C) \Rightarrow (A \Rightarrow (B \wedge C))$$

차곡차곡

$$\frac{(A \Rightarrow B) \wedge (A \Rightarrow C)}{A \Rightarrow B} \quad A}{B} \quad \frac{(A \Rightarrow B) \wedge (A \Rightarrow C)}{A \Rightarrow C} \quad A}{C}$$
$$\frac{B \wedge C}{A \Rightarrow (B \wedge C)}$$
$$(A \Rightarrow B) \wedge (A \Rightarrow C) \Rightarrow (A \Rightarrow (B \wedge C))$$

차곡차곡

$$\frac{\dfrac{\overline{(A \Rightarrow B) \land (A \Rightarrow C)}}{A \Rightarrow B} \quad \overline{A}}{B} \quad \dfrac{\dfrac{\overline{(A \Rightarrow B) \land (A \Rightarrow C)}}{A \Rightarrow C} \quad \overline{A}}{C}$$
$$\frac{B \land C}{A \Rightarrow (B \land C)}$$
$$(A \Rightarrow B) \land (A \Rightarrow C) \Rightarrow (A \Rightarrow (B \land C))$$

마지막으로 차곡차곡

$$\frac{\dfrac{\overline{(A \Rightarrow B) \land (A \Rightarrow C)}}{A \Rightarrow B} \quad \overline{A}}{B} \quad \dfrac{\dfrac{\overline{(A \Rightarrow B) \land (A \Rightarrow C)}}{A \Rightarrow C} \quad \overline{A}}{C}$$
$$\frac{B \land C}{A \Rightarrow (B \land C)}$$
$$(A \Rightarrow B) \land (A \Rightarrow C) \Rightarrow (A \Rightarrow (B \land C))$$

이렇게 켜켜이 쌓아 내려가서 최종적으로 우리가 결론 내리는 사실이 맨 아래 하나 놓인다.

$$\frac{\dfrac{\overline{(A \Rightarrow B) \land (A \Rightarrow C)}}{A \Rightarrow B} \quad \overline{A}}{B} \quad \dfrac{\dfrac{\overline{(A \Rightarrow B) \land (A \Rightarrow C)}}{A \Rightarrow C} \quad \overline{A}}{C}$$
$$\frac{B \land C}{A \Rightarrow (B \land C)}$$
$$(A \Rightarrow B) \land (A \Rightarrow C) \Rightarrow (A \Rightarrow (B \land C))$$

그 결론은 처음에 주어진 가정에서 논리적으로 유추된 사실이다.[11]

....▲

---

11 이런 설명은 만들어 놓은 증명나무를 검산하는 데 어울리는 설명이다. 만들어 놓은 증명나무는 이렇게 위에서부터 훑으면서 그 추론 과정이 맞게 되었는지 확인해 볼 수 있다.

그런데 증명나무를 만드는 과정은 대개 위아래 양방향에서 진행된다. 예를 들어 증명하려는 목표가 □₁⇒□₂ 꼴인 경우, 위에다 가정으로 □₁을 놓고, 여기서부터 어찌어찌 해서 아래쪽 결론으로 □₂를 증명하면 된다. 가정이 늘고 증명할 것이 줄었다. 그 사이의 '어찌어찌'는 줄어든 증명 목표 □₂의 생김새를 보고 같은 방식으로 위아래 사이를 메꿔간다. 이런 과정을 반복하면서 전체 증명나무를 만들게 된다.

증명하기는 프로그램 짜기

이제 이런 논리추론의 징검다리들이 프로그램의 조립 방법과 어떻게 일
대일로 대응하는지 보자.

서로가 서로의 거울임을 확인하려면 초점을 맞출 것이 있다. 추론의 징
검다리에서 사용하는 논리식($A, B, A \land B$ 등)은 컴퓨터 프로그램에서는 프로
그램이 만들어 내는 데이터의 종류에 맞춰진다. 이렇게 초점을 잡고 아래
의 설명을 보자.

논리추론의 징검다리	⟷	프로그램 조립 방법
"A가 사실이고 B가 사실이면, A그리고B는 사실이다." $$\frac{A \quad B}{A \land B}$$	⟷	프로그램에서 여러 데이터로 데이터 뭉치를 만드는 것에 해당한다. 특히 두 데이터로 데이터 짝을 만드는 것에 해당한다. A데이터가 있고 B데이터가 있으면 그 두 개를 짝으로 모을 수 있다. 프로그래밍 언어는 두 개의 데이터로 짝을 만드는 방법을 제공한다. 예: 아래는 괄호와 콤마로 짝을 만드는 프로그램을 보여준다. 두 종류의 데이터(문자열 "juliet"과 정수 16)로 짝을 만들고 lady라고 이름 붙이는 프로그램이다. `lady = ("juliet", 16)`
"A그리고B가 사실이면, A가 사실이고 B가 사실이다." $$\frac{A \land B}{A} \qquad \frac{A \land B}{B}$$	⟷	프로그램에서 데이터 뭉치를 사용하는 것에 해당한다. 특히 데이터 뭉치 안에 있는 데이터 하나를 꺼내오는 것에 해당한다.

A데이터와 B데이터를 짝으로 뭉친 데이터가 있으면 그 구성원 중 하나를 꺼내올 수 있다. 프로그래밍 언어는 그런 방법을 제공한다.

예: 앞의 프로그램 예에서 짝으로 만든 lady의 첫 번째 구성원(문자열 "juliet")을 가져오는 프로그램은 다음과 같이 적을 수 있다.

```
lady.first
```

두 번째 구성원(정수 16)을 가져오는 프로그램은 다음과 같을 것이다.

```
lady.second
```

"A가 사실이라는 가정하에 B가 사실이면, A이면 B가 사실이다."

$$\frac{\overline{A}}{\vdots}$$
$$\frac{B}{A \Rightarrow B}$$

⟷

프로그램에서 함수를 정의하는 것에 해당한다.

인자(A데이터)가 주어졌다고 가정하고 그것을 가지고 새로운 데이터(B데이터)를 만드는 프로그램이 함수 정의다. 프로그래밍 언어는 함수를 정의하는 방법을 제공한다.

예: 함수를 정의하는 아래 예를 보자.

```
pair(x) = (x-1, x+1)
```

인자 x로 정수(A데이터)가 들어온다고 가정하면, 그것을 가지고 정수 짝(B데이터)을 만드는 함수를 프로그램한 것이다.

"A이면B가 사실이고 A가 사실이면, B가 사실이다." ⟵ 프로그램에서 함수를 사용하는 것에 해당한다.

$$\frac{A \Rightarrow B \quad A}{B}$$

A데이터가 주어지면 B데이터를 만드는 함수가 있다고 하자. 이 함수에 A데이터의 값을 주면 그 함수는 B데이터 값을 만들게 된다.

프로그래밍 언어는 함수를 적용하는(데이터를 함수에 넘겨서 함수를 작동시키는) 방법을 제공한다.

예: 아래 프로그램은 함수 pair에 정수 3을 주어서 그 함수를 작동시키는 프로그램이다.

```
pair(3)
```

"A가 사실이면, 임의의 B에 대해서 A또는B와 B또는A가 사실이다." ⟵ 프로그램에서 데이터를 뭉뚱그리는 것에 해당한다.

$$\frac{A}{A \vee B} \qquad \frac{A}{B \vee A}$$

A데이터가 있으면 그 데이터를 A또는B 데이터라고 뭉뚱그리는 것이다. 예를 들어 프로그램에서 사과를 만들고 과일(사과 또는 배)이라고 뭉뚱그리는 것이다.

그래서 A또는B 데이터(과일) 속에는 A데이터(사과) 혹은 B데이터(배) 하나만을 갖고 있다.

프로그래밍 언어는 이런 뭉뚱그리는 방법을 제공한다.

"A또는B가 사실이고, A라는 가정하에 C가 사실이고, B라는 가정하에서도 C가 사실이면, ⟵ 프로그램에서 뭉뚱그린 데이터를 사용하는 것에 해당한다.

A또는B 데이터라고 뭉뚱그린 것이 있다. 그 뭉뚱그린 것이 A데이터일

그러면 *C*는 사실이다."

$$\cfrac{A \lor B \quad \cfrac{\overline{A}}{\vdots}{C} \quad \cfrac{\overline{B}}{\vdots}{C}}{C}$$

경우 *C*데이터를 만드는 프로그램이 있고, B데이터일 경우 *C*데이터를 만드는 프로그램이 있다면, 이 프로그램을 가지고 *A*또는*B* 데이터를 받아서 각 경우에 따라 *C*데이터를 만드는 프로그램을 만들 수 있다. 프로그래밍 언어는 이런 프로그램을 만드는 방법을 제공한다.

예: 아래는 사과나 배를 과일로 뭉뚱그린 데이터 x를 받아서 각 경우마다 잼을 만드는 프로그램이다.

```
case x of Apple => makeAppleJam(x)
        | Pear => makePearJam(x)
```

"가정은 언제나 가능하고, 가정한 것은 사실이라고 생각하고 증명한다."

$$\overline{A}$$

⟷ 프로그램에서 함수의 인자를 사용하는 것에 해당한다. 어떤 데이터가 있다고 가정하고 프로그램을 짤 수 있다. 그런 데이터를 인자로 받는 함수를 정의할 때 그렇다. 프로그래밍 언어는 함수의 인자에 이름을 붙이고 그 이름을 함수 내부에서 자유롭게 사용할 수 있게 한다.

이렇게 프로그래밍 언어에서 제공하는 것들이 하나같이 논리적인 추론의 징검다리와 일대일 대응한다. 프로그램 한 줄은 증명의 한 줄이었던 거고, 증명의 한 줄은 프로그램 한 줄인 것이다. 서로는 서로의 거울이다.

이 대응 관계를 밝힌 사람은 커리(Haskell Curry)와 하워드(William Howard)

다. 각각 1958년과 1969년이었다. 커리-하워드 동치*curry-howard isomorphism*라고 한다.

왜 이 대응 관계가 굳이 람다 중력권에서 드러난 걸까? 논리추론을 거울에 비췄을 때 드러나는 프로그램이 람다의 세계에서 다루는 상위 수준의 프로그램들과 주파수가 맞기 때문이다. 대응 관계를 설명하면서 예로든 프로그램들은 모두 람다식으로 자연스럽게 표현될 수 있는 것들이다. 반면에 프로그램을 기계에 전달하는 명령으로 바라보는 경우에는 그 대응 관계가 보기 쉽게 드러나진 않는다. 논리적인 증명이 기계에 전하는 명령과는 궁합이 맞지 않는 건 당연하다. 우리가 수학 증명을 읽을 때 기계에 전달하는 명령으로 읽었던가?

거울의 효능

> 거울은 이쪽을 빤히 보고 있다.
> 그것이 천사의 눈일까.
>
> — 김춘수, 〔거울〕

프로그램이 증명이고 증명이 프로그램이라는 거울 관계가 밝혀진 게 실질적으로 어떤 도움이 될까?

논리의 세계에서 중요한 것은 올바른 식을 쓰고 올바른 증명을 하는 것이다. 참인 논리식을 만드는 게 중요하고, 증명 과정에 오류가 없는 게 중요하다.

이것은 소프트웨어 제작에도 그대로 적용된다. 소프트웨어는 옳아야한다. 제대로 작동해야 하고 실수가 없어야 한다. 소프트웨어는 구체적인 실천이다. 사소한 실수도 고스란히 드러난다. 컴퓨터는 실행 중에 어김없이 그 실수를 그대로 드러내기 때문이다. 보편만능의 기계가 맹목적으로 실천할 프로그램, 올바르게 짤 방법은 무엇인가?

그래서 프로그래머*programmer, 프로그램 짜는 사람*는 프로그램을 짜기 전과 짜고 난 후 불안하다. 짜기 전에는 프로그램을 어떻게 구성해야 할지 긴장하고, 짜고 나서는 프로그램이 제대로 작동할지 불안하다.

논리 거울은 프로그래머의 이 두 불안을 다독여준다. 논리 세계의 성과가 불안을 달래는 처방으로 효과를 본다. 프로그램 작성 전에는 프로그램의 구도를 잡는 데 논리 쪽의 성과가 쓰이고, 프로그램 작성 후에는 프로그램이 무난히 실행될지 확인해주는 자동 도구를 만드는 데 힘을 발휘한다.

그리고 이런 기술 이전은 현재도 진행 중이다. 논리의 기술이 컴퓨터 프로그래밍의 단단한 신기술로 탈바꿈하면서 프로그래머들을 돕는 일이 반복되고 있다.

프로그래머의 두 가지 불안이 어떻게 논리 거울의 도움으로 다독여지는지 구경 가보자.

논리 거울, 짤 프로그램의 구도 잡기

소프트웨어를 만들기 전엔 구도를 우선 잡는다. 구도 잡기는 구상하고 기획하는 일이다. 속 내용은 나중으로 미루고 겉 구조의 얼개를 우선 잡는 것이다. 앞으로 만들어야 할 부품들은 뭐고, 이것들을 어떻게 짜맞추어 우리가 원하는 일을 하는 프로그램으로 만들지 계획하고 틀을 잡는 일이다. 크고 복잡한 소프트웨어일수록 얼개를 미리 잡는 것이 필요하다.

겉 얼개 표현방식: 타입

그렇다면 겉 얼개를 서술하는 방식으론 뭐가 좋을까? 프로그램의 '겉'이란 프로그램이 바깥에 내놓는 결과일 것이다. 따라서 프로그램의 겉 얼개는 그 프로그램이 최종적으로 내놓는 결과의 종류 정도가 적당할 것이다.

그렇다면 결과의 종류, 즉 데이터의 종류를 표현하는 데 충분한 서술 방식은 뭘까? 모든 데이터의 종류를 서술할 수 있는 충분한 표현력을 갖춘 게 필요하다.

이때 논리의 세계로부터 온 것을 차용한다. 논리에서는 참인 논리식 $proposition$이라는 것이고 이것을 프로그램 세계에서는 타입$type$이라고 부른다.

그 자초지종은 이렇다.[12] 논리에서 겉에 드러난 결론은, 참이라고 증명된 논리식이고, 감춰진 속은 그 논리식이 참인 이유를 밟아간 증명 내용이다. 이것을 언어와 논리의 대응관계에 비춰보자. 언어로 짠 프로그램은 논리추론 과정으로 만든 증명이다. 프로그램은 어떤 데이터를 만드는 경위이고, 증명은 어떤 논리식이 참임을 증명해 간 경위다. 프로그램에선 최종적으로 만드는 데이터의 종류가 있고, 증명에선 최종 결론에 해당하는 참인 논리식이 있다. 따라서, 데이터의 종류는 증명한 논리식에 대응한다.

그래서, 프로그램에 대응하는 증명이 결론 내린 논리식, 이에 대응하는 것을 프로그램 세계에 적용해서 프로그램 얼개를 표현하는 데 사용하면 된다. 이렇게 적용한 것이 프로그램 세계에서 타입$type$이라는 것이다.

---

[12] 사실 프로그램에서 '타입'은 프로그램의 얼개를 잡는 용도로 쓰이기 이전부터 사용돼 왔다. 예를 들어, 데이터를 메모리에 표현할 때 필요한 메모리의 크기를 컴퓨터에게 알려줄 때 타입이 사용됐다. 그러나 이러한 경우는 타입의 가능한 용도를 다 활용하지 못한 경우다.

그러므로 프로그램에서 타입은 프로그램이 최종적으로 만드는 데이터의 종류다. 프로그램이 그 데이터를 어떻게 만들어 내는지는 표현하고 있지 않다.

그리고 타입의 표현력은 충분하다. 모든 프로그램이 만드는 데이터 종류가 다 논리식에 대응하고, 논리식이 곧 타입이기 때문이다.

그래서 타입은 프로그램을 구성하는 모든 단위마다 그 속 내용을 감추는 서술 방식으로 충분하다. 프로그램을 구성하는 단위에는 여러 크기가 있다. 책으로 비유하면 단어, 문장, 단락, 장, 권, 전집 등등. 모든 단위마다 그 속 내용을 감추고 겉 얼개를 표현하는 데 타입이 쓰인다.

대응관계를 다시 정리해보고, 논리식에 대응해서 프로그램에서 고안된 타입이 어떻게 생겼는지 알아보자.

논리	⟷	언어
증명*proof*	⟷	프로그램*program*
증명은 어떤 논리식이 참임을 증명해 간 경위다.	⟷	프로그램은 어떤 데이터를 만드는 경위다.
증명은 결론에 해당하는 참인 논리식이 있다.	⟷	프로그램은 최종적으로 만드는 데이터의 종류가 있다.
증명한 논리식*proposition*	⟷	프로그램의 타입*type*

프로그램의 타입*type*이 논리식*proposition*과 대응해서 어떻게 표현하는지 예를 들어보자. 두 데이터의 타입이 *A*와 *B*라면, 그 두 데이터를 뭉쳐모아 짝

을 만들면 그 타입은 다음과 같이 쓴다.

$$A \times B$$

논리식으로 $A \wedge B$에 해당한다.

　A 타입의 데이터를 가지고 뭉뚱그려서 A 또는 B 타입의 데이터라고 하면, 그 타입은 아래와 같이 쓴다.

$$A + B$$

논리식에서 $A \vee B$에 해당한다.

　또, 어떤 함수의 인자가 A 타입이라는 가정하에, 그 함수가 B 타입의 데이터를 만든다면, 그 함수의 타입은 이렇게 쓴다.

$$A \longrightarrow B$$

논리식으로 $A \Rightarrow B$에 해당한다.

　프로그래밍 언어를 디자인할 때도 논리 시스템은 유용하다. 프로그래밍 언어에서 나타나는 타입들은 그 언어가 기대는 논리 시스템이 사용하는 논리식을 벗어날 수 없다. 다행히도 다양한 논리 시스템들이 논리학자들에 의해 이미 고안된 상태다. 그러다 보니 프로그래밍 언어를 디자인하는 사람들은 있는 논리 시스템에서 출발하거나, 모르고 출발했어도 만들어 놓은 언어를 논리 거울에 비춰 보면 대개 해당하는 논리 시스템이 이미 존재한다는 것을 발견한다. 논리 시스템에 비추면, 디자인하는 언어에서 빠뜨린 것이 있는 경우 드러나게 되고 채비를 정비하게 된다. 그렇게 프로그래밍 언어는 단단히 디자인되고 실제 세계의 초대형 소프트웨어

제작의 거친 파도를 편히 넘을 수 있는 든든한 전문적인 채비를 갖추게
된다.

아무튼 타입$_{type}$이 논리에서 온 사정은 그렇고, 타입으로 프로그램을 구
상하고 구도를 잡는 이야기를 하자. 타입들만으로, 하는 일의 얼개를 잡
고 짝짜꿍이 맞도록 프로그램 구도를 잡는 이야기다.

타입으로 프로그램 구도 잡기

타입은 일상 언어에서는 명사에 해당한다. 명사 중에서도 보통명사다.[14]
예를 들면 과일, 사과, 배, 부모, 아버지, 어머니, 결혼, 신랑, 신부, 사랑, 아
기, 공감, 가족 등등이다.

이제 타입(보통명사)만으로, 목표로 하는 대상을 만드는 각본을 짜보자.
알맹이는 미루고 겉 얼개만 잡는 일이다.

예를 들어 만들 것이 가족이라고 하자. 보통명사(타입)만으로 각본을 짜
면 이렇다. 따옴표 안이 보통명사다. '남자'와 '여자'가 결혼해서 '부부'를
만들고, '부부'가 '사랑'으로 '아기'를 만든다. 그렇게 만들어진 '부부'와
'아기'가 '가족'이다. 이렇게 보통명사(타입)만으로 가족을 만드는 얼개를
잡을 수 있다.

여기서 결혼하기, 사랑하기, 아기만들기는 함수다. 함수는 인자 타입과
결과 타입만으로 겉 얼개를 잡을 수 있다. 결혼하기는 '남자'와 '여자'를
받으면 '부부'를 내놓는 함수다.

결혼하기 : 남자 × 여자 → 부부

---

14 '보통명사'란, 사전에 따르면, '같거나 비슷한 사물에 두루 쓰이는 이름'이다. '사물'이 개념까지(추상명
사까지) 포함하는 것으로 생각하자.

부부 사이의 사랑하기는 '부부'를 받으면 '사랑'을 내놓는 함수다.

$$\text{사랑하기} : \text{부부} \;\rightarrow\; \text{사랑}$$

아기만들기는 '부부'와 부부 사이의 '사랑'을 받으면 '아기'를 내놓는 함수다.

$$\text{아기만들기} : \text{부부} \times \text{사랑} \;\rightarrow\; \text{아기}$$

이렇게 하는 것이 타입으로 프로그램을 기획해 보는 것이다. 가족만들기는 '남자'와 '여자'를 가지고 위의 각본 대로 결혼하기, 사랑하기, 아기만들기 함수들을 이용해서 '가족'을 내놓는 함수다.

$$\text{가족만들기} : \text{남자} \times \text{여자} \;\rightarrow\; \text{가족}$$

기획한 각본을 프로그램 같아 보이게 쓰면 아래와 같다. 이름 x와 y는 각각 여자와 남자 데이터에 붙인 이름이고, couple, love, baby는 각 함수가 내놓는 데이터에 붙인 이름이다.

```
가족만들기(x,y) =
  let couple = 결혼하기(x,y)        ('남자'와 '여자'가 '부부'를 만들고)
  let love = 사랑하기(couple)       ('부부'가 '사랑'을 만들고)
  let baby = 아기만들기(couple, love) ('부부'가 '사랑'으로 '아기'를 만들고)
    in (couple, baby)               (그런 '부부'와 '아기'가 '가족'이다)
```

겉 얼개를 이렇게 잡은 후 이제 속 내용을 메꾸려면 각 타입에 해당하는 것을(여자 x는 누구, 남자 y는 누구, 각 함수 - 결혼하기, 사랑하기, 아기만들기 - 는 무엇인지를) 만드는 구체적인 과정을 써야 한다. 그래서 겉 얼개의 속까지 모두 갖춰지면 프로그램이 완성된다. 이렇게 완성된 프로그램은 얼개대로 실행하면서 구체적인 결과를 만든다. 예를 들어 신부는 성춘향, 신랑은 이몽룡을 만들었다고 하자. 이 둘을 위의 가족만들기 함수에 넣어 '가족만들기(성춘향, 이몽룡)'를 실행시키면 결혼하기, 사랑하기, 아기만들기 함수가 작동하면서, 최종적으로 성춘향과 이몽룡 부부와 부부가 만든 아기로 구성된 가족이 만들어진다. 이것이 프로그램의 얼개를 잡고, 그 속 내용을 메꾸고, 완성된 프로그램을 돌리는 과정이다.

이제 이렇게 만든 프로그램이 무난히 실행될지 확인해주는 자동 도구를 만드는 데도 논리 거울이 다시 한번 힘이 된다. 다음 이야기다.

논리 거울, 짠 프로그램은 무난한가

이렇게 프로그램 구상을 마치고 속을 모두 메꿔서 프로그램을 완성했다고 해도, 프로그래머는 불안하다. 기획한 얼개에 따라 프로그램 속 내용을 잘 메꾸고 타입에 맞게 잘 조립한 걸까? 그래서 작성한 프로그램이 과연 제대로 작동할까? 천 페이지를 훌쩍 넘긴 프로그램. 대하소설보다 복잡한 흐름. 컴퓨터는 맹목적으로 내 프로그램의 모든 문장을 곧이곧대로 실천해 갈 것이다. 실수가 있다면 고스란히 드러낼 것이다. 내가 프로그램 어디에서 혹시 실수한 건 없을까?

이런 불안을 더는 기술은 인류의 모든 기술 발전에 늘 함께 했다. 왜냐하면 무언가를 만들 때 가장 기본적인 질문이, 우리가 만든 것이 우리가 의도한 대로 움직일 거라고 어떻게 미리 확인할 수 있는가? 이기 때문이다.

예를 들어 제대로 작동할지 미리 확인할 수 없는 기계 설계는 없다. 제대로 서 있을지를 미리 확인할 수 없는 건축 설계는 없다. 부작용 없이 작동하는 약일지 확인하는 과정 없이 시장에 나오는 약은 없다. 제대로 작동할지 미리 확인할 수 없는 금융 파생상품은 시장에 나와서는 안 된다. 디자인한 것들이 자연 세계에서 문제없이 작동할지를 미리 엄밀하게 확인하는 기술은 잘 발달해왔다. 뉴턴역학, 미적분 방정식, 유체역학, 통계역학 등이 그러한 기술이다. 컴퓨터 프로그램과 다른 점이라면 만든 것을 실행에 옮기는 도구가 컴퓨터가 아니라 자연이라는 사실이다. 그래서 자연법칙을 참조해서, 디자인한 것이 자연 속에서 잘 작동할지 미리 확인한다.

컴퓨터 소프트웨어에 대해서도 마찬가지다. 다음과 같이 대응하는 셈이다.

만든 것	프로그램	⟷	기계/건물/약물 디자인
실행기	컴퓨터	⟷	자연
바람	실행에 대해 미리 확인	⟷	작동에 대해 미리 확인
안심	"생각대로 돌 것이다"	⟷	"생각 대로 작동할 것이다"
확인 도구	컴퓨터과학의 성과	⟷	자연과학의 성과

프로그램에는 늘 프로그래머의 실수가 있고, 그 실수의 여파는 너무 커지고 있다. 이미 의료/교통/통신/에너지/국방/금융/복지 인프라는 컴퓨터로 운영하고, '지구=컴퓨터'라는 슬로건이 과장이 아닐 정도로 컴퓨터가 세상 구석구석을 운영하고 있는 상황이다.

프로그램 검진

논리와 언어가, 그리고 증명과 프로그램이 서로의 거울이란 것이 밝혀지면서 위의 불안을 좀 덜어주는 기술이 만들어진다. 프로그램이 무난히 실행될 수 있는지 미리 확인하는 기술이다.

그 기술 덕에 프로그램 짜기는 새로운 풍경을 그리게 된다. 좀 더 과학적인 색깔을 띠게 된다. 프로그램 짜기는 개인의 기예보다는 누구나의 기술로 한발 더 나아가게 된다. 개인의 기예에 의존하던 프로그램의 완성도는 누구나 할 수 있는 것으로 한발 더 접근하는 것이다. 이런 말이 있다. "예술은 동요시키고 과학은 안심시킨다." 조금은 안심하고 프로그램을 짤 수 있는 기술이 이 거울을 통해 탄생한다. 그리고 이 기술은 자동으로 작동하기 때문에 누구나 사용하는 기술이 되고 있다.

이 기술로 컴퓨터는 신중해진다. 컴퓨터는 주어진 소프트웨어를 맹목적으로 실행하지 않는다. 사람이 만든 소프트웨어를 컴퓨터가 면밀히 살펴서 문제가 없을지 확인한 후에만 실행하게 된다. 실행 중에 문제될 여지가 있다면 애초부터 실행을 하지 않는다.

이 검진 과정은 자동일 수 있다. 이 검진기를 또 다른 소프트웨어로 컴퓨터가 가지고 있게 된다. 실행할 소프트웨어가 메모리에 실리면 컴퓨터는 검진 소프트웨어를 돌려서 메모리에 올라온 소프트웨어가 무난히 실행될지 미리 점검한다. 문제가 생길 여지가 발견되면 문제점을 알린다. 프로그래머는 보고된 문제점이 없도록 소프트웨어를 바로잡고 다시 검진받는다. 컴퓨터는 검진을 통과한 소프트웨어만 실행한다.

자동 검진

자동 검진 기술이 가능한 경위는 이렇다.

우선 여기서 말하는 검진은 타입 검진*type checking*이다. 프로그램이 타입에 맞게 작동할지 미리 확인하는 과정이다. 타입에 맞지 않는 것이란 실행 중에 잘못된 값이 잘못된 계산 과정에 휩쓸리는 경우다. 프로그램은 타입으로 구도를 잡은 대로 작동해야 한다.

예를 들어 이전에 다룬 '결혼하기' 함수는 여자와 남자를 받는 타입이었다. 실제 실행 중에 그런가? 혹시 천만 라인의 어딘가에서 '결혼하기' 함수가 여자와 자동차를 받는 일이 있는 건 아닐까? 프로그램을 짜다 보면 이런 상황이 실행 중 발생할 수 있다는 사실을 지나쳐서 실수할 수 있다. '더하기'에는 숫자만 들어와야 하는데. '수력발전하기'에는 우라늄 대신에 물이 있어야 하는데. 타입에 맞게 데이터들이 흘러들어야 하는데, 실행 중에 어긋나는 경우가 없어야 한다.

타입에 맞지 않는 데이터가 흘러들어 오면 프로그램의 진행은 갑자기 멈추게 된다. 비행기 엔진에 기름 대신에 물이 흘러들면 엔진이 멈추고 비행기가 추락하듯이.

검진은 이런 잘못된 경우가 실행 중에 발생할지 미리 확인하는 기술이다. 타입대로 실행될지(실행이 '무난할지') 검진하는 것이다.

프로그램의 타입 검진이 가능하리라는 사실은, 논리에서 들려온 이런저런 소식들과 대응한다. 타입이라는 개념은 1900년대 초에 러셀(Bertrand Russell)에 의해 처음 등장한다. 수학에서 사용하는 논리를 엄밀히 정의하는 과정에서, 말도 안 되는 문장[14]을 걸러내기 위한 방법으로 제안된

---

14 "러셀의 역설"이라고 불린다. "나는 지금 거짓말을 하고 있다"는 논리적으로 난센스다. 그 문장 자체가 거짓인지 참인지 판단 불가능하다. 좀 더 수학적인 문장으로, "자기자신을 포함하지 않는 집합들"이란 논리 문장은 난센스다. 그런 집합을 모두 모은 집합을 S라고 할 때, S는 S의 원소인가? 아무 답도 할 수 없다. 원소려면 원소가 아니어야 하고, 원소가 아니면 원소여야 한다. 위와 같은 문장은 논리 문장으로 자격이 없다. 제외돼야 한다.

다. 처치(Alonzo Church)가 이런 타입의 아이디어를 람다 계산법에 적용해서, 다루고 싶지 않은 람다식을 걸러내는 데 처음으로 사용한다. 1970년 대까지는 이런 용도로 논리학자들만 이용하는 개념이었다. 논외로 하고 싶은 잘못된 논리식을 걸러내는 방법으로 논리 시스템에서 사용해 왔었다. 그러다 1970년대에 이르러서야 프로그래밍 언어 기술에 차용된다. 프로그램을 미리 검진해 주는, 잘못된 프로그램을 걸러낼 수 있는 프로그래밍 언어를 고안하는 데 타입이 차용되기 시작한 것이다.

더 똑똑한 자동 검진

프로그램의 타입 검진 중에 타입을 자동으로 유추하는 것도 가능해지는 데, 이것도 논리로부터 기술 이전이 이뤄진 결과다. 1950년대 말에 람다식의 타입을 자동으로 유추하는 방법이 논리학자들에 의해(1958년 커리(Curry)와 페이스(Feys)였다) 고안되었고, 1970년대 이후에 이 방법은 람다 계산법에 기초한 프로그래밍 언어에 적용되는 기술로 발전한다.

타입 자동 유추는, 프로그래머가 프로그램의 구석구석에 타입을 굳이 써넣지 않더라도 프로그램 전후 사정을 보고 그 타입을 자동으로 유추하는 기술이다. 상식적으로 봐도 가능할 것 같다. 예를 들어 다음 함수를 보자.

$$f(x) = x + 1$$

함수 $f(x)$가 타입에 맞게 실행될 수 있으려면 x는 숫자여야 한다. +1을 통해서 유추할 수 있다. 다른 예로

$$sum(f) = f(0) + f(1)$$

라면, 함수 *sum*이 타입에 맞게 실행될 수 있으려면 *f*는 함수여야 하고 숫자를 받아서 숫자를 내놓는 함수여야 한다. 숫자 0과 1을 인자로 받고 결과를 + 하므로. 또 다른 예로,

$$무게(춘향이) + 무게(그네)$$

를 보면, 함수 '무게'는 인자 타입에 상관없이 작동할 수 있어야 하고, 결과로 숫자를 내놓아야 한다. 다른 타입의 인자(사람 '춘향이'와 물건 '그네')를 받고 두 결과를 +하므로.

이렇게 타입 자동 유추를 동반한 타입 검진 시스템을 '제대로' 갖춘 최초의 실용적인 프로그래밍 언어가 1980년대에 탄생한다. ML이라는 언어다. 로빈 밀너(Robin Milner)가 만들었고 그 공헌이 일부가 되어 1991년 튜링상을 받는다. 이 검진 기술은 프로그램에서 타입을 구석구석 명시하지 않아도 전후 문맥을 통해서 타입을 자동으로 유추하고, 그 타입대로 프로그램이 실행되는지 검진해 준다.

'제대로' 갖췄다는 의미는 이렇다. 검진 방법이 실용적이고 강력한 시스템으로 설 수 있으려면 다음의 질문에 답할 수 있어야 한다. 고안한 검진 방법을 믿어도 되는가? 무난하다고 검진된 프로그램이 실행 중에 문제를 일으키거나, 무난히 돌아갈 프로그램이 분명한 데도 검진을 통과하지 못하게 되면 어쩌나? 첫 번째 경우는 믿지 못할 검진과정이고, 두 번째 경우는 지나치게 깐깐한 검진과정이다. 믿지 못할 검진과정은 안전$_{sound}$하지 못하다고 하고, 너무 깐깐한 검진 과정은 완전$_{complete}$하지 못하다고 한다.[15]

---

15 'complete'는 '완벽'이 아니다. '빠뜨림이 없다'는 뜻일 뿐이다. 무난한 프로그램을 빠뜨리지 않고 모두 검진을 통과시킨다면 그 검진 과정은 완전$_{complete}$하다.

안전하면서 동시에 완전한 자동 검진 시스템은 일반적으로 불가능하다.[16] 그래서 실제에서는 이런저런 성질 중에서 선택하게 된다. 안전하기만 해도 되고, 완전하기만 해도 되고, 혹은 뒤죽박죽이어도(적당히 안전하거나 적당히 완전해도) 좋다면 그런 검진기를 선택해서 갖추게 된다.

밀너가 ML에 실현한 타입 검진 기술은 안전하면서 완전에 가까이 접근해 있다. 검진을 통과한 프로그램은 실행 중에 타입 오류가 없고, 타입 오류가 없는 프로그램 대부분이 검진을 통과한다.

이러한 자동 타입 검진 기술은 여러 변형을 거쳐서 다양한 언어들 (Haskell, OCaml, Scala, Java, Rust 등)에 도입되고 있고 당연한 기술이 되어가고 있다.

요약의 그물

앞서 살펴본 타입*type*을 계기로 소개할 만한 중심 개념이 하나 있다. 요약*abstraction*[17]이다.

타입을 통해서 우리는 프로그램 실행을 요약해서 바라보았다. 타입은 프로그램이 만들 데이터를 보통명사(예를 들어 '남자')로 요약한 것이었다. 실제로 만들어지는 각각의 구체적인 데이터(예를 들어 이몽룡)에 세밀하게 초점을 맞춘 것이 아니고, 데이터의 종류('남자')까지 만으로 초점을 가져간 것이 타입이었다.

사실 요약은 특별한 것이 아니다. 다른 모든 과학에서 복잡한 대상을 이해하려고 할 때 늘 동원하는 방법이다. 과학만이 아니다. 우리가 세상

---

16 만일 가능하다면, 그것을 이용해서 멈춤 문제*halting problem*를 풀 수 있게 된다.
17 'abstraction'을 '추상'으로 번역하는 경우가 흔한데, 전문용어로 사용되는 뜻을 가능한 한 쉽게 전달하려고 고민한 번역은 아니라고 본다. '요약'이 그 전문 의미에 맞고 더 쉬운 번역이다.

의 모든 것을 이해할 때 동원하는 것이 일종의 요약이다. 디테일을 한없이 파고들어야 정확한 이해가 가능하겠지만 필요한 수준에서 요약해 이해해도 충분하다. 예를 들어 세계지도는 해안선을 요약한 것이다. 파도치는 경계의 한없는 디테일(해변의 모래 알갱이, 모래 알갱이의 표면, 그 표면을 구성하는 분자, 그 속의 원자, 양자 등등)을 파고들어야 해안선이 정확하겠지만, 그럴 수도 없고 그럴 필요도 없다.

프로그램 검진도 그렇다. 항상 요약의 세계에서 검진한다. 프로그램 실행의 모든 디테일을 일일이 예상해서 검진하는 것은 비용이 너무 크기 때문이다. 프로그램이 반응할 외부 조건의 가짓수가 너무 많고, 프로그램이 실행하면서 컴퓨터 안에서 만드는 현상들이 너무 복잡하다. 이 모든 디테일을 정확히 예측하려 하면 기하급수로 많아지는 경우들*combinatorial explosion* 때문에 속수무책이다.

이때, 검진하고 싶은 성질에 맞춰서 다양한 요약의 세계로 들어간다. 타입으로 요약한 세계에서 검진하는 성질은 프로그램이 타입에 맞게 잘 실행될 것이냐 정도다. 타입은 프로그램의 실행 상황을 요약하는 한 방식일 뿐이다. 더 정교한 성질을 검진하고 싶다면 다르게 요약한 세계로 가야 한다. 예를 들어 다음 프로그램을 보자.

$$10 \times 무게(춘향이) + 8$$

무난히 타입에 맞게 실행될 프로그램인가? 그렇다. 타입으로 요약한 세계에서 확인해 보니 그렇다. 짝수를 계산할 프로그램인가? 그렇다. 짝수 – 홀수의 세계에서 확인해보니 그렇다. 양수를 계산할 프로그램인가? 그렇다. 숫자를 부호로 요약한 세계에서 확인해보니 그렇다. 100과 3000

사이의 숫자를 계산할 프로그램인가? 그렇다. 춘향이의 몸무게 구간은 10Kg과 200Kg 사이일 것이고, 구간으로 요약한 세계에서 확인해보니 그렇다.

이런 요약*abstraction*의 개념은 컴퓨터과학에서 여기저기 등장하는 무기다. 요약은 대상의 속 내용을 모두 드러내는 게 아니라, 그 속 내용을 모두 포섭하면서 간단하게 어림잡는*safe approximation* 것이다. 앞서의 예에서 타입이 그랬고, 짝수-홀수가 그랬고, 부호의 세계가 그랬고, 정수 구간의 세계가 그랬다. 요약의 그물은 복잡한 대상(예를 들어 프로그램의 실행)을 이해하고 확인하고 싶을 때 늘 동원하는 자연스런 지혜다.

이제 마지막으로, 새롭게 부상하고 있는 세 번째 프로그래밍 중력을 잠깐 살펴보고 언어와 논리 파트를 마치도록 하자.

데이터의 중력

튜링기계의 중력과 람다 계산법의 중력과는 다른 스타일의 프로그래밍 중력이 있다. 우리가 접근할 수 있는 데이터가 많아지면서 형성되고 있는, 새로 접근하는 혜성이랄까.

확률추론 프로그래밍*probabilistic programming*이다. 확률추론 프로그래밍은 관찰된 데이터로부터 그 원인을 가늠하는 프로그램을 짜는 것이다. 그 프로그램에는 우리가 사실로 알고 있는 인과관계를 쓴다. 그리고 수많은 데이터를 제공한다. 데이터는 우리가 관찰한 현상이다. 컴퓨터는 이 데이터로부터 우리가 명시한 인과관계를 거꾸로 거슬러, 가능성 높은 원인을 어림잡아 추측한다.

그래서 확률추론 프로그램이 하는 일이 앱덕*abduction, 원인 짐작하기*이라고 볼 수 있다. 앱덕이란 원인을 미뤄 짐작하는 것이다. 'A이면B'가 사실이고 B가 관찰되었다고 하자. 아마도 원인은 A일 것이다. 이렇게 현상의 까닭을 가늠하는 것이다. 추측뿐이다. 확실한 것일 수는 없다. A가 아닌 다른 이유 때문에 B가 관찰될 수도 있기 때문이다.

사실 앱덕은 우리가 늘 하는 추측이다. 우리는 흔히 드러난 현상들로부터 가장 그럴듯한 원인을 끌어내지 않던가. 예를 들어, 학생들이 실력 차가 나면(원인) 시험점수가 차이가 난다(결과)고 알고 있다. 사실이라고 간주하는 인과관계다. 이제 다양한 과목의 반복된 모의고사 점수(관찰된 데이터)가 알려져 있다. 이로부터 학생들의 실력 순위(원인)를 거꾸로 도출해볼 수 있다. 과목마다 또는 모의고사마다 서로 엎치락뒤치락하긴 하겠지만 데이터가 많아지면 학생들 실력의 순위를 어느 정도 믿을 만하게 가늠할 수 있다.

확률추론 프로그래밍은 튜링기계 중심이나 람다 계산법 중심의 프로그래밍과는 다른 모습이다. 딱 떨어지게 문제를 해결하는 스텝들로 명시되지는 않는다. 그 프로그램에는 우리가 가정하는 혹은 알고 있는 인과관계와 관찰된 사실들이 명시된다. 그러면 컴퓨터는 그럴듯한 원인들의 확률분포를 유추해서 내놓는다. 확실한 건 아니지만 가장 그럴듯한 원인을 드러낸다.

이 프로그래밍의 배경에는 충분히 많아지는 데이터와 충분히 저렴해지는 컴퓨터의 성능이 있다. 세상이 디지털화되면서 기하급수로 쏟아지며 고스란히 저장되는 데이터들. 이 많은 데이터로부터 현상의 경위를 객관적으로 계산할 수 있을 것이라는 꿈.

확률추론 프로그래밍은 누구나 하는 프로그래밍*citizen programming*(혹은, 대중

음악에 빗대어 '대중 프로그래밍')의 대부분이 되지 않을까? 우리가 일상에서 늘 하는 질문을 표현하는 프로그래밍이기 때문이다. 나타난 현상의 이유가 뭘까, 라는 질문들이다. "저런 말을 건네는 저 아이는 날 좋아하고 있는 걸까?" "내 마음이 어떻길래 이러는 걸까?" "이런 책들을 즐기는 나의 적성은 뭘까?" "이 스케치가 어떤 모양의 디자인을 염두에 둔 걸까?" "운동을 요만큼 하고 트윗을 이렇게 하는 그녀는 이 업무에 맞을까?"

물론 확률추론 프로그램의 결과는 추측일 뿐 사실이 아닐 수 있다. 그 프로그램에서 가정하는 인과관계 'A이면B'가 아예 틀렸거나, 관찰한 데이터 'B'가 어느 한쪽에 편중돼 있을 수 있기 때문이다.

어쨌든 우리가 일상적으로 하는 미뤄 짐작하기를 과학적으로 자동화하기. 여러 원인 중에서 가장 가능성 높은 원인을 자동으로 선별하기. 대량의 데이터가 이끄는 확률추론 프로그래밍*probabilistic programming*이라는 것이다.

05

___

그 도구의 응용

컴퓨터과학이 여는 세계

모든 도구가 인간의 능력을 확장시키는 힘이 있지만, 다양함과 규모 면에서 컴퓨터는 다른 도구를 능가한다. 보편만능의 기계*universal machine*답다.

컴퓨터 덕택에 인간의 능력은 세 갈래로 확장하고 있다. 인간의 지능이 확장하고 있고, 본능이 확장하고 있고, 현실이 확장하고 있다.

- 인간 지능의 확장.

  우리 지능은 컴퓨터와 팀이 되어 확장하고 있다. 컴퓨터가 인간의 지능적인 일을 대신하면서 우리는 우리 고유의 지능에 집중할 수 있게 되었고, 인간과 기계의 팀워크가 예전엔 상상할 수 없던 지능을 가능하게 하고 있다.

- 인간 본능의 확장.

  컴퓨터가 우리의 소통 본능과 놀기 본능을 북돋고 있다. 컴퓨터 덕택에 예전엔 상상할 수 없던 규모와 효율로 사람들과 소통할 수 있게 되었고 놀 수 있게 되었다.

- 인간 현실의 확장.

  컴퓨터 덕택에 우리의 시간과 공간을 제한하던 울타리가 무너지고 있다. '지금 여기' 함께 있어야만 진행할 수 있던 많은 일이 컴퓨터 덕택에 시공간의 제약 없이 가능하게 되었다.

그리하여 컴퓨터에게 주변의 많은 것을 맡기면서 우리의 능력은 확장하고 있다.

5.1 인간 지능의 확장

아직은 알 수 없다. 과연 컴퓨터라는 기계가 '지능'의 범주에 들어오는 모든 일을 해낼 수 있을지.

그런데, 점점 많은 분야에서 현재의 컴퓨터가 인간의 지능을 대체해왔다. 빨래하기, 전화 연결하기, 자동차나 비행기 운전하기, 체스 챔피언되기, 퀴즈 챔피언되기, 지식 탐색하기, 영화나 책 추천하기, 광고나 물건 팔기, 새로운 요리법 고안하기 등등. 아마도 인간은 지능적인 면에서도 기계에 압도 당할 것이다. 산업혁명 이후 물리적인 힘에서 인간이 기계에 압도 당했듯이.

그 추월 속도가 근본적으로 가속될 수도 있다. 현재의 컴퓨터 능력을 넘어서는 새로운 기계가 출현할 수 있기 때문이다. 아마도 인류는 지금의 자동계산 범주를 능가하는 기계 디자인을 곧 펼쳐 보일지도 모른다. 현재 컴퓨터의 한계는 튜링이 추측한 정의였을 뿐이다. 그 너머를 계산할 수 있는 자동기계가 출현하면 컴퓨터가 인간 지능을 추월하는 속도는 더욱 가속될 것이다.

고유 지능

컴퓨터 덕분에 우리는 점점 인간 고유의 지능에 집중하게 된다. 컴퓨터가 대신해줄 수 있는 일들이 많아지면서 인간 지능의 정의는 좁아지고 있다. 그러면서 우리는 인간에게 고유한 지능의 순도를 높여갈 것이다.

　문명 발전의 발자취는 지능이 필요한 일들을 기계에 맡겨간 과정이라고 할 수 있다. 기계에 대한 거부감은 항상 일시적이었을 뿐이다. 인간은 늘 능력이 커져가는 기계와 팀이 되어 상상 밖에 있던 일들을 이뤄가며 문명을 새롭게 연출해왔다.

- 초창기의 단순한 자동화
  세탁기나 상하수도 시설은 대단한 지능이 필요하진 않았던 자동화 기술이다. 증기기관이나 내연기관 자동차도 인력이나 동물의 힘을 활용했던 것을 자동화 한 것이다.

- 더 지능 있는 자동화
  초창기의 전화는 교환원의 수작업을 거쳐야 원하는 곳으로 연결할 수 있었다. 지금은 각 말단이 고유한 번호를 가지고 있고, 그 번호를 이용해 자동으로 전화를 걸 수 있다. 세탁기나 증기기관에 비해 더 수준 높은 지능이 필요한 자동화였다. 기차의 자동운전이나 로봇청소기도 상당한 지능이 자동화 된 것이다.

- 좀 더 지능 있는 자동화
  물리적인 궤도가 없는 비행기 조종이나 자동차 운전을 컴퓨터가 해낸다. 눈으로 보고 현재 상황을 판단하고 방향을 잡고 양보하고 진행하고 등등. 모든 판단은 이제는 기계가 사람만큼 할 수 있고, 사람보다 실수 없이 더 잘한다.

체스 챔피언은 딥블루(Deep Blue)라는 컴퓨터다. 1997년 5월 11일, 당시 러시아의 세계 체스 챔피언을 이겼다. 경우의 수를 따져보고 그 중에서 최적이라 판단되는 대응을 하기. 이런 일을 하는데 컴퓨터가 사람보다 더 빨리 더 많이 더 깊이 할 수 있게 되었다. 컴퓨터가 바둑 챔피언이 되는 것도 시간 문제일 것이다. 체스보다 경우의 수가 많지만, 컴퓨터가 바둑 9단보다 더 많이 더 깊이 더 빨리 파악할 수 있게 될 것이다. 당구 같은 게임도 기계가 챔피언이 되는 건 거의 확실하다. 필요한 시각 능력이 자동차 운전보다 간단하고, 당구공의 진행방향을 탐색하고 그중 최적의 것을 찾는 능력, 그리고 정교한 타격 능력 등은 모두 기계가 사람보다 더 잘할 것이다.

퀴즈쇼 챔피언도 왓슨(Watson)이라는 컴퓨터다. 2011년 2월 14일, 미국의 제퍼디!(Jeopardy!)라는 퀴즈 프로그램에 출전한 왓슨은 그때까지의 챔피언들을 상대로 승리했다. 의미심장한 질문에 답을 찾아야 하는데, 방대한 지식 중에서 질문에 맞는 답을 경쟁자보다 빨리 유추해 낼 수 있어야 한다. 컴퓨터가 사람보다 빨리 올바른 답을 찾아갈 수 있었다.

구글(Google)은 전세계 웹 페이지에 있는 거의 모든 정보를 가지고 있어서, 질문에 대한 답을 가지고 있는 웹 페이지를 신속히 찾아서 보여준다. 사람이 할 수 있는 스케일을 넘어서서 곧잘 내가 가장 보고 싶어 하는 페이지를 앞에 내놓곤 한다. 이 덕택에 필요한 모든 지식을 누구나 쉽게 인터넷 검색으로 얻을 수 있게 되었다.

시리(Siri)는 검색한 정보를 각색해서 내 맘에 쏙 들게 내놓는다. 내가 진정 원하는 것이 무엇인지를 아는 것 같이. 웹 페이지의 정보들을 정리해서 리포트로 만들어 내 놓는다. 구글이 단순히 웹 페이지를 보여주는 것과 또 다른 차원의 일을 하고 있다.

컴퓨터가 강의 조교나 교수보다 더 친절하고 정확하게 학생들의 컴퓨터 프로그램 숙제를 검토하고 틀린 곳을 어떻게 고쳐야 할지 힌트를 준다. 전세계 누구에게나 공개된 강의(Massive Open Online Course, MOOC)를 수강하는 수만 명의 학생들마다 개인 교사 수준의 깊이 있는 학습 지도를 해주는 소프트웨어가 출현하고 있다.

이제 사람의 지능은 몸에 담은 지식의 양도 아니고, 자동차 운전도 체스도 바둑도 퀴즈풀이도 인간 고유의 지능이 아니게 되었다.

그렇다면 아직 인간 고유의 영역으로 남아 있는 지능은 뭘까? 기계가 미처 도달 못한 지능의 영역은 어디일까? 더 나은 것을 상상할 수 있는 능력? 그래서 현재를 회의하고 의심하는 능력? 그래서 묻고 따져 나서는 능력? 다양한 지식을 버무려서 새로운 지식을 생산하는 능력? 관계없어 보이는 지식들 사이의 관련성을 창조하는 능력? 모르고 있다는 사실을 아는 능력? 알고 싶은 미지의 세계가 있음을 자각하는 능력? 그래서 질문하는 능력? 그 질문이 왜 중요한지 설명하고 설득하는 능력? 이런 게 우리가 상상할 수 있는 인간 고유의 지능일까. 확신할 수는 없지만 현재로서는 그래 보인다.

이렇게 좁혀지는 인간의 지능은 다르게는 축복이다. 기계에게 맡기지 못했던 일 때문에 바빠 억눌렸던 인간 고유의 지능이 깨어난다. 그러면서 컴퓨터와 인간은 각자 고유한 능력으로 콤비가 되어 예전엔 상상 못했던 일들을 성취해간다. 그렇게 인간의 지능은 기계와 팀이 되어 확장해간다.

지식 표현

소프트웨어는 지식 표현의 새로운 도구다. 지식 축적의 속도를 올려주는 도구다. 그렇게 쌓인 더 많은 지식에 기대 우리의 지능은 확장한다.

인류가 지식을 표현하는 방법은 도구에 맞춰 발전한다. 인류의 지식 표현 방법은 컴퓨터 이전까지는 크게 두 가지였다. 서술형(descriptive)이거나 방정식형(equational)이다. 문과식 혹은 이과식이다.

서술형

서술형 지식 표현의 도구는 언어다. 알아낸 대상을 말로 설명하고 분류하는 방법이다.

"코는 어금니보다 길어서 구부리고 펴는 것이 자벌레 같고, 코의 부리는 굼벵이 같으며, 코끝은 누에 등 같은데, 물건을 끼우는 것이 족집게 같아서 두루루 말아 입에 집어 넣는다."[1]

- 박지원,《열하일기》, 1780년

"해는 그 몸이 지구보다 여러 갑절 크고, 그 바탕은 불이며, 그 빛깔은 붉다.

---

1 《세계 최고의 여행기 열하일기(하)》. 고미숙. 북드라망. 2013. p.330.

바탕이 불로 된 까닭에 그 본성은 온난하고, 빛깔이 붉기 때문에 그 빛은 밝
다. 그 불꽃은 사방에 퍼져 환히 비치는데, 멀수록 점점 약해지지만, 그 거리
는 수천만 리에 이른다."[2]

– 홍대용, 《의산문답》, 1766년

"달이 가진, 매혹적인 둥근 기운은 지구까지 다다르고 지구의 물을 사로잡는
다. 달이 최고점을 지나 빠르게 날아갈 때, 그때 물이 같은 속도로 따라가지
못하면 바닷물은 열렬한 기운에 휩싸인 곳에선 서쪽으로 쏠리게 된다."[3]

– 케플러(Johannes Kepler), 《신 천문학(Astronomia nova)》, 1609년

방정식형

과학이 열리면서 새로운 지식 표현 방법이 나타났다. 방정식형 지식 표
현이다. 도구는 물론 수학이다. 수학이라는 도구로 지식을 표현하는 방
법이다.

$$F = G\frac{m_1 m_2}{r^2}$$ 어디나 있는 끄는 힘

$$E = mc^2$$ 질량은 에너지

$$\Phi(x) = \frac{1}{\sqrt{2\pi}\sigma} e^{-\frac{(x-\mu)^2}{2\sigma^2}}$$ 종 모양으로 분포하는 확률

$$dS \geq 0$$ 줄지 않는 무질서

$$x_{t+1} = kx_t(1 - x_t)$$ 카오스, 갑작스런 큰 변화

---

2 《임하경륜·의산문답》. 담헌 홍대용. 조일문 역. 건국대학교출판부, 1975. p.75.
3 en.wikipedia.org/wiki/Astronomia_nova. 번역: 이광근. 영문은 다음과 같다. "The sphere of the attractive virtue which is in the moon extends as far as the earth, and entices up the waters; but as the moon flies rapidly across the zenith, and the waters cannot follow so quickly, a flow of the ocean is occasioned in the torrid zone towards the westward."

$$H = -\sum_x p(x) \log p(x)$$ 정보량

$$\llbracket e \rrbracket = \bigsqcup_{i \geq 0} F^i(\bot)$$ 컴퓨터 프로그램의 의미

$$\alpha \circ F \sqsubseteq \hat{F} \circ \alpha$$ 꼼꼼한 프로그램 검진

$$\frac{\partial^2 u}{\partial t^2} = c^2 \frac{\partial^2 u}{\partial x^2}$$ 파동

$$i\hbar \frac{\partial}{\partial t} \Psi = \hat{H}\Psi$$ 물질은 파동

$$\rho\left(\frac{\partial v}{\partial t} + v \cdot \nabla v\right) = -\nabla p + \nabla \cdot T + f$$ 유체의 움직임

$$\frac{1}{2}\sigma^2 S^2 \frac{\partial^2 V}{\partial S^2} + rS \frac{\partial v}{\partial S} + \frac{\partial V}{\partial t} - rV = 0$$ 파생상품 가격의 변동

$$\nabla \cdot E = 0 \qquad \nabla \cdot H = 0$$

$$\nabla \times E = -\frac{1}{c}\frac{\partial H}{\partial t} \qquad \nabla \times H = \frac{1}{c}\frac{\partial E}{\partial t}$$ 하나로 춤추는 전기와 자기

계산형

이제 컴퓨터는 지식 표현 방법을 새롭게 하나 추가시켰다. 계산형 (computational) 지식 표현 방식이다. 소프트웨어로 표현하는 지식이다.

요즘 물리학자들은 물리 방정식을 주고받지 않는다. 컴퓨터 프로그램을 주고받는다. 현대 물리에서는 방정식을 손으로 푸는 것이 대개 불가능하다. 너무 복잡하기 때문이다. 순수 방정식의 답을 유도하는 것은 불가능하고, 대신에 답의 근사값을 컴퓨터로 계산한다.

물리학자들은 컴퓨터 프로그램을 통해서 새로운 실험 결과와 새로운 이론을 검증한다. 새로운 자연현상이 실험실에서 관찰되었다면 지금까지 입증된 이론에 맞는지 검증해야 하고, 마찬가지로 새로운 이론이 제안되었다면 실험에서 나온 결과가 그 이론으로부터 유도될 수 있는지 검증해야 한다. 그런데 이론에서 내놓는 방정식을 실험의 규모에 맞춰 세우고

그것을 수학적으로 손수 푸는 것은 너무 복잡해서 불가능하다. 대신 컴퓨터에 기댄다. 방정식대로 컴퓨터가 모든 상황을 계산하도록 해서, 실험에서 관찰한 결과가 컴퓨터가 이론에 따라 모사하는 자연현상과 일치하는지 확인한다. 이런 식으로 실험이 이론에 맞는지, 이론이 실험을 설명할 수 있는지를 검증한다. 이렇게 검증되지 않는 실험 결과나 이론은 받아들여지지 않는다.

이론으로부터 미래 상황을 예측하는 데도 컴퓨터가 동원된다. 이론으로부터 나온 방정식의 답(예측)을 손수 풀어낼 수가 없다. 방정식이 너무 복잡하고 규모가 크기 때문이다. 컴퓨터를 이용해서 방정식의 답을 근사적으로 계산한다. 이를 통해서 미래를 예측한다.

현대 물리학에서 손으로 풀 수 있는 방정식은 전체의 약 5% 미만일 것이라고 한다. 대부분의 경우, 수리적인 방식으로 풀 수 있는 방법이 없다. 컴퓨터 계산을 통해서 방정식 해답의 근사치를 계산하는 수밖에 없다.

수학자들도 그렇다. 이제는 수학의 증명은 수학자들이 손수 검증하기에는 너무 복잡하고 긴 경우가 많다. 컴퓨터는 그런 증명에 오류가 없는지 검산할 수 있을 정도가 되었다. 그래서 수학자들은 컴퓨터가 검산할 수 있는 증명을 주고받는다. 컴퓨터는 그 증명을 받아서 올바르게 되었는지 확인해준다. 예를 들어 1963년 증명 내용이 255쪽이나 되었던 파이트-톰프슨 정리(Feit-Thompson theorem)가 2013년에 컴퓨터가 검산할 수 있는 프로그램으로 변형되어 자동 검산을 마쳤다. 4색정리(4색문제, Four Color Theorem)의 증명도 2003년 컴퓨터가 검산할 수 있는 증명으로 변형되어 자동 검산을 마쳤다. 둘 다 Coq이라는 컴퓨터 언어로 증명이 표현되고 검산되었다. 또, 1998년 400년 만에 증명된 케플러 추측(Kepler conjecture)

의 증명을 2014년에 컴퓨터로 검산한 작업 등이 있다. 121쪽에 달하는 최초의 증명은 수학적으로 가장 복잡한 증명으로 알려져 있는데 1999년에 12명의 전문가들이 그 증명이 옳은지 확인하는 작업을 맡은 지 4년 후, 확실한 검산은 포기하지만 99% 맞는 것으로 결론 내리고 2005년 그 증명을 출판한다. 그 후 100% 검산을 컴퓨터에 맡겨서 확인하는 작업이 진행되었고, 2014년 8월 완성되었다.[4] Isabelle과 HOL이라는 컴퓨터 언어로 증명을 재작성해서 컴퓨터에게 검산을 맡겼고 성공한 것이다.

아래는 앞서 이야기한 파이트-톰프슨 정리의 증명을 컴퓨터 검산용으로 표현한 프로그램의 일부다.

```
Inductive in_image T R (D : T -> Type) (f : T -> R) (a : R) :=
 InImage (x : T) (x_in_D : D x) (a_is_fx : equal R a (f x)).

Inductive finite_of_order T (D : T -> Type) (n : natural) :=
 FiniteOfOrder (rank : T -> natural)
   (rank_injective : injective_in T natural D rank)
   (rank_onto :
      forall i, equivalent (less_than i n) (in_image T natural D rank i)).

(* Elementary group theory *)

Inductive group_axioms T (mul : T -> T -> T) (one : T) (inv : T -> T) :=
 GroupAxioms
   (associativity : forall x y z, equal T (mul x (mul y z)) (mul (mul x y) z))
   (left_identity : forall x,     equal T (mul one x) x)
   (left_inverse  : forall x,     equal T (mul (inv x) x) one).

Inductive group T mul one inv (G : T -> Type) :=
 Group
   (G_closed_under_mul : forall x y, G x -> G y -> G (mul x y))
   (one_in_G          : G one)
   (G_closed_under_inv : forall x, G x -> G (inv x)).

Inductive subgroup T mul one inv (H G : T -> Type) :=
 Subgroup
   (H_group   : group T mul one inv H)
   (H_subset_G : forall x, H x -> G x).

Inductive normal_subgroup T mul one inv (H G : T -> Type) :=
 NormalSubgroup
   (H_subgroup_G    : subgroup T mul one inv H G)
   (H_is_G_invariant : forall x y, H x -> G y -> H (mul (inv y) (mul x y))).
```

---

4 code.google.com/p/flyspeck

이렇게 컴퓨터로 자동 검산된 증명만 증명으로 주고받게 될 날도 머지않다. 수학자들뿐 아니라 컴퓨터과학자들도 이미 증명을 그렇게 확인하고 주고받고 있다.

소프트웨어가 지식 표현의 한 방식으로 자리 잡고 있는 세계. 컴퓨터가 연 세계다. 자연과학자와 수학자와 컴퓨터과학자들이 그 세계에 먼저 도착해 있다.

지식 생성

컴퓨터 덕택에 신속하게 발굴되고 있는 지식들이 있다. 컴퓨터가 결정적인 역할을 하는, 예전에는 만들기 어려웠던 지식들이다. 이런 새로운 지식들을 딛고 서면 주변을 볼 수 있는 시야는 더욱 넓어지고, 넓어진 경계에 포섭되는 새로운 지식에 기대 우리의 지능은 확장한다.

기계 학습

사람이 새로운 지식을 만드는 방법은 대체로 세 가지다. 모두 알고 있는 사실에서 새로운 지식을 이끌어낸다. 그 지식은 확실한 사실이거나 불확실하지만 그럴듯한 추측이다.

- 디덕^5 $\textit{deduction}$, 반드시 이끌기

'A이면B다'($A \Rightarrow B$)가 사실이고 A가 사실이면, B가 사실이다. 이런

---

5 대개 '연역'이라고 번역하지만 의미 전달이 어려운 소리일 뿐이다. 영어에서 온 '디덕'과 별반 다르지 않다. 그럴 바에야 운율도 맞출 겸 '-덕'으로 끝나는 영어를 소리 나는 대로 따왔다. 그래서 '디덕', '앱덕', '인덕'으로 했다.

유추가 디덕이다. 사실로부터 의심의 여지가 없는 사실을 유도한다. 틀림없는 사실이 만들어진다.

- 앱덕*abduction*, 원인 짐작하기

  'A이면B다'(A⇒B)가 사실이고 B가 사실이면, 아마도 A가 사실이다. 이런 유추를 앱덕이라고 한다. 추측이다. 확실한 것일 수는 없다. A가 아닌 다른 이유 때문에 B가 사실일 수 있기 때문이다.

- 인덕*induction*, 짐작해서 이끌기

  지금까지 관찰한 바, A일 때마다 B가 사실이면, 아마도 'A이면B다'(A⇒B)가 사실이다. 이렇게 일반화해서 추측하는 것을 인덕이라고 한다. 가늠뿐이다. 확실하지는 않다. 미래에 A이지만 B가 사실이 아닌 경우도 가능하기 때문이다.

기계 학습은 앱덕과 인덕에 대한 것이다. '아마도'가 낀다. 틀릴 수 있는 여지가 있다. 관찰한 데이터를 가지고 원인을 유추하거나 일반화하지만, 확실한 사실일 수는 없다.

앱덕

> 한 줄, 불같은 그리움으로
> 마른 몸뚱이를 던져놓고
> 필사적으로 가늠한다,
>
> – 윤중호, 〔거미는 평생 길을 만든다〕

앱덕은 우리가 자주 하는 추측 과정이다. 드러난 현상들로부터 가장 그럴듯한 원인을 우리가 흔히 끌어내지 않던가. 그는 친구가 많으며, 몸무게가 80킬로그램을 넘고, 30세 이하이고, 빚이 천만 원이 넘는다. 아마도 원인은 그가 대학 졸업 후 새로운 사업에 뛰어들었기 때문일 것이다. 아니면, 그가 절제력이 부족하기 때문일 것이다. 이렇게 일상에서 흔히 하는 짐작들이 모두 앱덕의 범주에 속한다. 또 다른 예는 이렇다. 사람은 매운 것을 먹으면 땀을 흘린다. 어떤 사람이 땀을 흘리고 있다. 그렇다면? 아마 그가 매운 것을 먹었기 때문일 것으로 추측한다. 틀릴 수도 있다. 땀을 흘리는 이유는 운동 직후이기 때문일 수도 있다.

앱덕이 지식 생성에 쓰이는 예는 이렇다. 전세계 국가대표 축구팀 간 경기의 결과가 쌓였다. 이 데이터로부터 각 팀의 실력순을 가늠할 수 있다. 이게 왜 앱덕인가? 실력이 $a > b$이면 a가 b를 이긴다(사실로 인정하는 인과관계, 이런 것을 '확률모델'이라고 한다). 그런데 거꾸로 지금까지 쌓인 엎치락 뒤치락 전적에서 실력의 순위를 추측하는 것이기 때문이다. 또 다른 예로, 페이스북이나 카카오톡에서 둘 사이에 주고받는 메시지가 쌓여있다. 저런 메시지를 내게 건네는 그가 나를 좋아하는 걸까? 좋아하는 사이라면 어떤 문자를 주고받는지 알려진 사실이 있다. 그런데 주고받은 문자를 통해서 좋아하는 사이인지를 역으로 짐작해본다. 앱덕이다.

앱덕은 관찰로부터 원인을 가늠하는 것이고, 여러 원인 중에 가장 가능성이 높은 원인을 찾는다. 원인 후보들마다 진짜 원인이었을 가능성을 가늠해서 결론을 내린다. 결과에서 원인을 가늠하는 기술이다.

앱덕*abduction* 과정의 기계 학습을 확률통계 방법론 위에 올려놓은 업적으로 유디아 펄(Judea Pearl)이 2011년 튜링상을 받는다. 펄은 이 분야를 꾸준히 이끌었다. 초창기 대다수의 인공지능 연구자들이 불확실한 사실보다는 디덕$_{deduction}$ 과정을 통한 확실한 사실들을 자동 유추하는 기술에 대부분 매달렸다. 이런 무관심을 극복하고 드디어는 빛을 본 것이다. 실용의 꽃은 확률로 가늠하는 앱덕 과정의 기계 학습이 먼저 피었다. 일상의 많은 학습과정을 이것으로 자동화할 수 있었다.

함정

물론 조심해야 한다. 앱덕 과정으로 나온 결과는 추측일 뿐 사실이 아니다. 우리가 가정하는 인과관계 'A이면B'가 틀렸을 수 있고, 관찰한 데이터 'B'가 어느 한쪽에 치우친 것일 수 있기 때문이다.

의외의 결과가 출현해서 세상을 뒤집는 경우가 많다. 의외였던 이유는 사실이라고 가정한 인과관계 'A이면B'가 틀렸거나 'B' 데이터와는 다른 특이한 데이터를 관찰 못하고 지나쳤기 때문이다.

앱덕 과정이 그런 예상 밖의 것을 예상할 수 있으려면 예상 밖의 드문 인과관계를 미리 알고 있어야 하고, 대량의 데이터에 숨은 미세한 의외의 데이터가 무시되지 말아야 한다. 앱덕만으로는 극복하기 어려울 수 있는 한계다.

인덕

특수는 사실이고
보편은 사실로 짜맞춘 헛것이란다
때로는
어거지란다

– 고은, [다시 은유로]

한편 인덕은 특수에서 보편으로 건너뛰는 것이다. 예를 들어 함수를 관찰해 봤더니 입력과 출력의 쌍들이 $(-1, 1)$, $(1, 1)$, $(4, 16)$, $(6, 36)$이었다. 그렇다면 그 함수는 제곱하는 함수인가보다, 라고 추측하는 것이다. 이런 일반화 과정은 앱덕이기도 하다. 그런 현상을 만들어 낸 원인은 아마도 그 함수가 제곱함수이기 때문일 것이다, 라고 추측하는 것이므로.

일상적인 예는 이렇다. 사람을 사귄다. 그 사람이 어떤 날씨에 어떤 음식을 즐기는지 겪는다. 이 경험에서 일반화된 지식을 만든다. 그 지식은 일종의 함수다. 날씨를 입력하면 그 사람이 즐기게 될 음식을 알려주는 함수. 이 함수는 정확하지 않을 수 있다. 처음 겪는 날씨에 그 함수가 알려주는 음식을 그 사람은 좋아하지 않을 수도 있다.

또 다른 예로, 사람이 사용하는 언어(자연어)들 사이의 자동 번역이 있다. 한국어 문장과 해당 영어 문장의 번역물들이 쌓인다. 이 많은 데이터로부터 인덕 과정으로 기계 학습한다. 이제 새로운 한국어 문장을 주면 영어 문장을 자동으로 내놓는다. 요즘 구글을 포함해서 대부분의 자연어 자동번역 서비스가 이러한 기계 학습 기술을 이용한다.

허들

모든 기계 학습에는 두 가지 허들이 있다. 이 허들을 넘는 기계 학습 방법을 찾아나서야 한다. 자연의 오묘한 현상이랄까. 이 현상을 넘지 못하고 유추하는 지식은 너무 오차가 커서 쓸모가 없어진다.

첫 번째 허들은 기계 학습에 필요한 데이터는 항상 부족하다는 사실이다. 학습을 더 잘하기 위해서 데이터를 여러 면에서 관찰하기로 하면 할수록 학습에 필요한 데이터의 개수는 기하급수로 늘어난다. 기하급수로 –

비현실적으로 급속하게 – 늘어나는 필요한 데이터를 확보하는 건 불가능하다. 부족한 데이터를 가지고도 똑똑하게 기계 학습하는 것이 관건이다.

두 번째 허들은 학습과정이 주어진 데이터에 너무 딱 맞춰지지 말아야 한다는 것이다. 결과가 오히려 좋지 않다. 그렇게 만들어진 지식이 오히려 진실과 멀어지는 경우가 많다. 알려진 입력에는 정답을 내지만 미래에 만나게 될 생소한 입력에는 좋지 않은 출력을 내게 된다. 인생에 이런 예는 많지 않던가. 학과 커리큘럼에 너무 딱 맞춰진 학생. 학과 성적이 완벽한 예술학도가 나중에 훌륭한 예술가로 크지 못하는.

일반적으로 기계학습은 다음의 기본적인 조건을 만족하면 좋다. 학습 결과의 정확도를 현실적인 계산 비용으로 관리할 수 있어야 한다는 상식적인 조건이다. 정확히는, 어떤 샘플들로 배우든 간에, 학습 결과의 정확도를 원하는 수준으로 늘 맞출 수 있어야 하고, 이때 샘플의 개수를 포함해서 필요한 모든 계산 비용이 현실적이어야 한다는 기준이다.

이런 조건을 컴퓨터과학과 통계의 개념을 동원해서 명확하게 정의한 것이 레즐리 밸리언트(Leslie Valiant)가 1984년 발표한 얼추거의맞기_PAC, probably approximately correct_ 학습 모델이다. 마치 튜링이 "기계적인 계산"을 튜링 기계로 명확히 정의했던 것과 유사하다. 현실적으로 가능한 "기계학습"이 뭔지를 정의한 것이다. 이런 명확한 정의가 있어야 기계학습이 어디까지 할 수 있는지 그 경계를 탐구할 수 있게 된다. 밸리언트는 이러한 기계학습의 이론적인 업적으로 2010년 튜링상(Turing Award)을 받는다.

밸리언트의 성과는 의미심장하다. 인덕_induction_은 우리가 일상에서 늘 하는 것이다. 그렇게 우리는 어느 정도 성공적으로 미래를 예측하며 살아간다. 의자를 몇 개 보면 뭐가 의자인지 알아채고, 비 오는 하늘을 몇 번 겪으면 뭐가 비구름인지 알아채고, 엄마의 말을 몇 번 들으면 말 만드는 법을 얼추 익힌다. 밸리언트가 정의한 "기계학습"이 우리가 하는 이런 신비로운 인덕을 과학의 영역으로 가져왔다고 할 수 있다.

아무튼 앱덕*abduction*이나 인덕*induction* 과정으로 생성하는 지식은 대용량의 컴퓨터와 대용량의 데이터 없이는 불가능했다. 앱덕 과정으로 하는 기계 학습의 경우 유추한 사실이 맞을 확률을 가늠한다. 이 가늠이 많은 계산을 필요로 한다. 컴퓨터가 없었을 때는 물론이고 성능이 따라주지 않았던 과거에는 현실적으로 불가능했다.

무지막지하게 좋아지면서도 값이 떨어지고 있는 컴퓨터 성능과 세상이 디지털화되면서 기하급수로 늘고 있는 데이터. 이 쌍두마차가 기계 학습을 실용적인 기술로 만들고 있다.

미더운 사이

우리가 사회에서 구축할 수 있는 미더운 사이(지식)도 이런 기계 학습을 통해서 급격히 확장되고 있다.

우리는 가족이나 친척, 고향 친구나 동창, 동네의 이웃들과는 미너운 사이를 쉽게 형성한다. 시공간을 오랫동안 공유하고 부대끼며 누가 믿을 만한지 잘 알게 됐기 때문이고, 상대의 믿음을 저버리면 모두가 알게 되어 사회생활이 어려워지는 위험을 서로 알고 있기 때문이다.

그래서 우리는 그런 미더운 사이끼리 같이 일하고, 같이 놀고, 같이 먹고, 같이 물건을 공유하고, 서로에게 호의를 베푼다. 그렇게 한 마을의 따뜻한 공동체로, 혹은 학교 / 직장 / 군대 / 동호회 선후배로 연대하며 이 세계를 헤쳐나가고 공생한다.

기계 학습 기술은 이런 미더운 사이를 더 넓은 세계의 모든 사람 사이로 확장시켜 준다. 서로 겪어본 경험이 없지만 미더운 정도를 가늠해서 알려준다. 인터넷에 남은 그 사람의 그동안의 행적으로부터 그 사람의 미더운 정도를 가늠해준다. 서로가 서로에게 남기는 추천이나 평가가 고스란히 데이터가 되어 미더운 정도를 가늠해준다. 앱덕*abduction* 과정이다.

그 결과에 기대어 우리는 생전 만난 적 없는 사람과 기꺼이 미더운 사이가 되어 가진 것을 공유하고 필요한 일을 맡긴다. 멀리서 온 사람에게 내 집의 빈방을 내주고, 내 차를 빌려주고, 중요한 일을 같이 한다. 거꾸로 내가 먼 외국에 나가서는 컴퓨터에게 추천 받은 미더운 사람에게서 그의 집을 빌리고 그의 자동차를 빌리고 그 사람의 업무에 깊이 관여한다.

완전한 타인이 없어지는 세상이다. 다양한 잣대로, 만난 적도 없는 사람들의 '명성'을 컴퓨터가 가늠해주고 우리가 쉽게 참고할 수 있게 되는 사회. 언제까지 건강하게 활동할지, 언제까지 무사고 운전할지, 약속을 지키는 신용도는 어느 정도인지, 내 성향에 맞게 일을 도와 줄 사람인지 등을 모두가 서로 알 수 있게 되는 세상.

물론 함정은 있다. 앱덕이라는 확률추론 기술로 컴퓨터가 가늠하는 명성은 억측일 수 있다. 사실이라고 가정한 인과관계와 접근가능한 한정된 데이터에만 기댄 짐작일 뿐이다.

> *떠나라*
> *그대 온갖 추억과 사전을 버리고*
> *빈주먹조차 버리고*
>
> *– 고은, 〔낯선 곳〕*

인간 유전자 염기서열

컴퓨터 없이는 불가능했던, 컴퓨터 덕에 알게 된 지식 중 하나로 인간 유전자 염기서열이 있다.

생물학에서 인간 유전자 염기서열은 궁극의 정보였다. 인간 유전자에는 약 30억 개의 글자로 이뤄진 실이 있다. 인간 유전자 염기서열이라고 한다. 심벌로 A,C,G,T라는 네 가지 염기들 30억 개가 줄지어 서있다. 30억 자는 보통 크기의 책으로 만권 정도 분량이다(책 한 권이 보통 30만 자 정도다. 300쪽에 쪽당 1000자(40자×25줄) 정도이므로). 이렇게 긴 염기서열이 사람마다 약간씩 다르고 이러한 차이가 개인의 생물적인 특징을 드러낸다. 사람의 생김새에서부터 오장육부의 특징 그리고 어쩌면 타고난 성격과 능력까지. 이 염기서열이 규명되어야 인간 유전자에 대한 연구를 본격적으로 할 수 있게 된다. 예를 들어 염기서열의 어느 부분이 인간의 어떤 면에 영향을 주는지를 연구할 수 있는 기초가 된다.

그래서 인간 게놈 프로젝트*human genome project*가 진행되었다. 그런데 30억 개 글자의 실을 규명하는데 컴퓨터 없이는 비용과 시간이 너무 많이 든다. 실험실에서 쓰는 기자재 한 개로는 30억 개의 염기 가닥 중 약 100여 개의 염기만을 판독할 수 있었다. 특별한 방법 없이는 약 3천만 번의 판독을 해야 전체를 알 수 있다. 더군다나 100여 개씩을 하나하나 판독할 수 있도록 유전자를 토막내면서 연결지점을 온전히 보존하기도 매우 어렵다.

이 문제를 컴퓨터를 이용해서 과감한 방식으로 해결할 수 있었다. 생각보다 빠른 시간 안에 프로젝트를 끝낼 수 있었는데, 그 방법은 산탄총 방식으로 염기서열을 재구성하는*shotgun sequencing* 기술이었다. 산탄총은 적당히 조준한 지점 주위로 여러 개의 탄알을 날려서 주변에 있을 사냥감을 운 좋게 맞추는 방식이다.

이 방식의 알고리즘은 이렇다. 유전자 실을 여러 개 복사한다. 이것들을 임의로 짧게 자른다. 같은 유전자 실 여러 개를 이렇게 잘랐으니 토막들은 서로 어느 정도 겹치게 될 것이다. 각 토막마다 기존의 방식대로 염기서열을 판독한다.

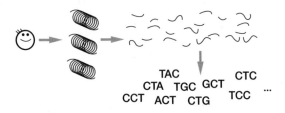

이제 컴퓨터가 동원된다. 이 수많은 염기서열 토막을 모두 모아서 하나의 실로 재구성해야 한다. 양 끝의 염기서열이 겹치는 토막을 차례로 찾아서 하나의 실로 재구성하는 일을 컴퓨터가 한다.

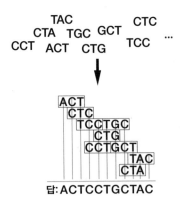

이 문제는 문자열 토막들이 주어졌을 때, 이 모두를 포함하는 가장 짧은

하나의 문자열을 찾는 문제가 된다. 이 문제를 다르게 보면 이미 알고 있던 '지도 위의 모든 도시를 한 번씩만 방문하는 여정 찾기'(hamiltonian path)' 문제와 같다. 어떻게 그런가? 각 문자열 토막을 지도 위의 도시라고 생각하고, 끝이 겹쳐서 손잡고 늘어놓을 수 있는 두 문자열들은 지도에서 직통도로로 연결된 두 도시라고 생각하자. 위의 예를 이런 지도로 표현하면 다음과 같다. 연결도로의 방향은 도착도시가 출발도시의 오른쪽에 연결될 수 있다는 뜻이다.

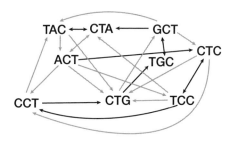

그러면, 전체 염기서열 찾기는 이런 지도에서 해밀턴 경로 찾기(앞 쪽 그림의 ACT에서 시작하는 짙은 길)와 같아진다. 해밀턴 경로를 따라 문자열 토막을 연속해서 읽으면 우리가 찾는 전체 염기서열이 되기 때문이다.

그런데 해밀턴 경로 찾기 문제는 NP-완전$_{NP\text{-}complete}$ 문제다. 즉, 현실적인 비용으로 해결하는 방법은 알려진 게 아직 없다. 그러나 많은 경우에, 적절한 통밥$_{heuristic}$으로 원하는 답을 현실적인 시간 안에 얻을 수 있다. 인간 염기서열을 재구성하는 문제도 그런 경우에 해당했다.

인간 뇌 뉴런 지도
인간 게놈 프로젝트와 비슷하지만 더 큰 생물 정보를 규명하는 프로젝트로 인간 커넥톰 프로젝트human connectome project, wired differently가 있다. 인간 뇌의 하드웨어 생김새를 규명하는 프로젝트다. 인간의 뇌에 있는 모든 뉴런의 연결 관계를 그리려는 프로젝트다.

인간 뇌는 약 1000억(10^{11}) 개의 뉴런들이 복잡하게 뭉쳐서 서로 연결되어 있는 어마어마한 밀림이다. 하나의 뉴런은 나뭇가지 같은 모습으로 뻗어 있고 각 뉴런은 많게는 만 개까지의 지점에서 다른 뉴런과 연결되어 있다. 이 모든 연결 관계를 하나하나 규명해서 인간 뇌 뉴런 지도를 완성하는 것이 인간 커넥톰 프로젝트다. 어느 부위는 어떤 모양으로 어떻게 연결되어 있는지. 약 500조 개의 연결점에서 서로 만나고 있는 1000억 개 뉴런의 연결 구조를 그려내는 것이다.

이 프로젝트는 컴퓨터 도움이 없이는 나서기 힘들다. 1000억 개의 뉴런이 500조 개의 연결점에서 서로 연결되어 얽혀 있는 밀림. 다뤄야 하는 크기가 너무 크다. 규모 면에서 인간 유전자 염기서열 30억 개보다 1만 배 이상 크고, 형태 면에서도 단순한 1차원 실이 아니라 3차원의 구조물이다.

프로젝트의 진행은 다음과 같다. 우선 인간의 뇌를 매우 얇게 절편을 뜨면서 뉴런이 보이는 해상도로 사진을 찍는다. 절편 사진은 뉴런이 잘려 나간 단면도가 될 것이다. 절편 사진들을 순서대로 따라가다 보면 뉴런 가지의 3차원 구조를 복원할 수 있을 것이고, 그러면서 어느 뉴런이 어느 뉴런과 어디에서 연결되고 있는지 알 수 있게 된다.

이 작업을 컴퓨터가 하고 사람이 돕는다. 컴퓨터는 단면 사진에서 뉴런의 단면 경계가 명확한 경우 자동으로 그 경계를 찾아 그릴 수 있고, 연속된 단면들을 보고 어느 것이 어느 것과 같은 뉴런 가지라는 것을 파악할 수 있다. 그러나 컴퓨터가 뉴런의 경계를 잘 파악하지 못하는 경우도 있다. 이 부분에서 사람이 나선다. 사람이 컴퓨터가 실수한 사진을 보고 뉴런의 경계를 정정해 주는 것이다. 이런 작업을 할 사람이 전문가일 필요는 없다. 사진에 찍힌 물건의 경계선을 그려주는 일은 보통 사람이라면 누구나 쉽게 할 수 있다.

이 프로젝트는 컴퓨터와 인간의 팀워크가 특히 두드러진다. 모든 걸 컴퓨터가 할 만큼 컴퓨터는 아직 똑똑하지 못하지만 사람은 비교적 누구나 쉽게 할 수 있는 일이다. 양이 어마어마할 뿐이다. 컴퓨터의 속도와 스케일에 기댈 것은 최대한 컴퓨터에게 맡기고, 사람에 기댈 부분은 사람에게 맡기는 것이다.

컴퓨터의 계산 능력이 향상되고 전세계 사람들이 쉽게 참여할 수 있는 인터넷 환경이 조성되면서 인간과 컴퓨터가 협력해서 인간 커넥톰 프로젝트를 진행하고 있다. 사람들은 의미 있는 일에 참여하는 보람을 느끼고 컴퓨터는 실수할 수 있는 구석에서 사람에게 의지하며 속도와 정확도를 모두 얻는다.

빅 메커니즘

우리는 거대한 스케일의 복잡한 시스템 안에 놓여있고 그 영향을 받는다. 우리 몸 자체가 생명체 시스템으로 그렇고, 대기권 날씨 시스템이 그렇고, 전 지구적인 경제 시스템이나 생태계 시스템이 그렇다.

이런 거대한 시스템에 대해서 우리가 알고 있는 것은 대개 작은 인과관계의 파편들뿐이다. 이 파편들이 어떻게 연결되어 전체 거대한 시스템의 작동을 만들어내는지 잘 알지 못한다.

파편들을 종합해서 큰 그림을 파악하는 것이 각 분야 전문가가 하는 일이다. 새로 발표되는 파편지식들(논문들)을 모두 파악해서 전체 그림을 머릿속에 그려가는 작업이다.

그러나 이제는 새 파편지식이 만들어지는 속도가 사람이 소화할 수 있는 정도를 넘어서고 있다. 예를 들어 생물학 분야에서 많은 양으로 빠르게 쏟아지고 있는 모든 논문을 읽고 이해해서 생명현상의 전체 그림을 그리는 것은 점점 불가능해지고 있다. 우리는 물 주전자의 물을 마실 수 있을 뿐인데, 물은 소화전에서 쏟아져 나오고 있다.

이 문제를 컴퓨터가 해결해 준다. 빅 메커니즘*big mechanism* 프로젝트라고 부른다. 컴퓨터가 동원되어 계속 많아지는 파편화된 사실들을 모두 이해해서 전체 시스템의 작동 기제를 자동으로 유추해주는 프로젝트다.

일단 암 관련 의학 및 생물학 논문들을 목표로 하고 있다. 쏟아지는 논문들을 컴퓨터가 이해해서 거대한 생명 시스템의 작동기제(인과관계)를 유추하고 그 시스템을 시뮬레이션 하면서 미래를 예측하거나 현재 상황을 이해하는 것을 도울 것이다.

빅 메커니즘 프로젝트는 의생물학에서 시작하고 있지만, 컴퓨터는 결국 과학하는 방법을 바꿀 것이다. 쏟아지는 파편지식들을 종합해서 전체 그림을 그려내는 것은 컴퓨터의 몫이 된다. 과학자는 한정된 상황의 파편 지식들을 발굴해서 컴퓨터에게 던져주고, 컴퓨터는 그것들을 종합해서 전체 시스템 지식을 만들어준다. 이 틈에서 과학자는 자신만의 고유한 지능을 발휘해서 컴퓨터와 팀워크를 이뤄 거대한 시스템에 대한 새로운 지식을 발굴할 것이다. 이것이 컴퓨터가 만드는 과학하는 미래의 또 다른 단면이다.

지식 검색

컴퓨터 없이는 불가능했던 지능으로 구글(Google) 검색이 있다. 지구상의 모든 지식을 모으고 누구나 쉽게 검색할 수 있는 것은 컴퓨터 덕분이다. 구글의 검색 기술은 아주 광대한 지식을 탐색하는 것을 가능하게 한다.

구글은 인터넷에 뜨는 모든 웹 페이지를 모아서, 쉽게 찾을 수 있도록 정리해 두고, 검색한 사람이 가장 필요로 할 것 같은 페이지를 찾아 보여 준다. 이 모든 작업이 자동으로 이루어진다.

여기서 구글 고유의 검색 기술은 페이지 순위 매기기_PageRank_ 알고리즘 이다. 검색하려는 단어를 가지고 있는 수많은 웹 페이지가 있다. 이 중 어느 페이지를 가장 보고 싶어 할까? 가장 볼 것 같은 순서로 페이지를 내놓아야 검색하는 사람에게 좋을 것이다. 예를 들어 '떡볶이'를 검색어로 넣었다고 하자. '떡볶이'란 단어를 가지고 있는 웹 페이지 중에서 어느 페이지를 맨 먼저 보여줘야 할까? 제일 맛있는 떡볶이 집을 소개하는 페이지를 먼저 보여줘야 할까, 아니면 떡볶이 요리법을 소개하는 페이지를 먼저 보여줘야 할까, 아니면 떡볶이의 기원을 설명하는 페이지일까?

찾는 사람이 원했던 순서대로 검색 결과를 보여준 덕택에 구글의 검색 엔진이 히트를 친다. 사람들은 줄을 선 검색 결과 중 첫 번째 것이 대개 원하던 페이지인 경험을 하면서 만족해했다. 검색엔진 중에 구글이 입소문을 타고 성공한 이유다.

구글보다 못했던 기술은 단순히 웹 페이지 사이의 링크 개수를 이용하는 방법이다. 웹 페이지를 가리키는 링크가 많은 순서대로 줄 세우는 것이다. 일종의 통밥이다. 많이 가리키는 페이지가 가장 많이 방문하는 페이지가 아닐까, 라는.

그러나 링크의 양이 방문하고 싶은 정도를 반영하지 못하는 경우는 흔하다. '떡볶이'를 검색하는데, 가장 많이 링크되는 페이지가 떡볶이의 역사에 관한 페이지일 수 있다. 가장 맛있는 떡볶이 집 페이지를 원했는데.

구글은 가장 이상적인 기준에 집중한다. 사람들이 가장 많이 방문할 것 같은 순서가 웹 페이지의 등수를 매기는 기준이어야 한다. 전세계 모든 웹 페이지에 대해서 이 등수를 계산해 놓고, 검색어를 가진 페이지들을 이 등수대로 보여주자는 목표. 사람들이 각 페이지를 방문할 비율을 계산하는 거다. 전세계에 세 개의 페이지 A, B, C가 있다고 하자. 사람들이 총 10번 방문한다면 A, B, C 페이지를 각각, 예를 들어 5번, 3번, 2번 방문한다는 경향을 계산하고 싶은 거다.

구글은 사람들의 페이지 방문빈도를 어떻게 미리 계산할까? 사람들이 웹 페이지를 방문하는 상황을 시뮬레이션 해보면 된다. 전세계 웹 페이지들이 있다. 전세계 사람들이 웹 페이지들을 방문한다. 웹 서핑이다. 어느 페이지에서 시작해서 그 페이지에서 연결된 페이지들로 가고 다시 연결된 페이지로 가고. 지치면 다시 새로운 페이지에서 시작해서 서핑을 하고. 모든 사람이 이렇게 어떤 페이지에서 시작해서 웹 서핑을 한다. 이 과정이 수많은 사람에 의해 한없이 진행되고 나서 각 페이지가 상대적으로 얼마나 자주 방문될지를 계산하면 된다.

수학은 이미 이런 계산을 돕는 모델을 가지고 있다. 마르코프 체인*markov chain*이라는 개념이다. 예를 들어 웹 서핑 말고 다음과 같은 상황을 생각해보자. 두 도시 사이의 인구 이동을 생각하자. 매년 서울에서 세종시로 서울 인구의 5%가 이동하고 나머지는 서울에 남는다고 하자. 세종시에서는 서울로 15%가 이동하고 나머지는 세종시에 남는다고 하자. 그림으로 이 상황을 그리면 다음 쪽 그림과 같다. 화살표는 인구 이동 방향이고, 화살표 위의 숫자는 그렇게 이동할 비율이다.

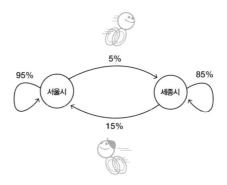

매년 그 해의 서울시와 세종시의 인구가 다음 해엔 어떻게 될지 간단한 공식이 만들어진다. 내년 서울의 인구는 올해 서울 인구의 95%가 남을 것이고 올해 세종시 인구의 15%가 이주해 올 것이므로

내년 서울시 인구 = 0.95 × 올해 서울시 인구 + 0.15 × 올해 세종시 인구

일 것이고, 비슷하게 내년 세종시의 인구는 올해 서울 인구의 5%가 이주해 오고 올해 세종시 인구의 85%가 남아있을 것이므로, 내년 세종시 인구는 아래와 같을 것이다.

내년 세종시 인구 = 0.05 × 올해 서울시 인구 + 0.85 × 올해 세종시 인구

따라서 올해 인구에서 다음 해 인구가 계산되고, 이게 다시 올해의 인구가 돼서 그다음 해의 인구가 계산될 수 있다. 이런 연쇄반응의 체인을 마르코프 체인*markov chain*이라고 한다.[6] 이 체인을 따라 서울시와 세종시의 인구를 추적하다 보면 인구 이동은 일어나지만 각 도시의 인구는 변함없이 유지되는 경우로 수렴하게 된다. 예를 들어 서울시와 세종시의 올해 인구가 각각 10명과 1명이라면, 매년 인구가 조금씩 변화하다가 결국에는 변함없이 유지되는 인구(서울시 8.25명, 세종시 2.75명)로 수렴하게 된다.

	올해	내년	내후년	…	언젠가는
서울시 인구	10.00	9.65	9.37	…	8.25
세종시 인구	1.00	1.35	1.63	…	2.75

이런 마르코프 모델이 웹 페이지의 상대적인 방문 빈도 계산에 그대로 이용된다. S 페이지를 보다가 J 페이지를 방문할 확률은 5%, S 페이지에 머물 확률은 나머지 95%. J 페이지를 보다가 S 페이지를 방문할 확률은

---

6 마르코프 연쇄반응식의 조건은 모든 상수가 음이 아니면서 각 변수('올해 X의 인구') 앞에 곱하는 상수들의 합이 각각 1이어야 한다. 위의 예에서 '올해 서울시 인구' 앞에 곱하는 상수들의 합 0.95+0.05와 '올해 세종시 인구'앞에 곱하는 상수들의 합 0.15+0.85는 모두 1이다.

15%, J 페이지에 머물 확률은 나머지 85%. 매번 이런 식으로 사람들이 두 페이지를 방문한다고 하면, 궁극적으로 각 페이지를 방문하는 빈도의 비율은 다음과 같은 마르코프 체인의 끝을 계산하면 된다.

$$S_{k+1} = 0.95 \times S_k + 0.15 \times J_k$$

$$J_{k+1} = 0.05 \times S_k + 0.85 \times J_k$$

이때 시작하는 S_0, J_0는 각 페이지를 웹 서핑의 시작점으로 할 확률이다. 공평하게 1/2로 놓을 수 있다. 그리고 각 페이지에서 다른 페이지로 서 핑을 해 갈 확률은 각 페이지에 있는 모든 링크 개수 중에서 그 페이지로 가는 링크 개수의 비율로 놓을 수 있다.

예를 들어 세 개의 웹 페이지에서 서로 다른 페이지로 링크를 따라갈 확률이 다음 쪽 그림과 같은 상황이라면

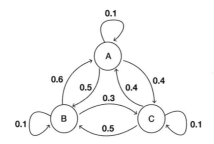

마르코프 체인으로 만든 방문 점화식(연쇄반응식)은 아래와 같다.

$$A_{k+1} = 0.1 \times A_k + 0.6 \times B_k + 0.4 \times C_k$$

$$B_{k+1} = 0.5 \times A_k + 0.1 \times B_k + 0.5 \times C_k$$

$$C_{k+1} = 0.4 \times A_k + 0.3 \times B_k + 0.1 \times C_k$$

시작을 $A_0 = B_0 = C_0 = 1/3$로(각 페이지에서 서핑을 시작할 확률은 같은 것으로) 해서 연쇄반응하는 체인의 끝을 구하면 각 페이지를 방문할 상대적인 비율이 결국 어떻게 되는지 알 수 있다.

	$k=0$	$k=1$	$k=2$	$\cdots$	$k=\infty$
A_k	1/3	0.367	0.363	$\cdots$	0.363
B_k	1/3	0.367	0.353	$\cdots$	0.357
C_k	1/3	0.266	0.284	$\cdots$	0.280

2014년 7월 전세계 모든 웹 페이지가 33억 개 정도이므로, 모든 웹 페이지에 대한 위와 같은 마르코프 점화식은 가로세로 33억 × 33억 개의 크기다.

이 거대한 점화식의 수렴값 계산이 구글 컴퓨터가 매일 하는 계산이다.[7] 지구상 거의 모든 웹 페이지에 대해서 늘 새로 계산해 놓는다. 그래서 검색어를 넣으면 그 검색어를 가진 웹 페이지들을, 계산해 놓은 빈도율 순서대로 내놓는다. 이것이 구글의 랭킹 기술이다.

구글 검색을 쓴다는 건 슈퍼컴퓨터를 쓰는 것이다. 누구나 구글 검색을 하는 순간 슈퍼컴퓨터의 사용자다. 지구상의 거의 모든 웹 페이지의 순위를 매기는 계산엔 엄청난 컴퓨팅 파워가 필요하다. 구글의 데이터 센터에서 이 계산이 늘 실행된다.

컴퓨터가 연 새로운 지식 탐색. 구글이 늘 모으고 갱신하는 전세계 모든 웹 페이지 정보. 그 덕택에 웹에 있는 모든 지식은 인터넷만 연결돼 있으면 어디에서나 열람 가능하고 편하게 탐색할 수 있다. 과거의 지식 탐

---

7 마르코프 연쇄반응식에서 변수 앞에 붙은 상수가 0인 경우가 많을 것이다(당장의 링크 관계가 없는 페이지들). 마르코프 체인이 항상 수렴할 충분조건은 이 상수들이 모두 0이 아닌 양수면 된다(페론-프로베니우스(Perron-Frobenius) 정리). 0을 아주 작은 양수로 바꾸고 점화식을 마사지한 후(각 변수마다 앞에 붙은 상수들의 합이 어쨌든 1이 되도록) 체인의 수렴값을 계산하면 된다.

색 스타일은 특정 공간에 모든 지식을 모아두면 반드시 거기에 직접 가야만 열람이 가능했다. 좋은 대학이란 그런 도서관 시스템이 제대로 갖춰진 대학이었고, 우리는 그런 곳에 가야만 자료를 열람할 수 있었다. 그러나 이제는 달라졌다. 언제 어디서나 무슨 정보든 우리 손 안에서 신속하고 정확하게 찾아보는 게 점점 가능해지고 있다. 컴퓨터가 열고 있는 지식 탐색의 신세계다.

팀워크 지능

컴퓨터와 인간이 팀이 되어 발휘하는 능력, 이 팀워크는 각자 따로였다면 불가능했을 일을 해내는 시너지 효과를 낸다. 컴퓨터와 인간의 팀워크가 새로운 경지의 지능을 펼치고 있다.

컴퓨터가 아직 잘 못하지만 사람은 너무나 쉽게 하는 일들이 있다. 예를 들어 사진을 보고 누구이고 어떤 상황인지 판단하기. 이건 사람이 컴퓨터보다 훨씬 수월하게 잘 한다. 컴퓨터가 사진 이미지를 이해하는 능력은 아직 사람보다 못하다. 사진의 주인공이 누구인지, 기쁜 표정인지 슬픈 표정인지, 염려인지 놀람인지 무심인지. 바닷가인지 강가인지, 바람 부는 숲인지 눈보라 치는 벌판인지. 바닷가의 연인인지 호숫가의 결투인지. 사람은 너무나 수월하게 하는 일이지만 컴퓨터는 아직 잘 하지 못한다.

이런 문제에서 사람과 컴퓨터가 협업한다면 어떨까? 서로가 잘할 수 있는 영역이 명확한 경우 팀이 된다면 좋지 않겠는가. 예를 들어 사진 검색 서비스를 생각해보자. 검색어를 받아서 그에 해당하는 사진을 컴퓨터가 찾아줘야 한다. 컴퓨터가 지구상의 모든 사진마다 그 사진과 짝지을 수 있는 단어를 알고 있으면, 검색 단어를 받아서 해당하는 사진을 찾아주는 준비가 된 셈이다. 이런 준비는 컴퓨터만으로는 불가능하다. 컴퓨터가 자동으로 사진들을 내용에 맞추어 분류해 놓을 수 없기 때문이다. 이 문제를 컴퓨터와 인간이 협업해서 해낼 수 있다. 컴퓨터는 지구상의 모든 사진을 모아서 사람들에게 보여준다. 사람들은 그 사진을 보고 생각나는 단어를 입력한다. 컴퓨터는 사진과 그 단어들을 짝지어 기억해 놓는다. 검색 단어를 받아서 해당 사진들을 찾아주는 작업의 준비를 마치는 셈이다.

그런데 사람들에게 이 일을 하도록 동기를 부여할 수 있는 좋은 방법은 뭘까? 돈을 지불할 수도 있겠지만, 게임을 고안할 수도 있다. 그 게임을 하는 사람들은 즐겁게 게임을 즐기지만 사실은 사진을 보고 생각나는 단어를 입력하는 일을 하는 것이다. 구글이 활용하고 있는 ESP라는 게임이다.

이게 인간계산*human computation*이라는 아이디어다. 컴퓨터와 사람의 지능이 상호보완적으로 필요한 문제를 같이 풀도록 하는 것이다. 아직 컴퓨터가 잘하지 못하면서 사람은 너무 쉽게 할 수 있는 일이 있다. 이런 일에 사람을 동원하는 것이다. 그 일에 많은 사람이 자발적으로 참여할 수 있도록 게임으로 각색해서 내놓는 것이다. 사람들은 재미 삼아 게임을 할 것이고, 그때 사람들이 사용하는 지능이, 의도한 문제풀이에 동원되는 것이다. 루이스 폰 안(Luis von Ahn)이 시작한 분야다.[8] 앞에 언급한 ESP 게임 외에, 번역을 외국어 학습 게임으로 각색한 Duolingo 등이 있다.

서울 지하철에서 사람들이 핸드폰 게임에 쓰는 시간은 하루에 총 얼마

---

8 루이스 폰 안(Luis von Ahn)은 알고리즘 분야에서 훈련 받은 사람이다. 박사학위 지도교수가 튜링상을 받은 마누엘 블럼(Manuel Blum)이다. 블럼 교수는 컴퓨터가 현실적인 비용으로 풀지 못하는 문제를 역이용해서 컴퓨터 암호 분야를 시작한 인물이다. 제자인 폰 안은 컴퓨터가 못하는 문제를 사람과 팀이 되어 풀도록 하는 분야(인간계산 분야)를 열었다. 비슷한 색깔의 일이 스승과 제자로 이어지고 있다.

나 될까? 적게 어림잡아 6년 정도다. 지하철 이용객 수는 2010년 하루 평균 628만 명이라고 한다. 6백만 명이라고 하고, 그 중에서 적게 잡아 10분의 1이 게임을 하루 5분씩(약 두 정거장 반 지나는 시간) 한다고 하자. 그러면 5만 시간(300만 분 = 60만 명 × 5분), 2083일, 약 6년이다. 매일 서울 지하철에서 사람들이 게임에 쓰는 지능이 6년치의 양이다. 더군다나 시각인지나 맥락 판단을 하는 지능은 사람에게는 단순한 일이지만 컴퓨터에게는 아직 불가능한 지능이기 쉽다. 하루 6년치가 한 달이면 180년치의 지능이다. 2년만 모아도 대한민국의 역사 5000년어치의 지능이다.

이런 시간(지능)이 좀 더 의미 있는 일에 쓰인다면, 그러면서 동시에 사람들은 그 일을 게임으로 즐길 수 있다면? 컴퓨터가 이것을 가능하게 한다. 컴퓨터 게임으로 만든다. 게임의 재미로 포장하지만 실은 컴퓨터가 할 수 없는 일에 인간의 지능을 빌리기 위한 꾀다. 그리고 인터넷 덕택에 불특정 다수 전세계 모든 사람을 동원하기 쉽다. 재미있는 게임으로 포장할 수만 있다면 가능한 일이다.

우리의 소박한 지능이 은연중에 좋은 일을 하도록 하기. 우리에겐 소박하지만 컴퓨터에게는 경외스러운 지능을 재치 있게 끌어 모으기. 컴퓨터와 인간의 지능을 버무리는 안목만 있으면 된다. 컴퓨터 기술은 그 계획을 실현시켜줄 준비가 되어 있다.

> 우리는 말 타고 꽃길을 지나왔다.
> 말의 걸음마다 꽃이 밟혀 향기를 내뿜더라. (…)
> 동무들아, (…) 노를 저어라!
>
> — 작자 미상, 〔노동요〕 중에서

군중 지능

컴퓨터 덕택에 사람들은 쉽게 모인다. 모임에 시공간 제약이 없다. 같은 일에 흥미를 느끼는 사람이라면 지구상 어디에 있더라도 자발적으로 쉽게 인터넷 위에 모인다. 지구상의 누구건 공통의 목적을 가진 사람들이 쉽게 연대한다.

그래서 군중에게 맡겨서*crowdsourcing* 공통의 문제를 푸는 게 쉬워진다. 더군다나, 불특정 다수의 군중에 맡길 때 컴퓨터의 능력보다 우수한 경우를 겪게 되었고, 소수의 전문가 지능보다 우수한 경우도 겪게 되었다. 군중 지능이 공통의 목적으로 모아질 때의 놀라운 능력이 확인되고 있다.

이번에도 핵심은 어떻게 군중들이 자발적으로 협력하도록 하냐는 것이다. 역시 놀이로 포장하는 것이다. 컴퓨터 게임을 고안하는 것이다. 그 게임에 참여하면 어떤 공통의 문제를 협력해서 푸는 셈이 되도록 게임 시나리오를 만드는 것이다.

이 방식이 빛을 발휘하고 있다. 예를 들어 생물학 분야에 두 개가 있다. FoldIt는 사람들이 단백질이 어떻게 접힐 수 있는지를 찾아내는 게임이다. EteRNA라는 게임은 RNA구조를 만드는 것이다. 군중에 맡기니 컴퓨터보다 잘하고(FoldIt) 소수의 전문가보다 잘했다(EteRNA).

컴퓨터 인터넷 위에서는 다음과 같은 능력 비교식이 종종 목격되고 있는 것이다.

일반 군중 × 컴퓨터 게임 > 전문가

일반 군중 × 컴퓨터 게임 > 컴퓨터

과학 분야에서 종종 발휘되는 이와 같은 상황 때문에 시민과학*citizen science*

이라고도 불린다. 시민과학은 시민 누구나 모여서 협력하면 전문가 수준의 능력이 발휘되어 과학의 진보를 견인할 수 있다는 희망이다.

다수의 시민 군중들은 인간계산*human computation*으로 공통의 목적을 위해 협력할 용의가 있고, 컴퓨터는 흥미로운 게임과 인터넷으로 흥을 돋우고 연대시킨다. 이렇게 새로운 차원의 팀워크 지능이 다양하게 실현될 수 있다.

지금 여기가 맨 끝이다.
(…)
저마다 모두 맨 끝이어서 맨 앞이다.
(…)
지금 여기 내가 정면이다.

– 이문재, [지금 여기가 맨 앞]

5.2 인간 본능의 확장

놀이 본능

사람은 누구나 놀고 싶어 하는 본능이 있고 컴퓨터는 인간의 노는 본능을 북돋는다.

컴퓨터 덕택에 예전에는 상상할 수 없었던 스케일로 놀 수 있게 되었다. 만난 적도 없는 많은 사람과 컴퓨터 안에서 같이 놀고, 그 안에는 에버랜드보다 훨씬 큰 놀이동산이 펼쳐져 있다.

처음엔 컴퓨터와 사람이 둘이서 놀았다. 그리고 아는 친구와, 더 나아가 모르는 수많은 사람과 놀 수 있는 환경을 컴퓨터가 만들어 주었다. 리니지(Lineage), 와우(WoW, World of Warcraft), 메이플 스토리(Maple Story) 같이 불특정 다수의 많은 인원이 동시에 참여해서 이야기를 만들어가는 MMORPG(massively multi-player online role playing game) 게임이 그렇다. 스타크래프트(Starcraft), 롤(LoL, League of Legends), 마인크래프트(Minecraft) 같이 여럿이 전략을 짜는 ARTS(action real-time strategy) 게임 등이 그렇다.

국내 컴퓨터 게임산업의 수출액은 2014년 34억 달러(3조 7천억 원)를 넘어섰고[9] K-Pop의 수출액보다 10배가 넘으며, 전체 문화 콘텐츠 수출액의 60%가 넘는다. 미국의 경우도 컴퓨터 게임의 총매출은 할리우드를 능가한다. 컴퓨터 게임 경기를 인터넷으로 생중계하는 트위치(Twitch)라는 회사는 2014년 8월 1조 3천억 원에 아마존(Amazon)에 팔렸다. 트위치 관전 인구는 2013년 10월에만 5천 5백만 명이 넘었고, 미국의 인터넷 트래픽 사용량에서 넷플릭스(Netflix), 구글(Google), 애플(Apple)에 이어 네 번째다. 마인크래프트 게임을 만든 회사는 2014년 9월 2조 6천억 원에 마이크로소프트(Microsoft)에 팔렸다.

컴퓨터는 놀기와 일하기의 경계를 더욱 허문다. 컴퓨터 게임하기가 일하기다. 인간계산*human computation*, 군중에 맡기기*crowdsourcing*, 시민과학*citizen science* 등이 모두 컴퓨터 게임을 통해 누구나 공동의 목적을 위해 돕는 현상을 말한다.

게임은 현실과 동 떨어진 거짓인가? 게임은 거짓이 아니다. 소설과 영화가 거짓이 아닌 것과 같다. 컴퓨터 게임은 물리적인 세계가 아니지만 참여하는 수많은 사람의 마음이 같이 하고 있고, 게임을 통해서 현실의 문제가 풀리기도 할 것이다. 지금의 컴퓨터 게임은 시작일 뿐이다.

---

9 2019년에는 66억 달러(7조 7천억 원)을 넘어섰다.

MMORPG 게임에서 만들어지는 이야기들은 현실로 연장된다. MMO
RPG 게임에 참여한 많은 사람이 게임 속에서 공동의 목적을 위해 연대
하고 기꺼이 희생하는 이야기가 종종 회자된다. 이것은 현실에서 도덕과
이상에 기꺼이 목숨을 바치는 정신과 일치한다. 게임 세계에서 일어나는
일들이 현실의 거울이고, 현실에서 고양하고 싶은 일들이 게임 세계에서
일어난다.

컴퓨터 게임은 문학과 영화만큼 감동적일 수 있다. 컴퓨터 게임은 꿈꾸
는 걸 공동으로 이뤄내는 무대일 수 있고, 문제 푸는 의도를 기발하게 감
춘 의미 있는 놀이터일 수도 있다. 컴퓨터는 돕는다. 같은 것을 꿈꾼다면
지구상 어느 구석 누구라도 동참해서 게임으로 즐기며 이뤄낼 수 있도록
돕는다.

소통 본능

사람은 누구나 이야기를 하고 이야기를 퍼뜨리고 싶어 하는 본능이 있다.
컴퓨터는 이러한 소통 본능을 확장시킨다.

컴퓨터는 이메일, 카카오톡, 페이스북, 트위터, 토렌트, 유튜브 등을 통
해 신속하고 거대한 스케일로 소문 내는 걸 가능하게 한다. 전세계 어디
로도 전세계 누구에게도 순식간에 퍼뜨릴 수 있는 텍스트와 소리와 이미

지와 영상이다. 이별 없는 시대다.

> 서로의 추억이 반짝일 때 헤어지는 맛도 있겠다.
> 잘 가거라.
> 박테리아들도 둘로 갈라질 때 쾌락이 없다면 왜 힘들여 갈라지겠는가?
>
> – 황동규, 〔이별 없는 시대〕

퍼뜨리는 속도가 광속이라 놀란다면 첫 화살에 놀란 것이다. 진짜는 두 번째 화살이다. 원래의 이야기가 온전히 전달되고 있다는 데 더 놀라야 한다.

소통에는 늘 잡음이 끼고 과장과 생략이 덧칠 되지 않던가. 컴퓨터에서는 어떻게 이런 잡음을 거슬러 온전하게 큰 스케일로 소통할 수 있을까? 누가 멀리서 이야기를 하면 잡음이 끼던데. 잘못 들을 수 있고 전달하는 중간 사람이 왜곡하기도 하고. 주위들은 바를 전하면서 원래의 이야기는 늘 왜곡되지 않던가.

이런 문제없이 컴퓨터가 온전히 정보를 주고받을 수 있는 원천은 무엇일까? 어떻게 컴퓨터는 텍스트와 그림 그리고 소리와 동영상을 주고받으면서 늘 있을 생채기(잡음)로부터 정보를 온전하게 유지할 수 있을까? 공기 중의 다른 전자파나 전깃줄의 불순물, 그 외 여러 가지 물리적인 이유로 잡음이 끼고 그 때문에 메시지가 다르게 전달된다. 잡음으로부터 내 중요한 메시지를 온전히 보존하는 방법은 뭔가? 가능한 방법이 고안되었으면 더 좋아질 수 있는 여지는 있는가? 그래서 더 좋은 걸 찾아 나설 필요가 있는가? 가장 경제적으로 온전히 전달할 방법은 무엇인가? 고안한 방법은 얼마나 최선과 떨어져 있나?

이런 모든 원천적인 질문에 대한 답을 정보이론*information theory*이 제시한다. 이 이론 덕분에 정보를 온전히 전달하는 기술이 자리를 잡는다. 메시지를 온전히 전달하려면 어떤 조건이 필요하고 어떤 한계가 있는지 등에 대한 체계. 그래서 지금 우리는 안심하고 거대한 스케일과 속도로 소통하게 되었다.

컴퓨터 소통에 대한 이 두 번째 화살에 대해 이야기 해보자.

정보이론

컴퓨터끼리 온전한 소통이 보장되지 않는다면? 중요한 정보를 주고받아서는 안 된다. 은행 일, 물건 사는 일, 음악이나 영화 감상, 문자나 이메일을 주고받는 일 등 우리가 인터넷을 통해 컴퓨터로 누리는 많은 것이 위험해진다. "홍길동에게 1만원 이체"가 "홍동걸에게 1억원 이체"로 전달되고, "사랑해"는 "사과해"로 전달된다. 지구 궤도를 도는 인공위성이나 태양계를 떠나는 우주선과의 통신도 물론 불안해진다.

어떻게 컴퓨터끼리는 온전하면서도 큰 스케일로 소통할 수 있는 걸까? 오류 없이 소통하며 누구와도 쉽게 연대하고 시공간을 공유하며 놀 수 있게 된 지금의 기초는 뭘까?

그 기초는 1948년에 놓인다. 클로드 섀넌(Claude Shannon)이었고 32세였다. 정보이론*information theory*의 탄생이었다. 논문 제목은 〈통신의 수리이론 *A Mathematical Theory of Communication*〉이었고 1948년 7월과 10월 두 번에 걸쳐 발표된 논문이다. 서울에선 '대한민국'이라는 국호가 정해지고 첫 헌법이 공포된 그해 7월이었다.

섀넌을 기억하는지. 컴퓨터를 스위치로 실현하는 데 공헌한 대학원생으로 등장했었다. 부울(Boole)이 정의했던 논리연산이 스위치 회로와 똑같이 대응된다는 것이 바로 이 섀넌의 석사논문(1937년)이었다. 〈릴레이와 스위치 회로를 기호로 분석하기 *A Symbolic Analysis of Relay and Switching Circuits*〉, 이 논문이 당시(1930년대)의 스위치 시스템 제작 수준을 주먹구구식 공예에서 체계적인 공학의 수준으로 끌어올렸고, 결국 이게 컴퓨터의 구현을 가속하는 힘이 된다.

그 석사논문 이후 11년. 벨랩(Bell Labs)에서 연구원으로 있으면서 세상을 흔드는 연구를 내놓는다. 통신이란 무엇인가에 대한 일반 이론으로 정보이론이라고 불리는 내용이다.

이 업적도 석사논문의 업적과 틀이 비슷하다. 1948년 당시까지만 해도, 다양한 매체를 이용한 통신 기술이 널리 쓰이고 있었지만, 모두를 아우르며 통신의 핵심을 관통하는 이론은 없었다. 전화는 전선을 이용해서 음성을, 라디오는 무선으로 음성을, 텔레비전은 무선으로 영상을, 전보는 유선으로 텍스트를. 통신이 무엇인지에 대한 이해 없이 경우마다 주먹구구로 디자인되고 서둘러 사용되고 있었다. 통신에 끼는 잡음은 있게 마련이고 어쩔 수 없다고, 잡음은 통신 채널의 물리적인 현상이고 물리적(아날로그 방식)으로 어떻게 풀 수 있는 게 아닌가 추측했다. 핵심에 대한 원천적인 이해가 없으니, 잡음 문제를 극복하려면 어떻게 해야 하고 더 잘 할 수 있는 여지는 없는지 등에 대한 분석은 초보적인 수준에 머물렀다.

이런 상황에서 섀넌의 정보이론은 통신의 문제를 혁신적으로 바라보게 하는 복음이었다. 통신의 한계는 물리가 아니고 메시지가 가진 정보량이다, 통신 중 잡음은 어쩔 수 없지만 극복할 수 있는 방법은 있다, 그 방법은 하드웨어(통신 채널의 물리적인 성질)에 있지 않고 소프트웨어(메시지에 있는 정보)에 있다. 통신의 주인공이 물리에서 정보로 바뀌는 혁명이었다.

섀넌과 튜링

클로드 섀넌과 앨런 튜링은 디지털 문명을 탄생시킨 동시대 청년들이다. 튜링은 자동계산이란 무엇인지를 정의했고 섀넌은 통신이란 무엇인지를 정의했다. 튜링은 컴퓨터를 디자인했고 섀넌은 통신을 디자인했다. 튜링은 컴퓨터의 한계를 규명했고 섀넌은 통신의 한계를 규명했다. 섀넌은 튜링보다 네 살 아래다.

이 둘이 매일 만나던 시절이 있었다. 튜링이 1936년의 논문을 낸 이후였고 섀넌은 1948년의 정보이론 논문을 발표하기 전이다. 2차대전이 한창이던 1943년이다. 1월부터 3월까지 약 2달간이었다. 장소는 벨랩 식당이고 매일 티타임 때였다.

튜링은 특별한 자격이었다. 영국 최고의 암호분석가라는 백악관의 신임장을 가지고 벨랩을 방문했다. 그래서 전쟁 중 비밀 프로젝트가 많이 진행되고 있던 벨랩이었지만 어느 실험실이나 자유롭게 방문할 수 있는 특권을 가지고 있었다.

둘은 매일 만났지만 자신들이 참여하고 있는 프로젝트 이야기는 할 수 없었다. 각자 미군과 영국군의 암호 관련 비밀 프로젝트를 진행하고 있었기 때문이다. 섀넌은 튜링이 벨랩을 방문한 이유는 알 수 없었다. 대신에 둘은 순수한 학술적인 이야기를 주로 했다. 튜링은 자신의 1936년 튜링기계 논문을 소개했고, 기계적인 장치가 사람의 지능을 어디까지 모사할수 있을지 등을 서로 이야기 나누었다.

비슷한 사람들은 만난다. 둘은 비슷하게 총명했고 비슷하게 근본적인 데 관심이 있었고 비슷하게 이론적이었고 비슷하게 세상을 뒤집었고 비슷하게 현실을 도왔다. 2차대전 중 적군의 암호해독 프로젝트에 동원되어 우연히 한곳에서 만나게 된 두 청년이었다. 많은 이야기로 서로 공명했을 것이다.

> 식사를 끝내고 흩어지는 그들
> 마치
> 누에꼬치 속으로 숨어들 듯
> 창작실 문 안으로 사라지는 그들
> 오묘한 생각 품은 듯 청결하고
> 젊은 매같이 고독해 보인다
>
> — 박경리, 〔산골 창작실의 예술가들〕

섀넌의 1948년 논문(정보이론)과 튜링의 1936년 논문(튜링기계)은 같은 플롯으로 구성되어 있다. 우선 애매했던 대상(섀넌은 '정보량', 튜링은 '기계적인 계산')을 과감하게 정의한다. 그리고 그 정의가 받아들일 만하다고 설득한다. 그런 후 그 정의로부터 논리적으로 엄밀하게 사실들(섀넌은 메시지 전달의 한계, 튜링은 기계적인 계산의 한계)을 유도한다. 세상을 바꾼 두 논문이 같은 패턴이다.

여담으로, 그 논문들이 나오기까지의 과정이 궁금한 데 알 길이 없다. 두 논문의 핵심은 정의다. 정보량과 기계적인 계산이 뭔지를 정의하기. 그게 어려웠을 터인데 그것을 찾아내는 과정이 논문에서는 언급이 없다. 벼락 같았을 수도 있고 지난한 과정이었을 수도 있었을 것이다.

둘이 만나던 시절 튜링은 컴퓨터 같은 자동계산기를 암호해독에 동원하고 있었고[10], 섀넌은 암호해독 프로젝트의 경험을 훗날 정보이론에 동원한다.

정보량

통신의 주인공이 메시지가 가진 정보량이라는 혁신적인 주장은, 메시지의 정보량이 뭐냐는 정의에서부터 시작한다. 섀넌은 메시지의 정보량을 정의하고 그 정의가 적절하다고 설득한 후, 온전한 소통을 가능하게 하는 핵심 정리 두 개를 도출한다.

메시지의 정보량이라? 섀넌의 정보량은 메시지의 의미에 대한 것이 아니고 겉모습에 대한 것이다. 객관적인 양으로 정의할 수 있는 대상이 속내용이긴 힘들다. 메시지의 의미는 메시지 바깥의 많은 여건에 의존하기 때문이다. 예를 들어 "미워!"라는 메시지의 의미는 주고받는 사람의 심리에 따라 다르고 상황에 따라 다르지 않은가.

섀넌이 정보량을 정의하는 관점은 이렇다. 잦은 것은 정보량이 적고 드문 것은 정보량이 많다. 자주 쓰는 건 예측하기 쉽기 때문이다. 예를 들어, '습니'가 읽혔다. 그러면 다음 글자는 '다'가 되기 쉽다. 흔히 그렇게 쓰므로. 그래서 다음 글자가 '다'인 메시지는 정보가 적은 거다. 그런데 다음 글자가 '꺼'인 메시지는 정보가 많은 거다. 예측하기 힘든 드문 경우이기 때문이다.

---

10 튜링이 영국의 극비 암호해독팀에서 세운 공은 크다. 그 팀의 리더는 튜링이 케임브리지에서 수업을 듣고 1936년 논문을 쓴 계기를 만들어 준 맥스 뉴먼(Max Newman) 교수였다. 이 팀은 콜로서스(Colossus)라는 전자계산기를 이용해서 히틀러의 극비 명령들을 거의 실시간으로 해독할 수 있었다. 이를 통해 독일군의 극비 정보를 속속들이 파악할 수 있었고, 2차 세계대전의 중요한 전기인 노르망디 상륙 작전에서 연합군의 상륙 위치를 독일군이 예상 못하고 있다는 확신을 얻는다.

자주 보이고 드물게 보이는 차이. 이 차이가 없으면 예측이 어렵다. 그래서 차이 없이 모든 글자가 골고루 사용되는 세계에서 온 메시지는 정보가 많다. 반면에 그 차이가 있는 세계에서 온 메시지는 정보가 적다. 자주 보이는 글자들은 흔히 나타날 것이므로 보지 않고도 맞추기 쉽기 때문이다.

> *다만 절실한 것은 말이 되어 나오지 않았다*
> *실상*
> *무엇인지 알지 못하는 바로 그것이*
> *가장 절실한 것이 아니었을까*
>
> — 박경리, [비밀]

이런 직관을 제대로 포착하는 수학적인 정의, 섀넌이 찾은 메시지의 정보량 H는 이렇다.

$$H = -\sum_{x} p(x) \log_2 p(x)$$

$p(x)$는 글자 x가 메시지에 나타날 확률이다. 확률은 0에서 1 사이의 값이므로 그 로그값은 음수다. 그래서 음의 부호를 붙여 양수로 만든다. 예를 들어 어떤 메시지에서 ㄱ, ㄴ, ㄷ, ㄹ이 등장할 확률이 모두 공평하게 25%라고 하자. 이때 정보량은 $-(1/4 \log_2 1/4 + 1/4 \log_2 1/4 + 1/4 \log_2 1/4 + 1/4 \log_2 1/4)$로 2가 된다. 네 글자로 가지는 최대의 정보량이다. 네 개의 글자들이 약간이라도 치우친 확률을 가지면 메시지의 정보량은 2보다 작아진다. 메시지에 등장하는 글자가 단 두 개일 경우 두 글자가 공평하게 50%를 가질 때 정보량은 $-(1/2 \log_2 1/2 + 1/2 \log_2 1/2)$로 1이 된다. 두 글

자로 가지는 최대 정보량이다. 어느 한 글자가 조금이라도 더 자주 나타나는 확률이라면 메시지 정보량은 1보다 작아진다.

정보의 양이란 무질서의 정도라고 해도 수긍이 간다. 위의 정보량 정의는 열역학에서 이야기하는 엔트로피*entropy, 무질서*의 정의와도 같다. 메시지의 정보량은 글자들의 예측불허의 정도(엔트로피)와 일치한다. 메시지에 나타나는 글자들이, 흔하거나 드문 게 따로 있다면 정보가 적다. 흔한 것들이 대다수일 테고 그것들은 보지 않고도 예측이 쉬우므로. 예측하기 쉬운 건 무질서(엔트로피)가 적은 대상이다. 그러나 글자들이 흔하거나 드문 차이가 없이 골고루라면 정보가 많다. 메시지에 있는 글자를 보지 않고 예측하기가 어렵기 때문이다. 예측이 어려우므로 무질서(엔트로피)가 큰 것이다.

엔트로피와 일치하는 건 다음과 같은 이유에서도 수긍이 간다. 메시지에 불필요한 글자가 끼면 정보량은 준다. '불필요하다'는 말 속에는 이미 분별이 있다는 뜻이고, 분별이 있다는 건 무질서가 그만큼 적은 것이다. 반면에 메시지에 불필요한 글자가 없으면 정보량은 크다. 불필요한 글자가 없다는 건 모두가 필요하다는 것이니, 필요와 불필요의 분별을 둘 수 없다는 거다. 무질서가 그만큼 큰 것이다.

섀넌은 이 정의를 기반으로 핵심 사실들을 이끌어 내는데, 여기서 섀넌의 정보이론에 모두가 수긍하는 것은 이 정의가 설득력이 있고 거기서 도출되는 성질들이 수리적으로 맞기 때문이다. 튜링이 기계적인 계산을 정의하고, 그 정의가 받아들일 만큼 된다는 것을 설득한 후, 나머지 이야기를 전개해 나가는 것과 똑같다.

복음

정보량의 정의로부터 섀넌은 두 개의 사실을 도출해 낸다. 당시의 통념을 거스르는 혁명적인 내용이었다.

당시의 통념은 상식적이었다. 통신의 한계는 전달하는 메시지와는 무관하다고 봤다. 통신채널(유선, 무선)의 물리적인 성질이나 메시지 신호의 강도가 통신 가능 여부를 결정한다고 봤다. 예를 들어 메시지 전달의 속도를 높이려면 통신채널의 주파수를 올리고, 통신 중에 끼어들 수 있는 잡음을 극복하려면 메시지 신호의 강도를 높이는 것으로 해결하려는.

그러나 이런 통념에 갇혀서는 문제를 해결할 수 없었다. 통신채널을 최대로 이용하면서 잡음을 극복해서 온전히 소통하는 기술은 오리무중이었다. 메시지 신호 강도를 올리면 잡음도 같이 강해질 뿐이었다.

섀넌은 기존 상식을 뛰어넘는 답을 낸다. 통신의 한계는 그런 물리적인 데 있지 않고 전달하려는 메시지가 가지는 정보량에 있다는 패러다임 전환이었다.

첫 번째 정리는 잡음이 없는 채널의 경우다. 다음과 같다.

전달하고자 하는 정보량이 H고, 채널 용량[11]이 C라고 하자.
메시지 전달은 최대 초당 C/H로 항상 가능하다.

이 정리는 통념을 뒤집었다. 당시 전문가들은 메시지의 전달 가능 여부는 채널 매체의 물리적 성질(주파수 등)에 의존한다고 봤다. 섀넌은 그게 아니라 메시지 자체의 정보량에만 좌지우지된다는 사실을 도출한 것이다. 메

---

11 메시지가 통과하는 수도관의 지름이라고 상상하자.

시지는 항상 전달 가능할 뿐 아니라 그 전달 속도는 메시지의 정보량과 채널 용량에만 의존한다는.

두 번째 정리는 전달 중에 잡음이 끼는 경우다. 다음과 같다.

정보량이 초당 H라고 하고 채널 용량은 초당 C라고 하자.

$H \leq C$이면 온전히(잡음에 의한 생채기가 충분히 적어지도록) 전달할 수 있다.

$H > C$이면 잡음에 의한 생채기를 $H-C$ 미만으로 줄일 수는 없다.

이 정리는 더 혁명적이다. 당시 전문가들은 채널 잡음이 어느 이상이 되면 메시지를 온전히 전달할 방법은 없다고 믿었다. 잡음을 거스르는 방법은 더 큰 에너지로(큰 소리로) 전달하는 방법밖에는 없다고 믿었고, 에너지가 커지면 잡음도 함께 걷잡을 수 없이 커지는 현상 때문에 속수무책이었다. 그런데, 위의 정리는 아무리 잡음이 많은 채널이라고 해도, 정보량만 적으면 메시지를 온전히 전달할 방법은 있다니.

이 정리를 곱씹어 보자. 아무리 잡음이 많은 채널이라도 초당 전달하는 정보량이 채널 용량을 넘지만 않는다면($H \leq C$) 온전하게 전달할 방법이 있다고 했다. 따라서, 초당 정보량이 채널 용량을 초과한다면($H > C$) 메시지의 정보량을 줄여주면 온전하게 전달할 수 있다. 그럼 정보량을 어떻게 줄이나? 정보량을 줄이는 방법은 메시지에 있는 심벌들을 반복하거나 잡음으로 상처 날 메시지를 원상복구시키는 방법을 추가하면 된다. 이런 부가적인(정보량을 줄이는) 방법들을 메시지에 추가하다 보면 단위시간당 전달할 수 있는 정보량은 줄어들 게고 언젠가는 $H \leq C$가 돼서 그런 메시지는 온전히 전달할 수 있게 된다.

어떤 잡음에서도 온전히 통신할 수 있다는 복음. 방법은 하드웨어(채널 매체)에 있지 않고 소프트웨어(메시지 자체)에 있다, 메시지에 있는 정보를 표현하는 방법만 잘 찾으면 된다, 라는 복음. 온전한 통신의 열쇠는 메시지 바깥의 물리적인 신호에 있지 않고 메시지 안의 정보에 있다는 복음. 적절한 정의에서 출발해서 엄밀하게 도출해 낸 놀라운 결과였다.

그 방법은 무엇일지는 모르지만 존재한다고 이론적으로 확인해 줬으니 메시지를 표현하는(인코딩*encoding* 하는) 방법을 찾으면 되는 것이었다.

인코딩

이제 메시지를 표현하는 방법 – 메시지 인코딩 방법 – 을 알아보자. 그런 후 잡음을 거슬러 메시지를 온전히 주고받을 수 있는 방법을 알아보자.

인코딩이란 이 심벌을 저 심벌로 표현하는 것이다. 소리를 디지털로 인코딩. 아날로그 소리를 0과 1로 인코딩. 그림을 디지털로 인코딩. 아날로그 그림을 0과 1로 인코딩. 튜링기계를 자연수로 인코딩. 모두 다 이 심벌을 저 심벌로 바꿔 표현하는 것이다.

반대로 디코딩*decoding*이란 인코딩된 것을 원래대로 되돌리는 것이다. 저 심벌을 이 심벌로 되돌리기다. 정보를 보내는 측에서는 인코딩해서 보내고 받는 측에서는 디코딩해서 본다.

예를 들어 보자. 문장을 표현하는 코드를 고안한다고 하자. 문장에 사용하는 단어들은 '가마', '꼭', '꽃', '타고' 만 있다고 하자. 이 단어들을 가지고 다양한 문장을 만들 수 있다. 예를 들어 "가마가마꼭가마꽃가마타고가마" 혹은 "꽃가마꼭타고가마가마꼭가마" 등.

위의 문장을 0과 1로 인코딩하는 방법을 고안하자. 단어마다 0과 1로 구성된 코드를 지정하고, 문장들은 그 코드들을 일렬로 쓰면 된다.

문장은 네 개의 단어로만 구성될 것이므로, 두 비트면 각 단어들을 인코딩할 수 있다.

$$가마 \rightarrow 00$$

$$꼭 \rightarrow 01$$

$$꽃 \rightarrow 10$$

$$타고 \rightarrow 11$$

그러면 임의의 문장은 0과 1 심벌들로 인코딩 된다. 예를 들어

$$가마가마꼭가마꽃가마타고가마 \rightarrow \underbrace{0000010010001100}_{16자}$$

위의 코드를 복구하는 것은 쉽다. 두 비트씩 잘라서 해당 단어로 바꿔주면 된다.

한편, 우리는 늘 주어진 메시지를 가장 효과적으로 인코딩하고 싶어한다. 최대한 채널 용량을 알뜰하게 쓰면서 빨리 많이 보내고 싶으므로, 최선의 방법은 메시지의 인코딩 결과가 메시지의 정보량만큼인 경우다. 심벌들이 얼마나 자주 나타나는지에 따라 심벌이 가지는 정보량이 차이가 난다. 그 정보량에 맞춰 인코딩 규칙을 정하면 알뜰하게 될 것이다.

예를 들어 이전 문장의 경우, 단어의 사용빈도를 알고 자주 사용되는 단어일수록 짧은 코드를 사용하면, 문장을 표현하는 코드를 더 짧게 만들 수 있다. 단어들의 사용빈도로 보면, '가마'가 제일 자주 사용되고, 다음으로는 '타고', '꼭', '꽃' 순서라는 것을 알았다고 하자. 그러면 다음과 같이 단어마다 크기가 다른 코드를 지정할 수 있다.

가마 → 0

꼭 → 10

꽃 → 110

타고 → 111

그러면

가마가마꼭가마꽃가마타고가마 → $\underbrace{0010011001110}_{13자}$

16비트가 아니고 13비트로 표현된다.

위의 코드를 원래대로 복구하는 것도 쉽다. 코드를 읽어가면 반복해서 다시 살필 필요 없이 단어들이 결정된다. 첫 번째 0을 읽으면 '가마'다. 다른 것이 될 수 없다. 두 번째 0을 읽으면 또 '가마'다. 다음 1을 읽으면 그 다음 0까지 읽게 된다. 그때까지 해당 코드가 없으니까. 10까지 읽으면 그때 '꼭'이 된다. 다른 것이 불가능하다. 이런 식으로 주욱 읽으면서 해당하는 문장이 쉽게 복구된다.

이렇게 단어마다 다른 길이의 코드를 써도 복구가 쉬운 이유는 뭘까? 각 단어의 코드 앞부분이 또 다른 단어의 코드와 겹치지 않도록 했기 때문이다. 단어 코드들을 보자. 0, 10, 110, 111. 어떤 코드의 앞부분을 봐도 다른 코드와 겹치지 않는다. 이러한 코딩 방식이 JPEG, MPEG, ZIP 등에서 사용하는 방법이다.

앞서 이야기 한 두 예가 대표적인 두 가지 코딩 방법이다. 크기-고정 코드와 크기-변동 코드다. 크기-고정 코드는 각 단어에 같은 길이의 비트를 할당하는 것이고, 크기-변동 코드는 자주 등장하는 단어에 더 짧은 길이의 비트를 할당하는 것이다.

인코딩은 텍스트에 국한되지 않는다. 임의의 구조물도 다른 심벌로 바꾸고 원래대로 복구할 수 있는 코딩 방법을 찾을 수 있다. 예를 들어 2차원 구조물인 아래 구조를 보자.

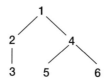

이것을 괄호를 이용해서 아래와 같이 1차원 문자열로 인코딩할 수 있다.

$$(1 \ (2 \ (3)) \ (4 \ (5) \ (6)))$$

인코딩 규칙은, 구조물의 맨 위에서부터 경우에 따라 다음 세 가지 중 하나가 사용된다.

> (꼭지값 왼쪽구조물 오른쪽구조물)
>
> (꼭지값 아래구조물)
>
> (꼭지값)

위의 예에서, 맨 위는 꼭지값이 1이고 왼쪽과 오른쪽으로 갈라지는 구조다. 따라서

$$(1 \ L \ R)$$

이다. 왼쪽 L은 다시 꼭지값이 2이고 하나로 내려오는 구조이므로

$$(2 \ T)$$

이다. 아래 달린 T는 꼭지값 3만 있는 구조이므로

$$(3)$$

이다. 그러므로 $(1\ L\ R)$에 있는 L을 바꿔 넣으면

$$(1\ (2\ (3))\ R)$$

이다. 오른쪽 R도 인코딩 규칙을 반복해서 적용해 넣으면 다음과 같이 된다.

$$(1\ (2\ (3))\ (4\ (5)\ (6)))$$

.... ▲

젊은 남녀가 수화(手話)를 하고 있었다.
여자는 두 손 마주 잡고 열심히 쳐다보고 있었다.
참을 수 없이 기쁜 표정 담긴 얼굴이
손 없이 수화하듯 울고 있었다.

– 황동규, 〔발 없이 걷듯〕

오류 수정 코드

잡음을 거슬러 온전한 통신이 가능하도록 메시지를 인코딩하는 방법은 무엇일까? 섀넌이 규명한 대로 어쩔 수 없는 최소의 변형은 존재할 것이다. 메시지를 받는 측에서는 메시지를 원형으로 회복할 수 있어야 한다.

방법은 생채기를 회복시킬 수 있는 심벌들을 메시지에 끼워 넣는 것이다. 이런 추가 심벌들 때문에 총 메시지의 정보량은 준다. 줄이다 보면 채널 용량보다 적어진다. 그렇게 되면 섀넌의 이론에 따르면, 온전히 보낼

수 있다.

메시지에는 다양한 오류 수정 장치가 이용된다. 초보적인 방법이 아래와 같다. 전달 중에 생기는 생채기를 극복하는 방법이다.

- 첫 번째는 반복하는 방법이다. 같은 메시지를 여러 번 반복해서 보낸다. 틀린 부분이 있어도 나머지 복제 메시지에서 통계적으로 옳은 메시지를 유추할 수 있다. "밥먹자"를 보내고 싶으면 "밥먹자 밥먹자 밥먹자"를 보낸다. 받은 측에서 복구할 때는 틀리게 전달된 글자가 끼더라도 다수의 것을 선택한다. 예를 들어 "밥먹자 밤먹자 밥먹저"로 받았다고 하자. 첫 글자가 '밥', '밤', '밥'이므로 '밥'으로 복구한다. '먹'은 모두 같으므로 '먹'으로, 세 번째 글자도 '자', '자', '저'이므로 '자'로 복구한다. 따라서 받은 측에서는 "밥먹자"로 읽는다.

- 두 번째 방법은 반복의 일종인데 메시지를 일부러 길게 늘어뜨려서 인코딩하는 방법이다. 일부가 틀리더라도 나머지 부분들로부터 유추할 수 있다.
  예를 들어 "027013"을 보내는데 "영빵 두울 치일 영빵 하나 석삼"으로 보낸다. 각 숫자를 여러 글자로 늘어뜨려 인코딩한 것이다. 전달 중에 생채기가 나더라도 다른 글자들을 보고 복구가 가능하다. 예를 들어 "엉방 듀을 차일 영방 허나 석산"으로 도착했다고 하자. "027013"으로 복구할 수 있다.

- 검산치_checksum_를 쓰는 방법이 있다. 메시지의 특정 계산 결과를 메

시지에 덧붙여서, 검산 결과가 맞지 않으면 오류가 난 것으로 확인
할 수 있는 방법이다. 검산이 틀리면 메시지를 다시 보내달라고 요
청한다.

예를 들어 메시지가 숫자라고 하면, 각 자릿수를 더해서 나온 숫자
의 마지막 자릿수를 검산치로 덧붙인다. "4 6 7"은 4 + 6 + 7 = 17이
므로 "4 6 7 7"로 전달된다. 받은 측에서 같은 계산을 해서 검산치
가 맞는지를 확인한다. 전달되어 온 것이 "5 6 7 7"이라고 하면 검
산치가 계산과 맞지 않으므로 메시지를 다시 보내달라고 한다.

이런 오류 수정 코드를 고안하면, 메시지가 온전히 전달되지 못할 확률이
거의 0이 되는지를 확인해야 한다. 이때 정보이론의 수학을 동원하게 되
는데, 잘못 전달될 확률이 예를 들어 $1/10^{18}$ 정도면 안심할 수 있다. 우주
의 나이만큼 기다려도 잘못될 경우가 겨우 한 번 있을까 말까 한 확률이
기 때문이다.

인터넷을 열면 뜨는 페이지들은 이런 안전한 인코딩 덕분에 온전하게
내 창에 나타난다. 인터넷 창의 페이지들은 대개 인터넷에 연결된 다른
컴퓨터가 보관하고 있는 페이지들을 보내준 것이다. 페이지를 보다가 여
기저기 클릭하면서 자료를 내려받기도 한다. 음악일 수도 있고 책일 수도
있고 동영상일 수도 있다. 그것들 모두가 원저작자가 인터넷에 올린 것
그대로 온전히 내 컴퓨터에 내려받을 수 있다. 데이터들의 인코딩 방법이
잡음을 극복하는 튼튼한 방식이라고 정보이론에 기초해서 확인한 것이
기 때문이다.

5.3 인간 현실의 확장

시공간 공유

컴퓨터(의 한계) 덕택에 전세계의 누구와도 시공간을 공유할 수 있게 되었다.

시공간을 공유해야만 할 수 있는 일들이 있다. 친구들과 가위바위보로 어떤 결정을 내리는 게임을 예로 들어보자. 이 게임은 동시에 같은 장소에 모두가 모여 있어야 가능하다. 그래야 서로 공정한지 확인하고 누가 이겼는지를 확인할 수 있다. 멀리 떨어져 있는 사람들이 전화나 이메일이나 카카오톡으로 가위바위보를 한다면 쉽게 서로 속일 수 있다. 상대가 낸 것을 보고 나서 내가 이길 것을 전달하는 반칙이 가능하기 때문이다.

비밀을 주고받을 때도 시공간을 공유해야 한다. 따로 한 장소에서 조용히 만나 이야기해야 한다. 떨어져 있으면 이야기 나누는 소리를 누가 엿들을 수 있다.

시공간의 제약을 벗어나는 간단한 해결책은 믿을 만한 제3자를 중간에 개입시키는 것이다. 가위바위보는 심판에게 각각 내고 심판이 모두 모아 판정을 내리면 된다. 비밀은 중간 심부름꾼에게 전하고 그 사람이 두 사람 사이를 오가며 이야기를 전하면 된다.

문제는 외부의 제3자를 믿어야 한다는 점이다. 그런 제3자는 다른 사람에게 매수될 수 있기 때문에 완전히 신뢰하기는 어렵다.

컴퓨터는 이런 제3자의 개입 없이도 안심하고 시공간을 공유할 수 있게 해준다. 그 덕분에 전세계 불특정 누구와도 비밀통신을 할 수 있고 상거래를 할 수 있게 되었다. 전세계 누구와도 가위바위보를 할 수 있게 되었다.

어떻게? 컴퓨터의 한계를 역이용한다. 컴퓨터가 풀기에는 시간이 너무 오래 걸리는 문제들이 있다. 그것을 이용한다.

역발상

순방향 계산은 쉽지만 그 역방향 계산은 어려운 것들이 있다. 예를 들어 컴퓨터로 곱하기는 쉽지만 인수분해는 어렵다. 인수분해는 자릿수가 커지면 기하급수로 시간이 걸리는 문제다. 나눈 나머지를 계산하는 연산도 그렇다. 나누기 계산은 쉬운데, 나머지를 보고 어떤 수를 나눈 것인지를 알기는 불가능하다. 소인수분해는 수가 네 자리, 다섯 자리만 되어도 사람은 이미 어렵게 느끼기 시작한다. 몇백 자리가 넘어가면 사람이 풀기에는 물론 어렵고 컴퓨터로 풀기도 어렵다. 제대로 풀려면 알려진 알고리즘으로 영겁의 시간이 걸린다. 나머지 연산도 그렇다. 예를 들어 12345를 10으로 나눈 나머지가 5인 건 쉽게 알 수 있지만, 나머지 5를 가지고 거꾸로 12345를 짚어내는 것은 불가능하다. 경우의 수가 너무 많다.

이렇게 역방향 계산이 현실적으로 불가능한 연산을 역이용해서 시공간의 제약을 넘을 수 있다. 이 역발상은 마누엘 블럼(Manuel Blum)이 시작했다. 아무리 생각해도 NP 문제를 현실적인 비용으로 풀 방법을 찾지 못하고 있던 어느 날, 그는 풀리지 않는 문제를 역이용해서 요긴하게 쓰는 아이디어를 떠올린다. 블럼은 이 방향의 물꼬를 튼 업적 등으로 1995년 튜링상을 받는다.

> *거기가 땅끝이라면 끝내, 돌아서지 말아라,*
> *끝끝내 바다와 맞서거라, 마주하거라.*
>
> — 이문재, 〔땅끝이 땅의 시작이다〕

가위바위보를 예로 들어보자. 서울과 뉴욕과 파리에 떨어져 있는 친구들이 카카오톡으로 가위바위보를 한다. 일단 짓궂은 친구가 있으면 게임이 공정하게 진행될 수 없다. 서로 낸 것을 동시에 보내자고 한다. 각자 보낸다. 짓궂은 친구는 다른 친구들이 낸 것이 오기를 기다렸다가 자기가 이길 수 있는 것을 낸다. 친구들이 왜 늦게 내냐고 불평하면 자기는 보지 않고 낸 것이라고 우긴다.

이 문제를 해결하는 방법은 이렇다. 상대방이 낸 것을 알려면 소인수분해를 해야만 하도록 구성하는 것이다. 소인수분해는 시간이 굉장히 오래 걸리므로 상대방이 낸 것을 알기는 현실적으로 불가능하다. 1, 3, 7로 끝나는 큰 소수가 각각 가위 바위 보를 뜻한다고 정하자. 각자는 자기가 낼 것에 해당하는 소수를 하나 선택하고 거기에 그보다 작은 소수를 곱해서 서로에게 카카오톡으로 보낸다. 내가 내기 전에 상대방이 낸 것이 도착했다고 해도 뭘 냈는지 알 수가 없다. 큰 수를 소인수분해 하기는 현실적으로 불가능하기 때문이다. 상대방이 무엇을 냈는지 모르는 상태로 나도 소수 두 개를 곱해서 상대방에게 전달하게 된다. 모두 서로 숫자를 주고받은 것을 확인했으면 서로에게 자신이 낸 소수가 뭔지를 공개한다. 각자는 상대방이 냈다는 소수로 자기가 받은 수를 나눠서 나뉘는지, 그리고 상대방이 냈다는 소수가 두 개의 인자 중에 큰 인자인지를 확인한다. 상대방이 낸 것을 확인하는 것이고 누가 승자인지를 모두 동의하게 된다.

이렇게 시공간 공유 없이도 서로 속이지 못하면서 가위바위보 게임을 할 수 있다. 그래도 속일 수 있는 방법이 있지 않을까? 가위바위보 3개의 소수를 모두 곱한 수를 보내면 속일 수 있을 것 같다? 상대가 공개한 소수를 이기는 소수를 3개 중에 선택해서 공개하면 되기 때문이다? 그렇지 않다. 낸 것이라고 주장하는 소수와 그것으로 나눠서 짝이 되는 인자가 모두 소수인지를 확인하는 절차를 두면 된다. 다행히 소수인지 아닌지만을 확인하는 것은 현실적인 비용으로 가능하다.[12]

현재의 컴퓨터로는 현실적으로 불가능한 역방향 계산을 역이용해서 시공간의 한계를 넘기. 떨어진 두 사람이 비밀스런 메시지를 주고받고자 할 때도 마찬가지다.

혹시, 양자 컴퓨터가 현실화되면 이런 기술은 공염불이 될까? 소인수분해 연산은 물론 사용할 수 없겠다. 현실적인 시간에 소인수분해 하는 양자 알고리즘이 있으므로. 다른 연산 중에서 양자 컴퓨터로도 역방향이 비현실적인 연산을 찾아야 할 것이다. 그런 연산은 있을 것이다.

암호

둘만의 비밀 메시지를 주고받고 싶다면 시공간을 공유하면 쉽다. 만나서 귓속말로 하면 된다.

둘이 떨어져 있을 때 비밀통신을 가능하게 하는 방법이 암호다. 암호기술로 두 사람만이 알 수 있는 메시지를 주고받을 수 있다. 다른 사람이 메시지를 엿들어도 무슨 말인지 전혀 모른다.

모든 암호기술의 틀은 간단하다. 두 사람이 비밀열쇠를 공유한다. 메시지를 보내는 사람이 그 열쇠로 메시지를 알아보지 못하게 바꾸고,

---

12 'AKS(Agrawal-Kayal-Saxena) 소수 테스트'라는 알고리즘이다. 2002년에 발표되었다. 자연수 n이 소수인지를 확인하는 데 $O(\log^{12} n)$의 시간이 걸린다. 이 알고리즘은 계속 개선되어 2005년에는 $O(\log^6 n)$ 시간이 걸리는 알고리즘이 발표되었다.

메시지를 받는 사람은 그 열쇠로 원래 메시지를 복원한다. 다른 사람은 그 비밀열쇠가 없기 때문에 엿들어도 원래 메시지를 복원할 수 없다. 예를 들어 비밀열쇠로 17을 공유한다고 하자. 철이는 영희에게 자신의 주민번호 뒷자리 1234567을 보내고 싶다. 그렇다면 1234567 + 17 = 1234584를 영희에게 보낸다. 중간에서는 1234584를 엿들어도 1234567을 짚어낼 수 없다. 가능한 경우가 너무 많기 때문이다. 비밀열쇠 17이 없기 때문이다. 영희는 자신도 비밀열쇠 17을 알고 있으므로 1234584 – 17 = 1234567을 통해서 원래 내용을 알 수 있다. 이것이 모든 비밀 통신의 기본 방식이다.

물론 실제에서는 이렇게 단순히 더하고 빼는 연산이 아니고 더 복잡한 일들을 한다. 열쇠가 없이는 역방향(원래 메시지 복원) 계산이 현실적으로 불가능한 연산(곱하기, 나머지 연산 등)을 선택한다.

한 가지 문제는 비밀열쇠를 서로 미리 공유해야 한다는 것이다. 이것이 시공간의 제약을 뛰어넘는 데 걸림돌이다. 비밀통신을 하기 위해서는 비밀열쇠를 공유해야 한다. 그런데, 비밀열쇠를 공유하기 위해서는 비밀통신이 필요하다. 닭과 달걀의 딜레마다. 아니면 둘이 따로 만나서 비밀열쇠를 미리 받아놨어야 한다.

이 문제는 불특정 다수와 비밀 메시지를 주고받고자 할 때 더 문제다. 어떻게 미리 만나서 비밀열쇠를 공유해 놓는단 말인가. 예를 들어 전자상거래 사이트를 개설한다고 하자. 전세계 누구나 손님으로서 내게 신용카드 정보를 비밀스럽게 보낼 수 있어야 한다. 직접 만나지 않고 안전하게 전달할 방법은 카드번호를 암호화 해서 전달하는 것이다. 그런데 손님은 나와 공유하는 비밀열쇠가 있어야 암호를 걸 수 있다. 그러나 만난 적도 없는 불특정 다수(손님)와 나는 비밀열쇠를 공유한 적이 없기 때문에 비밀 통신이 불가능하다.

어떻게 불특정 다수와 비밀열쇠를 공유할 수 있을까? 그 답도 컴퓨터의 한계를 역이용해서 나온다. 이어지는 내용이다.

열쇠

> 줄줄이 흘러내리는 이 달빛을
> 한밤내 엿처럼 고아보자
> 햇빛이 몇억 년 고았다는
> 열쇠 같은 저 초승달
>
> – 김혜순, 〔연금술〕

공개적으로 비밀열쇠를 만든다는 것은 모순 같이 들린다. 둘이 공개적으로 둘만 아는 비밀열쇠를 만들 수 있을까? 이게 가능하면 불특정 누구와도 비밀스런 소통이 가능해진다. 불특정 누구와도 전자상거래가 가능해진다.

모순되는 목표 같지만 가능한 방법이 있다. 각자 가진 비밀 조각을 모두 합쳐야 비밀열쇠가 되도록 하고, 서로 가진 비밀 조각을 주고받을 때 누가 엿들어도 밝혀질 수 없도록 컴퓨터의 한계를 역이용하는 것이다.

그 방법을 양념 섞기로 비유해보자. 최종적으로 만들어지는 양념이 둘이 공유할 비밀열쇠가 되는 것이다. 양념을 섞는 것은 쉽지만 분리해 내는 것은 불가능하다고 하자. 서울에 있는 보쌈집 할머니와 뉴욕에 있는 딸을 예로 들자. 둘은 공유할 비밀양념을 만들고 싶다. 할머니의 비밀양

넘은 x, 딸의 비밀양념은 y라고 하자. P라는 공개된 양념이 있다고 하자. 할머니는 공개된 P를 가져다 자기만의 비밀양념 x를 섞는다: $x \oplus P$. 뉴욕의 딸도 공개된 P를 가져다 자기만의 비밀양념 y를 섞는다: $y \oplus P$. 이 두 양념을 서로에게 보낸다. 운송 중에 비밀양념을 훔치려고 해도 불가능하다. x나 y를 분리하지 못하기 때문이다. 딸로부터 할머니에게 도착한 공개된 양념 $y \oplus P$. 할머니로부터 딸에게 도착한 공개된 양념 $x \oplus P$. 보쌈집 할머니는 딸이 보낸 $y \oplus P$에 자신의 비밀양념 x를 섞고, 딸은 할머니가 보낸 $x \oplus P$에 자신의 비밀양념 y를 섞는다. 이렇게 하면 $x \oplus y \oplus P$라는 공통의 비밀양념이 생긴다. (양념 섞기 $\oplus$는 순서에 관계 없다고 하자.)

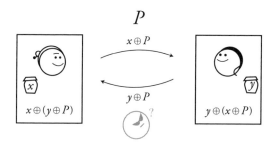

이 비밀양념($x \oplus y \oplus P$)을 쓰면 서울에서도 뉴욕에서도 같은 맛의 보쌈이 만들어지고 누구도 흉내 낼 수 없다. 이것이 비밀열쇠 $x \oplus y \oplus P$를 공개적으로, 그러나 둘만 알 수 있게 만드는 방법이다. 즉, 순서에 상관없는 $\oplus$연산자라면,

$$\text{서울에서 만드는 양념} = x \oplus (y \oplus P)$$

$$= y \oplus (x \oplus P) = \text{뉴욕에서 만드는 양념}$$

디피–헬만 열쇠 교환 *diffie-hellman key exchange* 방식이라고 한다.

실제로 ⊕에 어떤 연산을 사용해야 할까? 그 계산(양념 섞기)은 쉽고 역방향 (양념 분리) 계산은 현실적으로 불가능해야 한다. 곱셈 혹은 나머지 연산 정도를 쓰면 된다. 공개된 소수 P가 있고 각자의 조각 비밀 x와 y가 있다고 하자. 각자 $A = 2^x \bmod P$(2^x를 P로 나눈 나머지)와 $B = 2^y \bmod P$(2^y를 P로 나눈 나머지)를 계산하여 보낸다. 공개된 A와 B로부터 x와 y를 알아내는 건 현실적으로 불가능하다. 경우가 너무 많기 때문이다.

이제 각자 상대방의 것을 내려받아 다음을 계산한다. x비밀을 가진 사람은 B를 가져다가 $B^x \bmod P$를, y비밀을 가진 사람은 A를 가져다가 $A^y \bmod P$를 계산한다. 이 두 결과는 곱과 나머지계산(mod)의 성질 때문에 같다.

$$B^x \bmod P = (2^y \bmod P)^x \bmod P$$

$$= (2^x \bmod P)^y \bmod P = A^y \bmod P$$

둘은 이것을 서로의 비밀열쇠로 사용하면 된다.

인터넷을 할 때 방문지 주소가 'https'로 열리는 사이트들이 있다. 이 페이지를 방문하는 순간 내 컴퓨터와 상대편 컴퓨터는 이 방식으로 비밀열쇠를 만든다. 처음 만나고 멀리 떨어져 있는 둘이지만 누구도 모르게 서로만 공유할 비밀열쇠를 만드는 것이다. 그런 후 주고받는 데이터들은 둘만 알도록 비밀열쇠로 암호를 걸 수 있게 된다. 비밀열쇠를 만들기 위해 서로 주고받는 이야기를 남들이 아무리 엿들어도, 만들어지는 비밀열쇠를 알 수는 없다. '128-비트 암호화(128-bit encryption)'라고 하면 비밀열쇠의 길이가 128비트라는 뜻이다. 비밀열쇠가 길면 길수록 암호를 걸어놓은 것을 열쇠 없이 풀기는 더욱 어려워진다. 중요한 비밀일수록 더 큰 비밀열쇠를 사용한다.

완벽한 하인

암호를 걸어 놓은 데이터를 오직 보관만 할 것이라면 문제없다. 비밀열쇠만 잘 보관하면, 데이터를 도난 당해도 안심이다. 도둑은 비밀열쇠 없이는 암호를 풀지 못할 것이고 데이터의 내용을 알 수 없다.

암호를 걸어놓은 데이터로 무슨 일을 하고 싶다면 어떨까? 데이터를 봐야만 하는 일이라면, 암호를 풀고 나서 일할 수밖엔 없어 보인다. 전국의 모든 고등학생 성적표가 암호화되어 있다. 언어영역 성적이 평균 이하인 학생들의 수를 알고 싶다. 성적표의 암호를 풀어서 언어영역 성적의 평균을 내고 그 이하인 학생들을 세면 된다.

그러나 부담이다. 일단 암호를 풀어야 하므로 정보가 도난 당할 수 있다. 당장 그 일을 하는 사람이 암호가 풀린 데이터를 유출시킬 수 있다. 컴퓨터가 이 일을 한다면, 그 컴퓨터를 지켜보는 사람이 그 데이터를 유출시킬 수 있는 타이밍이 생긴다.

암호를 풀지 않고 진행할 수는 없을까? 암호학에서 최대의 화두였다. 암호가 걸린 세계를 벗어나지 않고 그 안에서 임의의 일을 할 수 없을까? 2009년, 그것이 가능한 암호기술이 발표된다.[13] 데이터에 암호가 걸린 상태에서 모든 일을 할 수 있는 암호기술이다.

---

13 법학을 전공하고 컴퓨터과학 박사과정을 밟던 크레이그 젠트리(Craig Gentry)라는 대학원생이었다.

예를 들어 암호를 건 정수 두 개를 암호를 풀지 않고 더하고 싶다고 하자. 정수 n과 m은 각각 $n + p \times a$와 $m + p \times a'$로 암호를 걸었다고 하자. 비밀 열쇠 p는 n과 m보다 큰 소수이고 a와 a'은 임의의 양수다. 암호 풀기는 p로 나눈 나머지 구하기다. 이제 암호를 풀지 않고 더하는 방법은 보통의 더하기면 된다. 암호를 풀지 않고 그냥 더하면

$$(n + p \times a) + (m + p \times a')$$

암호를 풀고 더한 후 암호를 건 것과 같은 결과가 나온다

$$(n + m) + p \times (a + a')$$

계산 결과도 암호가 걸린 모습으로 나타나므로 비밀열쇠 p를 가진 사람만이 그 결과(p로 나눈 나머지)를 볼 수 있다.

단순히 더하기만이 아니다. 컴퓨터에서 할 수 있는 모든 계산이 암호 세계를 벗어나지 않고도 가능한 암호화 방법이 발견된 것이다. 그래서 암호가 걸린 전국 모든 고등학생 성적표를 가져다가 평균도 계산하고, 나이별 최고 최소성적분포도 계산하고, 등등 임의의 작업이 암호를 풀지 않고 가능해진 것이다.

이런 기술을 완전 동형 암호_fully homomorphic encryption_ 기술이라고 한다. '동형'이란 말은 암호가 걸린 세계에서 일한 결과가 암호를 푼 세계에서 일한 결과의 거울이라는 뜻이다. 암호를 건 것에 밑줄을 치자. $\underline{x}$는 x에 암호를 건 것을 뜻한다. 완전 동형 암호 기술에선 임의의 컴퓨터 프로그램 f에 대해서 암호의 세계에서 같은 일을 하는 프로그램 f'가 있게 된다. 그래서 그 버전 f'를 암호 걸린 데이터 $\underline{x}$에 돌리면 그 결과 $f'(\underline{x})$는 원래의 데이

터 x에 원래의 프로그램 f를 돌린 결과 $f(x)$에 암호를 건 버전 $\underline{f(x)}$와 같게 된다. 군이 등식으로 쓰면 이렇다.

$$\underline{f(x)} = f'(\underline{x})$$

컴퓨터는 암호가 걸린 세계로 들어가서 일을 하는 셈이다. 컴퓨터는 자신이 다루는 데이터가 뭔지도 모르고 계산을 하고, 그 결과가 뭔지 모르면서 결과를 낸다. 암호가 걸린 세계에서 일을 하고, 암호가 걸린 결과를 만들 뿐이다.

이제 컴퓨터에게 일을 시킨 사람은 안심하고 일을 시킬 수 있다. 결과로 전달된 암호 걸린 결과는 나만 가지고 있는 비밀열쇠로 풀 수 있다. 컴퓨터는 무슨 일을 하든 비밀을 누설하지 못하는 완벽한 하인이 되는 셈이다.

> 봉투에 손을 넣어 비밀을 적자
> 손을 마저 잘라 봉투 안에 넣고 밀봉을 하자
>
> – 이병률, 〔이사〕

진품 감정

온전히 소통하며 시공간의 제약을 뛰어넘게 된 이야기에 하나 빠진 것이 있다. 메시지의 원 저자가 누구인지를 확인하는 방법이다.

지금까지는 잡음과 엿듣기를 극복하고 메시지를 온전히 비밀스럽게 전달할 수 있는 방법까지만 알아보았다. 온갖 잡음을 극복해서 메시지를 온전히 전달할 수 있는 것은 정보이론*information theory* 덕택이었다. 인터넷에 펼쳐진 자료의 바다가 시공간 제약 없이 온전하게 공유될 수 있는 이유다. 또 메시지를 온갖 엿듣는 위험을 거슬러 비밀스럽게 전달할 수 있는 것은 컴퓨터의 한계를 역이용한 덕택이었다. 인터넷 상거래가 시공간 제약 없이 일어날 수 있는 이유다. 만난 적도 없는 거래의 당사자들이 신용카드 정보를 안심하고 주고받을 수 있는 배경이다.

이제 마지막으로 답이 필요한 것은 다음의 질문이다. 그 메시지는 과연 그녀가 쓴 것이 확실한가? 서약서의 도장은 과연 그녀의 것이 확실한가? 경매에 나온 그림은 과연 그녀가 그린 것이 확실한가?

이런 이유로 종이의 세계에서 우리는 자필서명을 하거나 도장을 찍는데, 서명이라는 인증 방법이 작동하려면 그 서명을 다른 사람이 복사할 수 없어야 한다. 그래야 다른 사람이 그녀 행세를 할 수도 없고, 그녀가 다른 사람의 서약서라고 발뺌할 수도 없다.

아날로그 세계에서 자필서명은 흉내 낼 수 있지만, 흉내가 불가능한 인증 방법이 컴퓨터의 - 숫자의 - 세계에서는 실현될 수 있다.

그 방법의 얼개는 이렇다. 그녀는 화가이고 그림에 서명을 한다. 그녀는 그녀의 비밀열쇠(서명하는 손)로 암호를 건 서명을 한다. 그 비밀열쇠는 그녀만 가지고 있기 때문에 그녀만이 그녀의 서명을 할 수 있다. 세상에는 그림과 함께 그녀의 암호를 건 서명이 공개된다. 사람들은 암호를 건 서명에서 서명을 분리해서 다른 곳에 도용할 수 없다. 그러려면 너무 많은 계산이 필요하도록 만들었기 때문이다. 컴퓨터 암호의 기본기다.

이제, 누구나 그 그림이 그녀가 그린 것인지를 확인할 수 있다. 그녀의 비밀열쇠(서명하는 손)와 짝인 열쇠가 공개되어 있다. 공개된 짝꿍열쇠(감정하는 눈)를 사용해서 누구나 그녀가 서명한 그림인지를 확인할 수 있다. 그 짝꿍열쇠가 감정할 수 있는 그림은 그녀가 서명한 그림뿐이도록 고안되어 있기 때문이다. 공개된 짝꿍열쇠가 누구의 서명을 감정해주는 열쇠인지는 공신력 있는 곳(정부기관 등)에 공개되어 있다.

좀 더 명확하게는 이렇다. 그림을 M이라고 하고, 그녀의 비밀열쇠(서명하는 손)를 x, 공개된 짝꿍열쇠(감정하는 눈)를 y라고 하자. 그림 M과 함께 전달하는 서명은 $M \oplus x$이다. 다른 사람은 그녀의 서명을 훔치지 못한다. x를 현실적으로 분리해 낼 수 없는 연산 $\oplus$를 사용하기 때문이다. 이제 이 서명의 진품 여부는 공개된 짝꿍열쇠 y가 담당한다. 서명 $(M \oplus x)$를 이 열쇠 y로 열면, 즉 $(M \oplus x) \ominus y$를 하면 그 결과는 원래 그림 M이 나오게 되어 있다. 다른 게 나오면 위조로 밝혀진다. 그 서명이 M에 대한 서명이 아니거나($M' \oplus x$) 그녀가 서명한 게 아니라면($M \oplus x'$), 두 가지 경우 모두 y로 열면(($M' \oplus x) \ominus y$, $(M \oplus x') \ominus y$) 그 결과는 M과 다른 것이 나온다. 짝꿍열쇠 y는 x에 대해서만 그렇게 작동하는 열쇠이고, y로부터 x를 알아낼 수 없게 되어 있다.

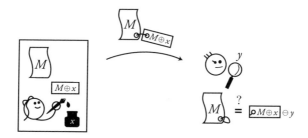

1977년, 이런 성질을 만족하는 열쇠 짝 x와 y를 쉽게 만드는 방법과 실용적인 $\oplus$와 $\ominus$가 발견된다. 리베스트(Ron Rivest), 샤미르(Adi Shamir), 애들먼(Leonard Adleman)이었고 그 공로로 2002년 튜링상을 받는다. 세 명의 이름자를 따서 'RSA' 암호방식이라고 불린다.[14]

벼랑

하지만 지금의 디지털 암호기술 정도로 만족하고 손 놓기는 불안하다. 벼랑에 매달린 느낌 때문이다.

우리의 시공간을 확장하는데 사용한 암호기술은 모두 현재의 컴퓨터 한계에 기대고 있다. 디지털 암호기술은 모두 현재의 디지털 컴퓨터로 쉽게 풀 방도를 알 수 없는 계산 문제에 기대고 있다. 예를 들어 자연수 인수분해 문제다. 자연수는 자릿수가 커질수록 우리가 알고 있는 최선의 알고리즘이라고 해봤자 그 계산 비용이 기하급수로 커진다(인수분해 문제는 NP 클래스 문제다). 그런 문제는 인수분해 문제만 있지 않다. 그 외에도 비슷하거나 더 어려운 문제들이 수학에는 많다. 이것들이 컴퓨터 암호에 유용하게 쓰인다.

그런데 그런 문제들이 정말 엄청난 시간이 걸릴 수밖에 없는 문제인지는 확인된 바 없다. NP 문제인 경우, $P \neq NP$는 아직 증명되지 않았다. 따라서 그럴 리가 매우 희박하지만 그런 문제를 신속하게 풀 수 있는 알고리즘이 고안될 수 있는 여지는 아직 남아 있다. 그리고, 기하급수로 커지는 계산 비용을 극복할 수 있는 새로운 컴퓨터(양자 컴퓨터quantum computer)도 저편에서 으르렁거리며 우리에게 현실로 닥쳐올 준비를 하고 있기도 하다.

한편, 이 벼랑에서 디지털 암호기술이 꽃핀 건 아이러니다. 수학자들은 풀리지 않는다는 사실에만 매혹되어 수백 년간 문제들에 매달렸다. 그런 문제를 풀면 당장 어디에 쓰일지는 안중에도 없이 소비했던 무수한 땀. 아

---

14 이 방식은, 만난 적도 없는 사람이 내게 비밀 메시지를 보낼 때도 편리하다. 서로가 공유할 비밀열쇠를 따로 만드는 과정이 필요 없기 때문이다. '비밀열쇠'를 공개하고 '짝꿍열쇠'를 비밀로 내가 가지고 있으면 된다. 누구나 내가 공개한 열쇠로 내게 비밀스럽게 보내고 싶은 메시지에 암호를 걸 수 있고, 그 암호를 풀 수 있는 사람은 나뿐이다. 내가 가진 짝꿍열쇠만 그 암호를 풀 수 있기 때문이다.

무리 해도 풀리지 않았다는 역사만 만든 시간들. 그 '헛된' 시간 덕분에 우리는 지금 그런 문제를 유용하게 사용할 수 있게 되었다. 그런 문제들이 디지털 암호를 떠받치는 기둥이 되어 우리의 시공간을 확장해주고 있는 것이다.

06

마치면서

컴퓨터과학이 여는 세계

여기까지다. 컴퓨터라는 마음의 도구, 그 기원과 구현, 그 도구를 다루는 알고리즘과 언어, 그리고 응용의 세계.

엉기성기한 대로 이 책이 컴퓨터과학을 이해하는 하나의 길을 텄다고 생각하려 한다. 이 길을 통해서 독자들이 우리를 둘러싸고 있는 디지털 세상을 바라보는 시각을 형성하는데 도움 되었길 바란다. 아무쪼록 이 책이 편하게 들을 만한 이야기였길, 가보니 쉬운 숲길이었길, 그리하여 지나친 울창한 숲, 피어오르는 안개, 울리는 폭포 소리 쪽으로 들어서보고 싶은 호기심을 안겨 주었길 바란다.

> 나도 안다, 우리는 아직 여행을 끝내지 않았다.
> 내가 찾던 평생의 길고 수척한 행복을 우연히
> 넓게 퍼진 수억의 낙화 속에서 찾았을 뿐이다.
>
> — 마종기, 〔북해의 억새〕

아기의 첫 웃음

컴퓨터는 유례없는 힘을 가진다. 컴퓨터라는 도구는 다른 도구처럼 인간의 능력을 확장시키는 힘이 있지만, 그 범위는 인류 역사에 유례가 없을 정도로 광범위하다. 우리가 우리 주변의 모든 것을 컴퓨터에게 맡기는 세계가 펼쳐지고 있다.

그런데 컴퓨터 분야는 이미 모든 게 이루어진 성숙한 분야가 아니다. 겨우 먼동이 튼 옥색의 새벽, 첫 웃음을 막 터뜨린 아기. 이 정도가 아닐까. 탄생 이후 이제 겨우 70여 년이기 때문이다. 미래에 이루어질 거대한 변화에 비하면 지금까지의 컴퓨터 분야의 성과는 시작일 뿐이다. 비유하자면 지금은 '뉴턴(Newton)', '갈릴레오(Galileo)'와 같이 살아가는 초창기일 뿐이다.

그러므로 선무당일 수 있다. 정보과학기술이 어떻게 펼쳐질지를 예측하거나 특정 분야의 선택과 집중을 논의하는 것은 섣부를 수 있다. 확실한 것은 컴퓨터 분야의 성과를 통해서 인간의 지능/본능/현실은 나날이 확장될 것이라는 점이다. 마치 생명과학의 성과를 통해서 인간 수명이 연장되고, 물리학의 성과를 통해서 에너지원이 확장되듯이.

이럴 때 근본을 ─ 혹은 문제의 전말과 선택의 경위를 ─ 잘 이해하는 게 긴요할 수 있다. 미래에 나타날 많은 것을 손쉽게 커버하는 방법은 원리에 집중하는 것이다. 근본을 꿰뚫는 시각을 튼튼히 할수록 다양한 응용들의 한계와 가능성을 쉽게 파악할 수 있고, 남들이 미처 보지 못하는 곳을 볼 수 있기 때문이다. 지금까지의 응용은 어쩌면 아기의 설익은 춤, 앞으로 펼쳐질 영토는 지나온 지형보다 넓고 비옥할 것이다. 근본적인 기초를 튼튼히 갖추지 못하면 예측불허의 기회를 앞장서 감지하고 개척하는 인재들은 나올 수 없거나 수명이 짧을 수 있다.

> 네가 바라보는 것들의 깊이 없이 너의 깊이가 있느냐.
> 그렇지 않느냐 샘물이여.
>
> ─ 정현종, 〔네 눈의 깊이는〕

컴퓨터과학은 과감히 시도하고, 광범위하게 연대하고, 개방적으로 진행하고, 신속히 산업화하고, 이론과 실제를 분리하지 않는, 그런 마음과 머리와 손재주에 공명할 것이다. 컴퓨터과학을 군이 정의한다면 다음과 같을 것이다.

컴퓨터과학은

머리로 궁리하는 것에 대한 공부(*science of intelligence*)이고

그 응용은 인간 지능/본능/현실의 확장이다.

참고자료

REFERENCE

책을 쓰며 참고했던 자료를 각 장별로 모았다. 모든 자료를 망라한 것이 아니라 출판된 책 위주이고 독자들에게 소개할 만한 것으로 선별했다. 자료에 ▲마크를 한 것은 전공자용 자료다. 본문에서 각주에 직접 참고자료를 단 경우는 인용한 경우다. 독자들이 본문을 읽으며 더 알아보고 싶은 자료는 구글 검색(google.com)을 추천한다.

02. 400년의 축적

• Martin Davis. *The Universal Computer: The Road from Leibniz to Turing*. W. W. Norton & Company, 2000.

《수학자, 컴퓨터를 만들다》 박정일, 장영태 옮김. 지식의풍경, 2005.

• Apostolos Doxiadis, Christos H. Papadimitriou. Art by Alecos Papadatos, and Annie Di Donna. *Logicomix: An Epic Search for Truth*. Bloomsburg USA, 2009.

《로지코믹스》 전대호 옮김. 랜덤하우스코리아, 2011.

- George Dyson. *Turing's Cathedral*. Pantheon Books, 2012.

- Martin Davis (editor). *The Undecidable: Basic Papers on Undecidable Propositions, Unsolvable Problems And Computable Functions*. Raven Press Books, 1965. ⚠

- Jean van Heijenoort. *From Frege to Gödel: A Source Book in Mathe-matical Logic, 1879-1931*. Harvard University Press, 1967. ⚠

- Andrew Hodges. *Alan Turing: The Enigma*. Princeton University Press, 2014 Updated edition

  《앨런 튜링의 이미테이션 게임》 김희주, 한지원 공역. 동아시아, 2015.

- Ernest Nagel and James R. Newman. *Gödel's Proof*. New York University Press, 1958.

- Roger Penrose. *The Emperor's New Mind: Concerning Computers, Minds, and The Laws of Physics*. Oxford University Press, 1989.

  《황제의 새 마음(상, 하)》 박승수 옮김. 이화여자대학교출판부, 1996.

- Alan Turing. "On Computable Numbers, with an Application to the Entscheidungsproblem". *Proceedings of the London Mathematical Society*, 42(2), 1937. ⚠

03. 그 도구의 실현

- I. Bernard Cohen and Gregory W. Welch (editors). *Makin' Numbers: Howard Aiken and the Computer*. The MIT Press, 1999.

- W. Daniel Hillis. *The Pattern on the Stone : The Simple Ideas That Make Computers Work*. Basic Books, 1998.

  《생각하는 기계》 노태복 옮김. 사이언스북스, 2006.

- John von Neumann. *The Computer and the Brain*. Yale University Press, 1958.

- Radomir S. Stankovic, Jaakko T. Astola, and Mark G. Karpovsky. "Some Historical

Remarks On Switching Theory".

04. 소프트웨어, 지혜로 짓는 세계

- John D. Barrow. *Impossibility: The Limits of Science and the Science of Limits*. Oxford University Press, 1998.

- Jean Khalfa (editor). *What is Intelligence?* Cambridge University Press, 1994.

- Michael R. Garey and David S. Johnson. *Computers and Intractability: A Guide to the Theory of NP-Completeness*. W. H. Freeman and Company, 1979. ▲

- Jean-Yves Girard, Yves Lafont, and Paul Taylor. *Proofs and Types*. Cambridge University Press, 1989. ▲

- J. Roger Hindley. *Basic Simple Type Theory*. Cambridge University Press, 1997. ▲

- René Lalement. *Computation as Logic*. Prentice Hall, 1993. ▲

- Cristopher Moore and Stephan Mertens. *The Nature of Computation*. Oxford University Press, 2011. ▲

- Benjamin C. Pierce. *Types and Programming Languages*. The MIT Press, 2002. ▲

- Philip Wadler. "Proofs Are Programs: 19th Century Logic and 21st Century Computing", 2000.

05. 그 도구의 응용

- Eugene Chiu, Jocelyn Lin, Brok Meferron, Noshirwan Petigara, and Satwiksai Seshasai. "Mathematical Theory Of Claude Shannon: A Study of the Style and Context of His Work Up To the Genesis of Information Theory", 2001.

- Jon Gertner. *The Idea Factory: Bell Labs and The Great Age of American Innovation*. The

Penguin Press, 2012.

• James Gleick. *The Information: A History, A Theory, A Flood*. Pantheon Books, 2011.

• George Johnson. *A Shortcut Through Time: The Path to the Quantum Computer*. Alfred A. Knopf, 2003.

• John MacCormick. *Nine Algorithms That Changed the Future: The Ingenious Ideas That Drive Today's Computers*. Princeton University Press, 2012.
《미래를 바꾼 아홉 가지 알고리즘》 민병교 옮김. 에이콘출판, 2013.

• Claude Shannon. "A Mathematical Theory of Communication". *The Bell System Technical Journal*, 27:379-423, 623-656, 1948. ▲

• Ian Stewart. *In Pursuit of The Unknown: 17 Equations That Changed The World*. Basic Books, 2012.

• Nassim Nicholas Taleb. *The Black Swan: The Impact of the Highly Improbable*. Random House Trade Paperbacks, 2010.
《블랙 스완: 0.1%의 가능성이 모든 것을 바꾼다》 차익종 옮김. 동녘사이언스, 2008.

• Leslie Valiant. *Probably Approximately Correct: Nature's Algorithms for Learning and Prospering in a Complex World*. Basic Books, 2013.

• 이인화.《한국형 디지털 스토리텔링: '리니지2' 바츠 해방 전쟁 이야기》 살림출판사, 2005.

인용된 시 목록

POEM REFERENCE

책에 인용된 시의 출처 표기는 지은이, 시 제목, 시집 제목, 출판사명, 발간연도 순입니다.

01. 마음의 도구

• 고은, 새로운 책은 어디 있는가.《독도》창작과비평사, 1995

02. 400년의 축적

• 고은, 이름을 물으면서.《독도》창작과비평사, 1995

• 백석, 주막.《백석 시 전집》창작과비평사, 1987

• 송찬호, 임방울.《붉은 눈, 동백》문학과지성사, 2000

03. 그 도구의 실현

• 장석남, 성.《고요는 도망가지 말아라》문학동네, 2012

04. 소프트웨어, 지혜로 짓는 세계

- 강희맹, 강에 뜬 달을 툭 치니.《김용택의 한시 산책 1》화니북스, 2003

- 고은, 몇천 년.《뭐냐》문학동네, 2013

- 고은, 어떤 노래.《마치 잔칫날처럼》창작과비평, 2012

- 김중식, 이탈한 자가 문득.《황금빛 모서리》문학과지성사, 1993

- 김춘수, 거울.《거울속의 천사》민음사, 2001

- 김혜순, 칼과 칼.《당신의 첫》문학과지성사, 2008

- 박경리, 허상.《우리들의 시간》마로니에북스, 2012

- 서정주, 봄.《미당 시전집 1》민음사, 1994

- 서정주, 추천사 – 춘향의 말 1.《미당 시전집 1》민음사, 1994

- 신경림, 말을 보며.《뿔》창작과비평사, 2002

- 안도현, 강.《너에게 가려고 강을 만들었다》창작과비평사, 2004

- 이문재, 독거.《지금 여기가 맨 앞》문학동네, 2014

- 이정록, 더딘 사랑.《의자》문학과지성사, 2006

- 작자 미상, 심청전.《북녘 사람들》눈빛, 2008

- 함민복, 꽃.《모든 경계에는 꽃이 핀다》창작과비평사, 1996

- 함민복, 나를 위로하며.《당신 생각을 켜놓은 채 잠이 들었습니다》문학세계사, 2012

05. 그 도구의 응용

- 고은, 낯선 곳.《내일의 노래》창작과비평사, 1992

- 고은, 다시 은유로.《내 변방은 어디 갔나》창작과비평사, 2011

- 김명인, 꽃을 위한 노트.《파문》문학과지성사, 2005

- 김혜순, 연금술.《당신의 첫》문학과지성사, 2008

- 박경리, 문학.《우리들의 시간》마로니에북스, 2012

- 박경리, 비밀.《버리고 갈 것만 남아서 참 홀가분하다: 박경리 유고시집》마로니에북스, 2008

- 박경리, 산골 창작실의 예술가들.《버리고 갈 것만 남아서 참 홀가분하다: 박경리 유고시집》마로니에북스, 2008

- 윤중호, 거미는 평생 길을 만든다.《고향 길》문학과지성사, 2005

- 이문재, 땅끝이 땅의 시작이다.《지금 여기가 맨 앞》문학동네, 2014

- 이문재, 지금 여기가 맨 앞.《지금 여기가 맨 앞》문학동네, 2014

- 이병률, 이사.《눈사람 여관》문학과지성사, 2013

- 작자 미상, 노동요[*].《북녘 사람들》눈빛, 2008

  [*] 1890년, 일꾼들의 노래를 주한 프랑스 공사관에서 받아 적음. 마르셀 쿠랑의 저서에서 인용.

- 황동규, 발 없이 걷듯.《사는 기쁨》문학과지성사, 2013

- 황동규, 이별 없는 시대.《사는 기쁨》문학과지성사, 2013

06. 마치면서

- 마종기, 북해의 억새.《하늘의 맨 살》문학과지성사, 2010

- 정현종, 네 눈의 깊이는.《견딜 수 없네》문학과지성사, 2013

찾아보기

INDEX